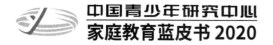

中国青少年研究中心
家庭教育蓝皮书 2020

中国城市家庭教育社会支持研究报告

中国青少年研究中心 编

主　编　刘秀英

副主编　孟　娜

天津社会科学院出版社

图书在版编目（CIP）数据

中国城市家庭教育社会支持研究报告 / 刘秀英主编
. -- 天津 ： 天津社会科学院出版社，2020.12
ISBN 978-7-5563-0712-8

Ⅰ. ①中… Ⅱ. ①刘… Ⅲ. ①城市教育－家庭教育－
研究报告－中国 Ⅳ. ①G78

中国版本图书馆 CIP 数据核字(2020)第 260534 号

中国城市家庭教育社会支持研究报告
ZHONGGUO CHENGSHI JIATING JIAOYU SHEHUI ZHICHI YANJIU BAOGAO

出版发行：天津社会科学院出版社
地　　址：天津市南开区迎水道 7 号
邮　　编：300191
电话/传真：（022）23360165（总编室）
　　　　　　（022）23075303（发行科）
网　　址：www.tass-tj.org.cn
印　　刷：北京建宏印刷有限公司

开　　本：787×1092　毫米　　　1/16
印　　张：19.5
字　　数：305 千字
版　　次：2020 年 12 月第 1 版　　2020 年 12 月第 1 次印刷
定　　价：78.00 元

目　录

第三部分　专题篇

第一部分　总报告篇

第一章　家庭教育社会支持现状及对策研究总报告

核心提示：家庭教育社会支持是家庭外部为家庭在家庭教育方面提供的客观帮助。本次"城市家庭义务教育阶段家庭教育社会支持现状"的调研在北京市、哈尔滨市、合肥市、广州市、成都市、西安市开展问卷调查和访谈，以期发现我国城市家庭教育社会支持的现状，探索家庭年收入、父母受教育程度等因素对家庭教育社会支持的影响，并对未来的家庭教育社会支持实施提出建议。

一、概述

（一）家庭教育社会支持的概念界定

社会支持的概念自 20 世纪 70 年代被提出后，各学科学者对其进行了不同界定，大致可将社会支持分为个体得到的物质的、实际的、客观的支持，以及个体在社会关系中感受到的被尊重、理解的主观的支持[1]。家庭是社会的基本单位，父母和子女都是社会的基本组成分子，二者的关系既是伦理关系也是社会关系。教育是社会化的重要过程，家庭教育作为教育的重要组成部分，在帮助孩子完成社会化过程[2]。

家长作为家庭教育的责任主体承担着家庭教育的重要职责，也面对着各种教育难题，故需要获得来自学校、家庭成员、社会相关机构等提供的支持，从而实现家庭教育的目标。在以往的研究中，有学者从家庭教育的目标和实现路径出发，认为家庭教育的社会支持是指："社会出于保护儿童、教育儿童、为儿童成长创造一个良好的家庭教育环境的目的，而为家庭养育、教育子女的活动提供的服

---

①　李强：《社会支持与心理健康》，《天津社会科学》1998 年第 1 期。

②　高芹：《家庭教育在儿童社会化中的作用》，《曲靖师范学院学报》2002 年第 1 期。

务和指导(包括对其教养行为的规范和监督控制)。"①也有学者从社会关系的视角出发界定这一概念,认为家庭教育社会支持是指"面对家庭教育困境或需求,家长与社会环境中的个人或组织形成的帮助关系及其发生过程,它在结果上表现为家长或家庭所获得的来自家庭外部的各种帮助"②。

本研究使用后者对家庭教育社会支持的相关界定,主要研究家庭外部为家庭和家长提供的客观帮助,阐述其在家庭教育中的功能及作用,与家庭教育的关系及其影响因素等,并根据社会支持主体结构理论对支持系统结构的划分③,选取相关代表指标进行问卷设计调查及专题研究,具体如下:国家支持子系统部分调查并研究了政府、社区;群体支持子系统主要研究学校、群团组织与社会组织、家长所在单位、互联网媒体及传统媒体等;个体支持子系统主要研究家庭祖辈群体、家长因教育而参与的线上群体(微信群)及线下群体(同事、家长同伴等)。

(二)研究意义

家庭教育是个体成长中要经历的重要教育之一,是学校教育、社会教育的基础,对个体起着重要的作用。在很长的一段时间内,家庭一直被当作私领域。对于家庭教育,政府采取的是任其自然发展的态度,并没有给予干涉。随着社会的发展,家庭的功能发生了变迁,一些功能向社会分离,导致家庭对社会的依赖度增加,社会对家庭影响加大,家庭教育的发展需要政府支持。

从发展现状来看,家庭教育面临许多新问题。社会发展及人们对于美好生活的向往,导致生活压力加大,进而导致对子女教育产生焦虑;网络的发达,造成教育复杂化,对家长的教育能力提出了更高的要求;计划生育政策的实施,少子化时代的来临,使得家长对子女教育重视程度增加,在经济、精力方面投入加大,有意识地完善教育行为,同时对子女发展寄予更高的期望,教育子女越来越不再是靠着父母的经验就能做好的一件事;社会的发展导致人员的流动,造成家长与儿童的分离,出现留守儿童;单亲家庭增多……凡此种种导致家庭教育成为一件

---

① 冯晓霞:《中国家庭教育的社会支持系统》,《学前教育研究》1997年第3期。
② 李松涛:《家庭教育的社会支持研究》,辽宁师范大学博士学位论文,2014年第36页。
③ 金双秋:《以社会学的"社会支持"理论构建弱势群体的社区支持综合网络》,《长沙民政职业技术学院学报》2001年第2期。

仅靠家长无法完成的事情。

家庭教育对儿童有着重要的影响,对于儿童成为什么样的人,在儿童的心理上打下的是健康的明亮的底色还是病态的灰暗的底色都有很大的影响,甚至在很大程度上决定儿童能否拥有幸福的人生。父母生下孩子只是成为了孩子生物学意义上的父母,要想很好地成为合格的父母,完成这样一个关涉生命成长的工作,需要不断学习,以了解儿童的身心发展规律;必须拥有正确的家庭教育理念、科学的教育方法,才能提高家庭教育的能力,实施科学的家庭教育。家长需要这样的学习机会与场所,满足家长此方面的需求成为政府责任的一部分。

另一方面,父母抚养自己的子女也是在替国家尽义务。中国台湾地区学者认为,从经济学的角度看,儿童属于公共财产或者公共物品的范畴——因为儿童长大以后,不仅会赡养自己的父母,还会向国家缴纳各种赋税,这也就意味着成年子女承担了保障父母和保障国家的双重任务[①]。儿童一方面是父母的子女,另一方面也是国家公民,是未来的建设者和接班人,所以,保障儿童享受到科学的家庭教育既是对于儿童的保护,对于儿童发展权等权利的保护,也是政府对于家庭的支持,以保障儿童得以健康发展,并实现家庭及国家对儿童的培养目标。

随着社会的发展,政府对家庭教育重要性的认识越来越清晰,同时,对政府就家庭教育应当承担的职责也有了明确认知,从而出台各种政策对家庭教育的目标、政府及社会机构对于家庭教育的职责等进行规定。2012 年 3 月《关于指导推进家庭教育的五年规划(2011—2015 年)》提出"构建基本覆盖城乡的家庭教育指导服务体系,推进完善基本的家庭教育公共服务,提升家庭教育科学研究和指导服务水平,建立与社会管理创新相适应的家庭教育工作机制"。2019 年 10 月31 日召开的中国共产党第十九届中央委员会第四次全体会议,将"要构建覆盖城乡的家庭教育指导服务体系"写入会议公报——《中共中央关于坚持和完善中国特色社会主义制度、推进国家治理体系和治理能力现代化若干重大问题的决定》,标志着家庭教育指导服务体系的建立与完善,已经成为国家治理体系和治理能力的重要内容。

---

①　叶强:《论国家对家庭教育的介入》,北京大学出版社,2018 年版。

构建家庭教育指导服务体系目的在于更好地支持与服务家庭教育,促进家庭做好家庭教育。因此,了解家庭教育社会支持现状如何、家庭在家庭教育方面得到了哪些支持、哪些支持的方式及途径取得了良好的效果、家庭资本如何影响家庭在家庭教育方面对社会支持的需求、不同的家庭对于家庭教育社会支持的希望是什么,对于完成构建覆盖城乡的家庭教育指导体系的目标,对于家庭教育指导体系更好地服务于家庭教育,实现构建家庭教育支持服务体系的目标都有着重要的意义。

二、调查过程及重要指标说明

(一)调查过程

中国青少年研究中心组成家庭教育社会支持研究课题组,对"城市家庭义务教育阶段家庭教育社会支持现状"进行研究。2019 年 11 月开始进行问卷调查,于 2020 年 2 月完成样本统计及数据初步分析工作。综合考虑我国不同区域发展水平,问卷调研工作在北京市、哈尔滨市、合肥市、广州市、成都市、西安市进行。

问卷调查对象为小学、初中在校生,样本数量约为 4800 个。每个城市抽取约 800 个样本,每所学校按照学号进行等距抽样,男女比例不限。在每个城市抽取四所学校,包括两所小学、两所初中,并尽可能按照一所优质小学、一所非优质小学、一所优质初中、一所非优质初中进行样本分配。

其中每所小学抽取 250 个样本,样本抽取年级为一年级、二年级、三年级、四年级、五年级,每个年级抽取 50 个样本。每所初中抽取 150 个样本,抽取年级为七年级、八年级,每个年级 75 个样本。实发问卷 4800 份,回收 4800 份,剔除无效样本后,最终有效样本为 4631 份,有效样本率约为 96.5%。

(二)重要指标说明

本次调研(为避免文字表达烦琐,本书后文所提及的调研如果没有特殊说明,指的都是本次调研)对家庭教育社会支持的相关指标进行设计及抽取,为便于受访者理解,在设计过程中对一些重要指标进行了通俗化、口语化处理,现将相关内容予以说明。

1. 农村与城市

2014 年,《国务院关于进一步推进户籍制度改革的意见》,规定建立城乡统一的户口登记制度,取消农业户口与非农业户口性质区分和由此衍生的蓝印户口等户口类型,统一登记为居民户口,体现户籍制度的人口登记管理功能①,故本次调研群体在制度意义上全部为居民户口。但现实是在城市定居的家庭仍存在户籍所在地为农村与城市的区别,为方便区分,调研依旧使用"农村"与"城市"对户籍所在地指标进行区分。

2. 家庭年收入

国家统计局对收入有划分标准,个人月收入 2000～5000 元为中等收入群体,1 万以上为高收入群体,并且根据城市收入水平采取不同的划分标准。因为,如果按省会城市的收入标准进行划分,本次调查中北京家庭收入在 20 万以上的有 337 个,达到省会城市高收入家庭的标准,但其占比为北京全部家庭的 45%,这显然并非合理比例。据此,本报告对家庭年收入类别按如下标准划分。

(1)省会城市(哈尔滨、合肥、成都、西安)年收入划分标准为:

低收入:5 万以下;中低收入:5～9.9 万;中等收入:10～14.9 万;中高收入:15～20 万;高收入:20.1 万及以上。

(2)介于省会和直辖市之间的城市(广州)年收入划分标准为:

低收入:5 万以下;中低收入:5～9.9 万;中等收入:10～19.9 万;中高收入:20～39.9 万;高收入:40 万以上。

(3)直辖市(北京)年收入划分标准为:

低收入:10 万以下;中低收入:10～19.9 万;中等收入:20～29.9 万;中高收入:30～49.9 万;高收入:50 万及以上。

3. 受访者、受访父母、被访子女性别

问卷发放对象为学生家长,包括父母及孩子其他亲属等。本报告中针对所有调研对象的题目,对作答者的统一称谓为"受访者"。但因涉及专门问及父母情况的问题,如"父母受教育程度"等,故在只针对父母提出的题目中用受访父亲、受访母亲、受访父母进行称呼。

被访子女性别即接收本次调研问卷的子女性别。

---

① 《国务院关于进一步推进户籍制度改革的意见》,国发〔2014〕25 号,2014 年 7 月 24 日发布。

4. 父母受教育程度

本次调研对父母受教育程度进行了调查,因调查结果显示不同受教育程度的父母在相关选项中差异较大,惯常使用的低学历、中等学历、高学历等划分方式无法表述其区别,故本研究以小学及以下、初中、高中(包括中专)、大专、大学本科、硕士研究生及以上作为父母受教育程度的区别维度。

5. 优质校与非优质校

"重点学校""示范校"等曾经是官方话语和民间话语对优质学校的代称,目前相关文件已经取消了此类对学校的区别称谓①。但是由于历史原因,加之学校在教育资源上存在现实差异,家长仍然会保有对学校资源的固有认知。调研结果显示,教育资源优质的学校作为重要的社会资源,在家庭教育支持的多个方面与所谓的"普通校"有一定的区别,故这一指标不宜去除。为方便表述,本报告以"优质校"与"非优质校"对学校进行类别区分。

6. 孩子就读年级

本次调研选取了小学的五个年级和初中的两个年级作为调研取样对象。为了表述九年制义务教育中家庭教育社会支持的情况,并且便于统计分析,在年级的相关表述中使用一年级、二年级、三年级、四年级、五年级、七年级、八年级。

三、样本总体情况

1. 受访者地区分布

本次调研抽取的六个城市样本情况如下:北京的样本数量为 794 个,占比 17.1%;哈尔滨的样本数量为 799 个,占比 17.3%;合肥的样本数量为 784 个,占比 16.9%;广州的样本数量为 718 个,占比 15.5%;成都的样本数量为 748 个,占比 16.2%;西安的样本数量为 788 个,占比 17.0%。

2. 受访者子女就读学校的类别

优质校样本 2278 个,占比 49.2%;非优质校样本 2353 个,占比 50.8%。

3. 受访者子女就读的年级

一年级样本 572 个,占比 12.4%;二年级样本 583 个,占比 12.6%;三年级样

---

① 昌成明:《符号与公平:学校等级评估制度的符号学审视》,《教育科学研究》2020 年第 3 期。

本 585 个,占比 12.6%;四年级样本 573 个,占比 12.4%;五年级样本 578 个,占比 12.5%;七年级样本 877 个,占比 18.9%;八年级样本 863 个,占比 18.6%。

4. 受访者身份

父亲的样本数量为 1382 个,占比 29.9%;母亲的样本数量为 3172 个,占比 68.6%;爷爷的样本数量为 20 个,占比 0.4%;奶奶的样本数量为 23 个,占比 0.5%;外公的样本数量为 3 个,占比 0.1%;外婆的样本数量为 7 个,占比 0.2%;其他身份受访者的样本数量为 16 个,占比 0.3%;

5. 受访者的婚姻状况

婚姻状况为初婚的受访者样本数量为 4238 个,占比 92.9%;婚姻状况为重组家庭的受访者样本数量为 121 个,占比 2.7%;婚姻状况为离异/丧偶的受访者样本数量为 173 个,占比 3.8%;婚姻状况为其他的受访者样本数量为 28 个,占比 0.6%。

6. 受访者户籍所在地情况

户籍所在地为农村的受访者样本数量为 1265 个,占比 28.1%;户籍所在地为城市的受访者样本数量为 3230 个,占比 71.9%。

7. 受访者家庭年收入情况

低收入家庭样本数量为 450 个,占比 9.8%;中低收入家庭样本数量为 1174 个,占比 25.4%;中等收入家庭样本数量为 1245 个,占比 27.0%;中高收入家庭样本数量为 975 个,占比 21.1%;高收入家庭样本数量为 485 个,占比 10.5%;未填写该项的样本为 302 个,占比 6.2%。

8. 受访母亲的受教育程度

受访母亲的受教育程度为小学及以下的样本数量为 136 个,占比 3.0%;受访母亲的受教育程度为初中的样本数量为 947 个,占比 20.6%;受访母亲的受教育程度为高中(包括中专)的样本数量为 966 个,占比 21.0%;受访母亲的受教育程度为大专的样本数量为 1111 个,占比 24.2%;受访母亲的受教育程度为大学本科的样本数量为 1175 个,占比 25.6%;受访母亲的受教育程度为硕士研究生及以上的样本数量为 263 个,占比 5.7%。

9. 受访父亲的受教育程度

受访父亲的受教育程度为小学及以下的样本数量为 95 个,占比 2.1%;受访父亲的受教育程度为初中的样本数量为 838 个,占比 18.2%;受访父亲的受教育程度为高中(包括中专)的样本数量为 977 个,占比 21.3%;受访父亲的受教育程度为大专的样本数量为 1028 个,占比 22.4%;受访父亲的受教育程度为大学本科的样本数量为 1288 个,占比 28.0%;受访父亲的受教育程度为硕士研究生及以上的样本数量为 370 个,占比 8.1%。

10. 受访者的就业状况

受访者就业状况为全职上班的样本数量为 2777 个,占比 60.3%;受访者就业状况为固定兼职的样本数量为 185 个,占比 4.0%;受访者就业状况为自由职业的样本数量为 1029 个,占比 22.3%;受访者就业状况为全职在家的样本数量为 615 个,占比 13.4%。

11. 受访者的子女数量

有 1 个子女的受访者样本为 2723 个,占比 59.7%;有两个子女的受访者样本为 1662 个,占比 36.4%;有 3 个及以上子女的受访者样本为 179 个,占比 3.9%。

12. 被访子女性别

被访子女性别为男性的样本数量为 2189 个,占比 47.6%;被访子女性别为女性的样本数量为 2412 个,占比 52.4%。

四、主要发现

(一)学校是目前家庭教育社会支持最主要的力量

教育部于 2015 年印发《教育部关于加强家庭教育工作的指导意见》,明确指出要"充分发挥学校在家庭教育中的重要作用","中小学幼儿园要将家长委员会纳入学校日常管理,制订家长委员会章程,将家庭教育指导服务作为重要任务","要把家长学校纳入学校工作的总体部署","中小学家长学校每学期至少组织一次家庭教育指导和一次家庭教育实践活动",一系列与家庭教育相关的法规、政策、文件都强调了学校对家庭教育的职责。本次调研结果显示,学校作为主要的教育机构有其支持家庭教育的优势,能为家长获取家庭教育方面相关内容提供有效途径,并且普惠性较好。作为重要的社会机构,学校也是目前能够提供家庭教育社会支持的重要载体,得到家长的认可和倚重。

1. 学校是家长获得家庭教育知识的最主要途径

当代家长了解家庭教育的途径更为多元,随着技术的发展和媒体资讯可获得的途径增多,家庭教育从私人领域走进公共视野,成为更多大众关注的问题。本次调研对家长了解家庭教育知识的途径进行了调查,分别了解家长通过孩子就读的学校、互联网(微信、微博、网站等)、书籍报刊和广播电视、孩子同伴的家长、亲戚、朋友、同事、长辈、社区家长学校、收费的家教机构、免费的家庭教育指导服务机构、司法机关或群团组织等途径了解家庭教育知识的情况。

数据显示,受访者了解家庭教育相关内容的主要途径是孩子就读的学校,比例达到76.0%,高于互联网(微信、微博、网站等)(65.3%)和书籍、报刊、广播、电视(64.9%)10余个百分点;高于孩子同伴的家长(37.4%)和亲戚、朋友(31.6%)30余个百分点;高于同事(25.0%)及长辈(16.3%)50余个百分点;高于免费的家庭教育指导服务机构(11.1%)、社区家长学校(9.8%)、收费的家庭教育指导服务机构(8.0%)60余个百分点;更高于司法机关或群团组织(2.4%)70余个百分点。学校是目前家长获得家庭教育知识最主要的途径(表1—1)。

表1—1　受访者了解家庭教育知识途径(%)

途径	总体
孩子就读的学校	76.0
互联网(微信、微博、网站等)	65.3
书籍、报刊、广播、电视	64.9
孩子同伴的家长	37.4
亲戚、朋友	31.6
同事	25.0
长辈	16.3
免费的家庭教育指导服务机构	11.1
社区家长学校	9.8
收费的家庭教育指导服务机构	8.0
司法机关或群团组织	2.4

2. 超九成家长对学校支持家庭教育的效果持肯定态度,并抱有很高期望

调查显示,超过九成的受访者认为自己在家庭教育方面得到过学校的帮助和支持。其中受访者选择"有些帮助"的比例为 53.0％,选择"许多帮助"的比例为 43.4％(图 1—1)。对受访者"在养育孩子的过程中,您最需要哪三个方面的支持?"的相关数据也印证了这一点,受访者表示在家庭教育方面最希望得到的是来自学校的支持,比例达到 93.1％,家长对学校支持家庭教育抱有较高的肯定和期望。

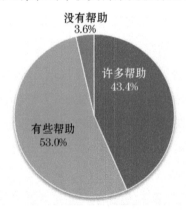

图 1—1　受访者在家庭教育方面得到学校帮助情况

3. 学校支持家庭教育是目前最为普惠的家庭教育支持方式

研究表明,个人获得教育机会的因素主要涉及家庭资本[①]和制度因素[②]。孩子就读的学校是家庭资本的综合体现之一,并且因学区制的存在,教育资源的分配和使用在空间上存在显著差异[③]。但在本次调研中发现,家庭收入和父母受教育程度在受访者获得家庭教育支持的其他方面存在较大差异(见后),但在受访者对得到学校对家庭教育的支持及对学校对家庭教育支持的期待方面差异不明显。无论收入、受教育程度为何,家长都更希望得到学校对家庭教育的帮助,并

[①]　薛海平:《家庭资本与教育获得:影子教育的视角》,《教育科学研究》2017 第 2 期。

[②]　李春玲:《社会政治变迁与教育机会不平等——家庭背景及制度因素对教育获得的影响(1940—2001)》,《中国社会科学》2003 年第 3 期。

[③]　温海珍、杨尚、秦中伏:《城市教育配套对住宅价格的影响:基于公共品资本化视角的实证分析》,《中国土地科学》2013 年第 1 期。

且当孩子出现严重的行为问题时,也更愿意向学校求助。

调查显示,不同受教育程度的受访父母都更希望得到学校在家庭教育方面的支持,二者比例均超过九成,并且差异不大,受教育程度为大学本科的父母最希望得到来自学校的支持,比例分别达到 93.7% 和 94.7%,不同受教育水平的家长都对学校支持家庭教育给予了较高的期待(表1—2)。

表1—2 不同受教育程度受访父母希望得到学校支持的情况(%)

	小学及以下	初中	高中(包括中专)	大专	大学本科	硕士研究生及以上
母亲	90.9	92.9	92.0	93.3	94.7	90.8
父亲	92.5	92.5	92.7	93.3	93.7	92.1

家长对学校支持的高期待在对家庭收入指标的测量中也有明显体现。调查显示,不同收入水平的家庭都更希望得到来自学校的家庭教育支持,总体比例达到九成以上。其中中等收入的家庭最希望得到来自学校的支持(94.1%),低收入家庭选择此项的比例最低,为 91.4%(表1—3)。

表1—3 不同家庭年收入受访者选择希望得到学校支持的情况(%)

低收入	中低收入	中等收入	中高收入	高收入
91.4	93.7	94.1	93.7	93.1

研究进一步调查了孩子出现严重行为问题等情况时受访者的求助意愿。发现虽然受访者向学校求助的意愿比例总体有所降低,但仍有 79.1% 的受访者更倾向于在家庭教育陷入困境时向孩子就读的学校求助。不同受教育程度的父母、不同收入水平的家庭遇到困难最先希望寻求学校帮助的比例均在八成左右。其中受教育程度为小学及以下的父母(二者比例均为 83.3%)在遇到教育问题时最愿意向学校求助,高收入家庭的受访者向学校求助的意愿最高(81.7%),低收入家庭在遇到教育困难时向学校求助的意愿比例最低(77.1%)(表1—4,表1—5)。

中国城市家庭教育社会支持研究报告

表1-4　当家庭教育遇到问题时,不同受教育程度受访父母求助学校的意愿情况(%)

	小学及以下	初中	高中(包括中专)	大专	大学本科	硕士研究生及以上
母亲	83.3	78.3	78.0	77.5	81.5	81.2
父亲	83.3	77.8	78.3	78.7	80.3	79.3

表1-5　当家庭教育遇到问题时,不同家庭年收入受访者向学校求助的意愿情况(%)

低收入	中低收入	中等收入	中高收入	高收入
77.1	78.1	80.2	79.1	81.7

4. 家长会、家校信息交流、家庭教育知识讲座是学校支持家庭教育最有效的途径

在家庭教育方面,学校主要提供了家长会、家校信息交流(微信群、微信公众号等)、家庭教育知识讲座、咨询辅导、亲子活动、家访、财物支持等途径,其中受访者认为最有帮助的三种途径是家长会(83.7%)、家校信息交流(微信群、微信公众号等)(63.8%)和家庭教育知识讲座(49.6%)(表1-6)。

表1-6　受访者认为学校对家庭教育最有帮助的途径(%)

途径	总体
家长会	83.7
家校信息交流(微信群、微信公众号等)	63.8
家庭教育知识讲座	49.6
咨询辅导	31.2
亲子活动	23.0
家访	14.7
财物支持	0.8
其他	1.2

　　但是在此三种途径中,受访者选择比例差异明显。受访者选择排在第一位的家长会的比例高出排第二位的家校信息交流(微信群、公众号等)19.9 个百分点,更高出排在第三位的家庭教育知识讲座 34.1 个百分点。家长会作为更有针对性的支持方式,得到广大家长的认可,并且随着互联网技术的不断发展,家校网络互动成为了家校信息支持的有效方式,家庭教育知识讲座是学校支持家庭教育较为常见、稳定的学习模式,在学校支持家庭教育的过程中发挥重要作用。

　　进一步追问受访者参加学校组织的家长学校等学习后的体验,结果表明,70.3%的受访者认为很有收获,14.6%的受访者认为收获较少,认为参加家长学校没有收获的受访者仅占 0.4%(图 1-2)。

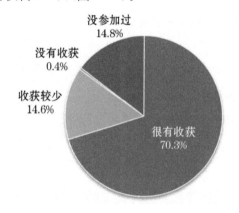

图 1-2　受访者参加家长学校等学习收获情况

　　学校有抓家庭教育工作的传统,并且至今仍是家庭教育指导工作的主要承担者。以上数据证实了这一点。在家长当下的认知中,学校在家庭教育方面处于主导地位,并且在普及家庭教育知识、提升家长教育能力、解决家庭教育困境等方面发挥着不可替代的作用,是家庭教育社会支持最重要的力量。

　　(二)大部分家长认为政府部门需要支持家庭教育,并强烈希望政府部门在家庭教育的知识学习、信息传播、相关技能培训方面给予支持

　　家庭教育从私领域问题到向社会"打开大门",政府部门等公共机构逐步介入其中。家长在家庭教育支持方面对政府支持的认知和需求,在一定程度上决定着家庭教育社会支持建设的必要性。政府部门在家庭教育决策等方面处于顶

层设计的位置,不仅为家庭教育发展提供方向,也为各家庭教育相关制度的制定、实施提供依据及监督力量。本次调查显示,超过半数的中国城市受访家长认为需要政府在家庭教育方面给予支持,在家庭教育知识学习、信息传播、技能培训上的需求表现强烈。

1. 近六成受访家长表示需要政府对家庭教育给予支持

调查显示,56.7%的受访者需要政府对家庭教育给予支持,43.3%的家长不需要。调查进一步对养育过程中最需要的社会支持内容进行分类,请受访者分别对政府相关部门、社区、学校、专业组织、亲戚、朋友、媒体等进行多项选择,结果显示,受访者最希望得到的三个方面的支持分别是学校(93.1%)、政府相关部门(59.0%)、专业组织(50.0%)。受访者对政府相关部门提供家庭教育帮助的期待排在第二位。

2. 家长最希望政府在家庭教育相关知识及政策普及、教育技能训练、建立信息交流平台方面给予支持

受访者在回答问卷中"在教育孩子的过程中,希望得到哪些方面的支持"这一开放式问题时,学校被提及了1148人次,政府、政策被提及了393人次,社区被提及了241人次。

在给出的政府提供的家庭教育支持项目中,受访者最希望得到的三项帮助是家庭教育相关知识及政策普及(62.7%),教育技能训练(62.4%),建立信息交流平台(39.8%)。排在后面的几项依次为提供课外看护、小饭桌等服务(36.5%),一对一的咨询辅导(33.6%),财物帮助(17.6%),其他(3.5%)。从数据可以看出对于家庭教育相关知识及政策普及、教育技能训练的需求占比较大,而排在第三位的建立信息交流平台与排在第四位的提供课外看护、小饭桌等服务,排在第五位的一对一的咨询辅导相差不大,基本处于一个层次。家长对于政府支持的强烈需求体现在家庭教育知识学习、信息传播、技能培训上。

3. 政府对家庭教育政策法规宣传力度不足,大众传媒成为家长了解家庭教育政策法规的主要渠道

调查通过对受访者知晓家庭教育相关法律、法规的情况进行调研,以期探析政府部门对家庭教育的政策支持情况。在问卷中提供的与家庭教育相关的政策

法规中,受访者知道《中华人民共和国未成年人保护法》的比例最高(83.5%),知道《全国家庭教育指导大纲》的比例最低(14.5%),过半数的受访者知道《中华人民共和国反家庭暴力法》(表1—7)。《中华人民共和国未成年人保护法》自1991年颁布施行后对家庭教育产生重大影响,《中华人民共和国反家庭暴力法》与家庭教育、儿童权益等问题关系紧密,备受社会关注。

表1—7 受访家长知晓家庭教育政策法规情况(%)

名称	总体
《中华人民共和国未成年人保护法》	83.5
《中华人民共和国反家庭暴力法》	51.8
《家长教育行为规范》	28.5
《儿童权利公约》	24.9
《关于进一步健全农村留守儿童和困境儿童关爱服务体系的意见》	15.6
《全国家庭教育指导大纲》	14.5
都不知道	11.1

家庭教育的相关法规、政策、文件等是家庭教育支持的重要依据,对受访者了解此类资讯内容的途径进行调查的结果显示,书籍、报刊、广播、电视和互联网(微信、微博、网站等)是受访者了解家庭教育相关法规、政策、文件的主要途径,分别占比69.9%和69.2%。在其他选项上都排名第一的孩子就读的学校在此项目上排名第三(47.6%),且与前两者有较大的差距。通过司法机关或群团组织了解家庭教育相关法规、政策、文件的仅占比4.9%,在所有的选项中排在倒数第三位;从免费的家庭教育指导服务机构了解家庭教育相关法规、政策、文件的选择比例为5.8%,从社区家长学校了解的比例为11.8%,从中可以看出,包括学校在内的家庭教育指导服务机构对于家庭教育法规、政策、文件等的宣传力度不够,通过大众传媒主动了解家庭教育相关政策的家长所占比例最高(表1—8)。

表1—8　受访者了解家庭教育相关法规、政策、文件的主要途径的情况(％)

途径	总体
书籍、报刊、广播、电视	69.9
互联网(微信、微博、网站等)	69.2
孩子就读的学校	47.6
亲戚、朋友	23.0
同事	17.6
孩子同伴的家长	17.5
社区家长学校	11.8
长辈	10.2
免费的家庭教育指导服务机构	5.8
司法机关或群团组织	4.9
收费的家庭教育指导服务机构	2.4
其他	0.8

（三）社区、群团组织及社会团体未在家庭教育社会支持方面发挥应有的作用，对于家庭教育支持有很大的发展空间

社区对家庭教育的支持主要体现在社区对家庭提供相关教育性质的服务，以优秀的社区文化促进家庭发展①。社区作为政府推进家庭教育的重要平台，调动相关教育资源和力量，支持及保障社区开展家庭教育相关的活动，在推动家庭和谐发展，提高家长的教育素质，促进儿童发展中扮演重要支持角色②。

而以社会团体、基金会和社会服务机构为主体组成的社会组织，是我国社会主义现代化建设的重要力量③，也是社区开展家庭教育工作的重要合作单位。

引导多元主体参与社区公共服务，为家庭教育提供支持平台是《中国儿童发

---

① 厉以贤：《让教育走入社区》，《中国远程教育》2003 年第 4 期。

② 《国务院关于加强和改进社区服务工作的意见》，国发〔2006〕14 号，2008 年 3 月 28 日发布。

③ 《中共中央办公厅 国务院办公厅印发〈关于改革社会组织管理制度促进社会组织健康有序发展的意见〉》，载于中华人民共和国中央人民政府网，2016 年 8 月 21 日，http://www.gov.cn/zhengce/2016－08/21/content_5101125.htm。

展纲要(2011—2020 年)》的重要要求①。截至 2018 年,全国有儿童之家(或儿童中心)22.7 万个,比 2017 年增加 4.2 万个,增长 22.6%,社区服务中心(站)17.6万个,比上年增加 0.9 万个,增长 5.1%,基层组织中持有证书的专业社会工作者4.7 万人,比上年增加 0.9 万人,增长 22%②,社区的教育力量和专业支持水平有较快发展,但相关社区教育资源是否为家长尽知、尽用呢?本次调研显示,社区、群团组织及社会团体对家庭教育的支持水平尚在起步阶段,并未在家庭教育社会支持方面发挥应有的作用。

1. 受访者知晓大部分社区教育支持资源的不足两成

本次调研对少年宫(家)组织的活动、家庭教育相关讲座或活动、社区教育咨询机构、社会实践的部门、社区家长学校或家庭教育指导中心(服务站)等机构的设置、免费的社区教育资源(如活动场所、物料)、儿童教育志愿者的配备情况、社区儿童之家、专业社会工作九项社区家庭教育资源的受访者知晓情况进行调查。

结果显示,除参加少年宫活动达到三成,受访者对其他社区教育支持资源的知晓情况不足两成,受访者知道社区有专业社会工作服务的比例不到一成。选择"社区使用过没有以下社区教育资源"的受访者比例都在三成以上,选择"没有使用过免费的社区教育资源"的比例最高(64.7%),其次是"没有参加过少年宫(家)组织的活动"(54.5%),"没有提供专业社会工作服务"的比例排在第三位(46.0%)。选择"不了解以下社区教育资源"的比例也较高,受访者不知道社区教育咨询机构、社会实践的部门、社区家长学校或家庭教育指导中心(服务站)、儿童教育志愿者的配备情况、社区儿童之家的比例均达到一半以上。调查结果表明,尽管政府在近年大力倡导并开展社区教育、社区儿童福利的支持和扶助工作,但落实情况并不乐观,大部分受访者未能从中受惠。在本次调研的访谈中,提及教育问题时受访父母更多谈到的是学校对家庭教育的支持和工作,并未将社区与家庭教育多做关联,这也是对调研相关结果的印证(表1—9)。

---

① 《中国儿童发展纲要(2011—2020 年)》,http://www.scio.gov.cn/ztk/xwfb/46/11/Document/976030/976030.htm。

② 2018 年《中国儿童发展纲要(2011—2020 年)》统计监测报告,https://baijiahao.baidu.com/s?id=1652187426542626564&wfr=spider&for=pc。

表 1-9 受访者对社区家庭教育支持的认知情况(%)

问题	有	没有	不了解
您的孩子参加过少年宫(家)组织的活动吗?	33.7	54.5	11.7
您所在的社区开展过家庭教育相关讲座或活动吗?	18.1	41.9	40.0
您所在的社区有教育咨询机构吗?	17.8	28.5	53.7
您所在的社区是否有负责指导孩子社会实践的部门?	16.3	33.3	50.3
您所在的社区有家长学校或家庭教育指导中心(服务站)之类的机构吗?	14.4	30.6	54.9
您使用用过免费的社区教育资源吗?	13.8	64.7	21.5
您所在的社区有儿童教育方面的志愿者吗?	13.0	32.6	54.5
您所在的社区有儿童之家吗?	10.5	35.9	53.6
您所在的社区对家庭教育提供专业社会工作服务吗?	8.1	46.0	46.0

2. 逾七成受访者认为没有得到社区在家庭教育上的支持,逾八成受访者没有获得过群团组织和社会团体的帮助

本次调研显示,受访者认为所在社区给予家庭教育的支持较少,大多数受访者认为并未从社区获得相关支持。数据显示,有 70.5% 的受访者认为自己在教育子女方面没有得到社区或街道帮助,26.9% 的受访者认为得到了一些来自社区的帮助,仅有 2.6% 的受访者认为得到了许多来自社区的帮助。这与社区资源获得情况的调查结果基本一致,进一步说明我国城市社区家庭教育支持系统需进一步完善(图 1-3)。进一步调查受访者在遇到教育困境的求助意愿时发现,仅有 6.8% 的受访者会向社区家长学校求助,而求助司法机关或群团组织的比例更低,仅为 5.6%。

在对基金会、志愿者等社会团体进行的调研中,发现社会团体对家庭教育支持力度有限。16.5% 的受访者认为基金会、志愿者等社会团体有些帮助,81.2% 的受访者没有获得帮助,社会团体在家庭教育方面的支持工作仍有很大的不足(图 1-4)。

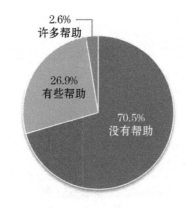

图1－3 家庭教育社区支持总体评价情况

图1－4 受访者从基金会、志愿者等社会团体获得帮助总体情况

(四)超五成家长从网络中获取家庭教育支持,但行为多限于浏览

随着互联网日益深入生活,家长获得社会支持的方式和内容都产生了变化。本次调查发现,网络支持与现实人际支持成为家庭教育社会支持的新形态。现实交往与虚拟空间交往的边界进一步融合,家长会从网络中更多地获取家庭教育的资讯类支持,在现实人际关系中获得互动类支持。

1. 微信公众号是家长获得家庭教育资讯资源的重要途径

移动端已成为中国用户使用的主要网络平台,手机在大众生活中占据不可或缺的地位,微信作为集即时通信、资讯获取、生活服务等于一身的软件,在城市家长中有重要影响力,微信公众号也已经成为目前家长获取教育资讯资源的重要方式。因家长关注微信公众号较多为主动订阅行为,家长关注教育类微信公众号的数量和内容能够显示其在网络空间中获取家庭教育支持的意愿和期待。本次调查显示,有45.0%的受访者关注1～2个家庭教育方面的公众号,24.9%的受访者关注3～4个,10.1%的受访者关注5个及以上家庭教育方面的公众号,有80.0%的受访者都关注了家庭教育方面的公众号(图1—5)。

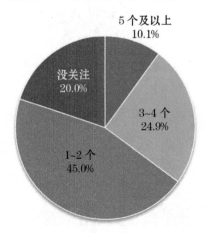

图1—5　受访者关注家庭教育方面的微信公众号数量总体情况

2. 超五成家长经常从互联网获取教育信息,但参与互动的比例不高

课题组进一步对受访者使用互联网获取教育支持的情况进行了调查。结果显示,21.6%的受访者经常浏览育儿网站或教育网站,有时浏览的受访者比例为38.9%,偶尔浏览的受访者比例为31.8%,从不浏览的受访者比例为7.7%(图1—6)。

42.4%的受访者下载了1～2个家庭教育类的App(应用程序),20.1%的受访者下载了3～4个,6.3%的受访者下载5个及以上(图1—7)。

5.5%的受访者经常购买家庭教育类课程,15.6%的受访者有时购买,17.6%的受访者偶尔购买(图1—8)。

参与互联网教育论坛是家长深度学习、获取家庭教育类内容的途径,在互联网教育论坛中发表相关意见、获取教育信息也体现了家长的教育意愿和教育参与能力。调查显示,家长参与互联网教育论坛的比例不高。有1.9%的受访者经

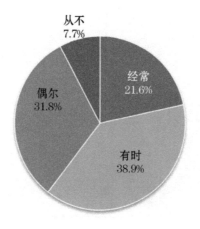

图 1-6 家长浏览育儿网站或教育网站的总体频率

图 1-7 家长下载家庭教育类 App(应用程序)数量的总体情况

常参与互联网教育论坛,10.6%的受访者有时参与,30.1%受访者偶尔参与,有57.4%的受访者从不参与(图 1-9)。

对家庭教育网络支持的相关调查说明家长当下对家庭教育微信公众号、教育类 App(应用程序)以及相关教育网站处于高度关注的状态,进入更大、边界更为模糊的教育场域,各种媒介深度介入家长获得教育支持的过程。需要注意的是,目前中国家长在虚拟空间获取家庭教育支持更倾向于被动输入家庭教育相关知识和资讯,反思、输出家庭教育理念,主动参与教育讨论的意愿和行为水平

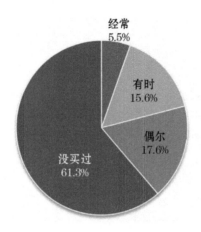

图1－8 受访者购买家庭教育类课程的情况

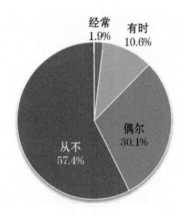

图1－9 受访者参与互联网教育论坛频度的总体情况

并不高,网络信息抓取能力又可能受到父母受教育程度、网络使用技能等多方面影响,可能会因家庭资本的差异形成数字鸿沟①,中国家长在公共视角下参与家庭教育的能力还有较大发展空间。

(五)人际关系支持是家长在现实中获得家庭教育支持的主要方式之一

调查显示,基于血缘、业缘和地缘的现实人际关系仍然是家长获得家庭教育

---

① 安利利、王兆鑫、李静宜:《家庭资本视角下中学生数字鸿沟的形成探究——基于PI-SA2015 中国四省(市)问卷调查》,《少年儿童研究》2020 年第 8 期。

支持最主要的方式。当受访者遇到教育困境时,超过三成的受访者会向亲戚、朋友(36.7%)和孩子同伴的家长(33.2%)求助,超两成的受访者会向家中的长辈(22.1%)求助。

1. 微信群成为当下家庭教育的重要人际支持方式

45.5%的受访者加入了1~2个微信群,35.3%的受访者加入了3~4个微信群,16.1%的受访者加入了5个及以上微信群,没加入微信群的受访者仅有3.1%(图1-10)。微信群在受访者获取教育即时资讯、参与教育互动等行为中被广泛使用。微信群虽然是网络空间的产物,但其更主要是以现实生活中的人际关系为基础,是现实人际关系的载体,其使用的频率和范围反映了家长在获取家庭教育支持时对现实人际关系的依赖和信任。

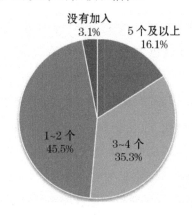

图1-10　受访者加入微信群的数量分布

2. 与其他家长讨论教育问题仍是家长获得家庭教育支持的重要方式

调查显示,与其他家长讨论教育问题仍是家长获得家庭教育支持的重要方式。受访者子女的学习环境与其同伴有较高同质性,成长轨迹和问题多有关联,因此受访者与其他家长讨论教育问题、获取相关教育信息和经验既是便捷的获取教育支持的方式,也是家长形成自己"教育圈"的主动行为。本次调查显示,绝大多数受访者都会与其他家长讨论孩子教育问题,47.0%的受访者经常与其他家长讨论孩子教育问题,50.8%的受访者与其他家长偶尔交流孩子的教育问题,从不交流的受访者仅有2.2%(图1-11)。

图1—11　受访者与其他家长讨论孩子教育问题的频率

（六）超七成家长开家长会单位不算公假，家庭教育单位支持力量微弱

2004年发布的《中共中央国务院关于进一步加强和改进未成年人思想道德建设的若干意见》指出："党政机关、企事业单位和社区、村镇等城乡基层单位，要关心职工、居民的家庭教育问题，教育引导职工、居民重视子女特别是学龄前儿童的思想启蒙和道德品质培养""要把家庭教育作为评选文明职工、文明家庭的重要内容。"支持家庭教育，机关、企事业单位同样负有职责。机关、企事业单位对于家庭教育的支持一方面体现在开办家长学校，给家长提供家庭教育指导。2011年7月，全国妇联、教育部、中央文明办发布的《关于进一步加强家长学校工作的指导意见》指出："机关、企事业单位家长学校负责人由分管妇联或工会工作的领导兼任，与妇联主席、工会委员等人员共同组成校务管理委员会，负责管理日常事务。机关、企事业单位家长学校师资可聘请专家或志愿者、优秀家长担任，每年至少组织2次家长指导或家庭教育实践活动，引导家长把握儿童身心发展的特点，加强亲子沟通，促进儿童身心健康发展等。"调查发现，只有16.0%的受访者表示所在单位为职工开展过家庭教育方面的讲座，71.6%的受访者表示所在工作单位从未为家长开展过相关讲座。

单位支持家庭教育另一个重要的形式就是保障职工参与家庭教育的时间。平衡工作和生活是很多生活在城市的家长需要面对的难题，工作和教育的双重责任让很多家长产生负担，如果单位让职工经常加班，就会挤占受访者投入家庭教育的时间和精力，所以是否经常加班可以作为衡量单位是否支持家庭教育的一个指标。

调查发现,在填写了该项的受访者中,15.3%的受访者表示经常加班,23.2%的受访者表示有时加班,近四成的受访者都时有加班的情况。从不加班和全职在家的受访者分别为14.9%和9.4%(图1—12)。

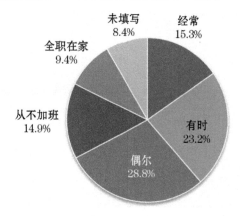

图1—12 受访者加班情况

对工作时间的支持还体现在参加家长会是否算作公假及在孩子放寒暑假时是否允许家长带孩子上班。因为家长会一般会在工作日举行,故一般而言在职家长需请假参加。调研发现,有71.5%的受访者参加家长会不算公假,28.5%的受访者参加家长会算作公假。

对于许多双职工家庭来说,孩子的寒暑假安排是一个大问题。如果单位允许父母在这个时期带孩子上班,就可解决父母的一大难题。调查发现,30.5%的受访者所在的工作单位允许职工寒暑假时带孩子上班,55.9%的受访者所在的单位不允许。

(七)祖辈是家庭教育的重要支持者

祖辈参与孙辈养育是中国的传统,这一传统并没有随着社会的发展而消失,因"三点半现象""二孩"出生等现实问题,很多祖辈参与到养育过程中[1],成为重

____

① 岳坤:《父辈为主、祖辈为辅的教养方式有利于儿童的健康成长——中国城市家庭教养中的祖辈参与状况调查》,《少年儿童研究》2018年第1期。

要的家庭教育支持力量。调查显示,只有18.2%的受访者表示祖辈对孙辈的养育没有提供任何的帮助。祖辈对家庭教育的支持更多体现在生活方面。调查显示,61.7%的受访者表示祖辈对孙辈养育给予的支持形式是付出时间和精力照顾孩子,13.8%的受访者表示是给予物质、资金方面的帮助,6.3%的受访者选择提供教育方面的社会资源或信息,35.1%的受访者表示祖辈帮助解决孙辈课外看护孩子问题。

表1-10 受访者解决孩子课外时间看护的途径(%)

途径	总体
父母自己看护	57.0
祖辈看护	35.1
上收费的托管班	23.6
上学校组织的托管班	22.6
无人看护,孩子自己在家	13.1
家长或小区邻里互相看护	5.5
参加社区托管班	1.9

(八)家庭年收入水平是影响家长获得家庭教育社会支持的重要因素

本次调查发现,家庭的经济资本是影响家长获得家庭教育社会支持的重要因素,家庭年收入不同,对社会支持的需求、遇到困难时的求助意愿等均有较大差异。需要说明的是,由于学校支持的相关情况在前文已做阐述,并且学校支持情况在家庭收入、家长受教育程度等指标上区分度不大,故剔除了学校部分的相关数据,不再重复说明。

1. 高收入家庭更多从学校、媒体、收费的家庭教育指导服务机构中获取社会支持,低收入家庭更多从亲友、社区家长学校等处获取支持

调查显示,当遇到问题时,选择向孩子就读的学校求助的比例在不同的家庭年收入间差异并不大,选择比例最高的高收入受访者(81.7%)与选择比例最低的低收入受访者(77.1%)相差仅4.6个百分点。但是在向互联网及书籍、报刊、

广播、电视和收费的家庭教育指导服务机构求助的比例方面,却体现出了受访者家庭年收入越高选择比例越高,且差异相对明显的状况。

从互联网获得支持方面,高收入家庭的选择比例达到 27.4%,而低收入家庭在此项比例则为 16.4%,相差 11.0 个百分点;高收入家庭也更愿意从收费的家庭教育指导服务机构中获得支持(14.1%),而低收入家庭在此项选择比例为 4.0%,并且家庭年收入越高的家庭,越不愿意向长辈求助。

低收入家庭在遇到教育问题时更愿意向亲戚、朋友,社区家长学校和免费的家庭教育指导服务机构获得支持求助,低收入家庭向社区家长学校寻求支持的比例为 8.3%,而高收入家庭在此项的比例仅为 4.8%(表 1-11)。

表 1-11　当孩子遇到问题时不同家庭年收入受访者求助对象选择情况(%)

	低收入	中低收入	中等收入	中高收入	高收入
亲戚、朋友	37.4	37.8	38.1	34.0	34.3
孩子同伴的家长	33.4	33.6	32.1	33.2	34.1
互联网(微信、微博、网站等)	16.4	21.6	26.8	27.8	27.4
长辈	22.4	22.0	24.4	21.1	18.1
同事	13.5	17.8	17.5	18.6	15.4
书籍、报刊、广播、电视	11.7	14.7	17.0	20.2	20.6
免费的家庭教育指导服务机构	13.2	12.4	12.3	15.4	12.9
收费的家庭教育指导服务机构	4.0	3.5	7.5	9.6	14.1
社区家长学校	8.3	6.5	6.9	6.7	4.8
司法机关或群团组织	3.6	6.0	5.0	6.6	6.9
其他	1.3	1.8	1.2	1.8	1.7

可以看到,中高收入受访者比中低收入受访者更加关注教育相关信息的采集,低收入和中低收入的受访者在人际关系支持方面有更多互动。

2. 低收入受访者对家庭教育人际关系支持存在一定的认知偏差

在进一步调查当遇到家庭教育问题时受访者可以求助的朋友数量时发现,

五成以上的受访者认为能够提供帮助的朋友数量为 1～3 个,中低收入家庭 57.3% 的受访者认为能够提供帮助的朋友数量为 1～3 个,25.5% 的受访者认为能够提供帮助的朋友数量为 4～6 个。

进一步分析发现,低收入家庭对家庭教育人际关系的支持期待最高,认为遇到教育问题时有 10 个及以上的朋友能提供帮助的比例达到 9.8%,与高收入家庭受访者相近,但选择"没有"能够提供帮助的低收入家庭受访者比例在所有受访者中也为最高,达到 8.5%,其他家庭收入水平的受访者认为没有朋友能提供帮助的比例约为 3%～5%。39.7% 的高收入受访者认为会有 4～6 个朋友能提供教育帮助,而选择此项的低收入/中低收入家庭比例约为 25%,中等收入和中高收入受访者比例约为 30%,与高收入受访者相比相差不到 10 个百分点(表 1—12)。对人际支持关系的认知是家长对自身社会资源认知的体现,数据表明低收入家庭对社会关系人际支持存在一定的认知偏差,也验证了教育程度、家庭收入和职业声望等客观地位越高,阶层地位认同上偏差程度越小的相关研究成果①。

表 1—12　不同家庭年收入受访者遇到家庭教育问题时能够提供帮助的朋友的数量(%)

	低收入	中低收入	中等收入	中高收入	高收入	未填写
10 个及以上	9.8	6.4	7.0	8.4	9.6	8.6
7～9 个	5.5	5.0	6.3	7.1	7.9	6.8
4～6 个	23.8	25.5	31.5	30.7	39.7	27.8
1～3 个	52.2	57.3	50.7	50.5	40.0	51.9
没有	8.5	5.7	4.2	3.0	2.7	4.9

3. 中国家庭对家庭教育专业组织的需求较高,家长希望专业组织支持家庭教育的意愿随收入升高而提高

在调查受访者获得家庭教育支持意愿的过程中发现,家长对专业组织的需

---

① 丁小浩、薛海平:《我国城镇居民家庭义务教育支出差异性研究》,《教育与经济》2005 年第 4 期。

求成为家长获得社会支持的重要意愿。调查显示,受访者家庭年收入为低收入的,希望得到专业组织帮助的比例为 39.5％,家庭年收入为中低收入的比例为 47.2％,家庭年收入为中等收入的比例为 48.7％,家庭年收入为中高收入的比例为 57.1％,家庭年收入为高收入的比例为 59.9％,受访者家庭年收入越高,希望得到专业组织支持的比例越高,高收入受访者与低收入受访者之间相差约 20 个百分点(表 1—13)。

表 1—13　不同家庭年收入受访者希望得到支持情况

	低收入	中低收入	中等收入	中高收入	高收入
政府相关部门	56.8	59.3	60.9	60.2	56.6
专业组织	39.5	47.2	48.7	57.1	59.9
街道或社区	22.7	21.7	23.3	23.8	20.5
亲戚	20.7	19.1	15.9	13.1	14.0
朋友	16.8	17.6	15.3	14.4	17.3
媒体(包括传统媒体和互联网媒体)	8.6	11.4	11.9	12.8	12.5
都不需要	2.3	1.9	1.2	1.6	1.3
其他	1.1	0.4	1.1	1.4	1.3

社会支持是家长拥有社会资源的一种表现,高收入家庭可能会获得接触到该类资源的更多渠道,加之高收入家庭成员在缔结社会组织相关资源中具有优势地位,在获得活动资源方面有更多选择,低收入家庭在相关信息及资源的获取中渠道较少,也缺乏获取资源的人力资本和社会资本,这也部分印证了现阶段我国由于人力资本传导机制的偏差,教育公平和收入公平未出现相互促进的良性机制[1]。而低收入家庭随着家庭福利政策的发展,被惠及的可能性较大。在访谈中也得知,社区在家庭教育中更多是完成"兜底"工作,更倾向于关注困难家庭,

---

[1]　黄潇:《中国教育不平等与收入分配差距的实证研究》,重庆大学 2011 年博士学位论文,第 107 页。

由于经济条件所限,困难家庭在寻求帮助时也更多考虑到相应成本,亲戚朋友、社区家长学校和免费的咨询机构会成为其考虑的对象。

(九)受教育程度是影响家长获得家庭教育社会支持的重要因素

1.受访者通过学校、媒体、收费的家庭教育指导服务机构获取家庭教育社会支持的比例随其受教育程度升高而增长

调查发现,当家庭教育中遇到问题的时候,受访母亲受教育程度越高,向互联网和收费的家庭教育指导服务机构求助的比例越高,受教育程度为小学及以下的受访母亲选择向互联网求助的比例为15.2%,受教育程度为硕士研究生及以上的受访母亲则为36.5%,相差21.3个百分点,向收费的家庭教育指导服务机构求助选项的差距则为9.3个百分点。

受教育程度为小学及以下的受访母亲向社区家长学校和长辈求助的比例更高。其向社区求助的比例为8.3%,而受教育程度为硕士研究生及以上的母亲则为3.1%。受教育程度为小学及以下的母亲向长辈求助的比例为25.0%,并且此项比例随着母亲受教育程度的提高而降低(表1-14)。

表1-14 当家庭教育遇到问题时,不同受教育程度的受访母亲求助对象选择情况

	小学及以下	初中	高中(包括中专)	大专	大学本科	硕士研究生及以上
亲戚、朋友	42.4	38.0	35.4	35.2	36.9	40.8
孩子同伴的家长	30.3	34.0	34.7	33.7	31.8	30.4
互联网(微信、微博、网站等)	15.2	16.8	21.2	27.1	30.3	36.5
长辈	25.0	22.8	22.7	22.3	21.1	20.4
同事	12.9	11.5	14.6	15.8	24.1	26.9
书籍、报刊、广播、电视	12.9	10.8	15.0	17.9	22.6	21.2
免费的家庭教育指导服务机构	9.1	12.1	13.9	13.4	13.8	8.8
收费的家庭教育指导服务机构	3.0	2.8	6.5	7.9	9.9	12.3
社区家长学校	8.3	7.5	8.4	7.3	5.1	3.1
司法机关或群团组织	5.3	4.3	6.0	5.8	5.9	6.9
其他	1.5	1.3	1.3	1.5	2.3	1.2

受教育程度在受访父亲求助对象方面的情况与受访母亲类似。受访父亲受教育程度越高,向互联网、同事及书籍、报刊、广播、电视和收费的家庭教育指导服务机构求助的比例越高。受访父亲受教育程度为小学及以下的,选择向亲戚、朋友求助的比例最高,为 42.2%,比受教育程度为大专的(34.0%)高 8.2 个百分点;向互联网求助的比例随着受访父亲受教育程度的增高而增加,比例最低的是受教育程度为小学及以下的父亲,比例为 11.1%,最高的为受教育程度为硕士研究生及以上的父亲,比例为 33.5%,两者相差约 22 个百分点。选择向书籍、报刊、广播、电视,收费的家庭教育指导服务机构及同事求助的比例都随着受教育程度的增高而增加(表 1—15)。

表 1—15　当家庭教育遇到问题时,不同受教育程度的受访父亲求助对象选择情况

	小学及以下	初中	高中(包括中专)	大专	大学本科	硕士研究生及以上
亲戚、朋友	42.2	35.6	39.0	34.0	37.5	37.9
孩子同伴的家长	33.3	34.0	35.3	33.1	32.3	29.7
互联网(微信、微博、网站等)	11.1	15.3	21.5	28.5	28.8	33.5
长辈	18.9	22.3	22.7	23.6	21.0	20.2
同事	8.9	11.5	14.8	17.2	21.5	24.3
书籍、报刊、广播、电视	8.9	11.0	14.6	19.2	20.7	21.8
免费的家庭教育指导服务机构	11.1	12.6	12.2	14.8	12.6	11.7
收费的家庭教育指导服务机构	3.3	3.8	5.5	7.4	9.4	12.3
社区家长学校	5.6	7.9	8.2	7.0	5.2	6.3
司法机关或群团组织	7.8	3.8	5.0	6.1	6.1	7.9
其他	1.1	1.5	1.0	1.2	2.1	2.7

2. 受访父母受教育程度越高,希望在家庭教育方面得到专业组织支持的比例越高

调查显示,受访母亲受教育程度为小学及以下的,在家庭教育方面希望得到专业组织支持的比例为 28.8%,受教育程度为初中及以上的受访母亲在家庭教育方

面希望得到专业组织支持的比例均超过四成,受教育程度为硕士研究生及以上的受访母亲的比例最高,为53.8%,最高与最低相差25个百分点(表1－16)。

表1－16 不同受教育程度的受访母亲最希望得到的支持情况(%)

	小学及以下	初中	高中(包括中专)	大专	大学本科	硕士研究生及以上
政府相关部门	62.9	60.1	56.1	60.1	59.2	57.6
专业组织	28.8	41.1	46.3	54.0	58.3	53.8
街道或社区	22.0	21.1	22.1	21.6	24.0	29.0
亲戚	25.8	20.0	19.9	14.4	13.3	14.5
朋友	22.0	18.0	19.2	14.8	14.3	14.9
媒体(包括传统媒体和互联网媒体)	10.6	10.1	9.5	12.8	13.0	15.3
都不需要	3.8	2.2	1.9	1.8	1.0	1.5
其他	0.8	0.6	0.9	1.6	0.9	2.3

受访父亲随着受教育程度的提高,希望得到专业组织和媒体支持的比例也随之提高。受教育程度为小学及以下的受访父亲更希望得到熟人的帮助,选择希望亲戚支持家庭教育的比例最高,为30.1%,其他受教育程度的受访父亲选择比例则在两成及以下,受访母亲的受教育程度为硕士研究生及以上的,最希望得到专业组织和政府相关部门的支持。对街道或社区选择比例最高的为受教育程度为硕士研究生及以上的受访母亲(29.0%),比受教育程度为初中的受访母亲高近8个百分点。受教育程度越高的受访者对社区类公共服务的认知度越高(表1－17)。

受教育程度从小学及以下至本科,受访父亲受教育程度越高,选择希望得到专业组织支持的比例越高。受教育程度从初中到硕士研究生,受访者选择希望得到街道或社区帮助的比例逐渐增加。选择最希望得到专业组织帮助的受访父亲中,受教育程度为大学的选择比例最高(56.8%),选择比例最低的为受教育程度为小学及以下的受访父亲(29.0%),相差 27.8 个百分点。受教育程度为小学及以下的受访父亲选择的最希望得到帮助的前三个选项是学校(92.5%)、政府相关部门(63.4%)、亲戚(30.1%),排在第三位的亲戚超过了总体排在第三位的专业组织。

表 1-17   不同受教育程度的受访父亲最希望得到的支持情况(%)

	小学及以下	初中	高中(包括中专)	大专	大学本科	硕士研究生及以上
政府相关部门	63.4	57.4	60.6	60.5	58.3	55.7
专业组织	29.0	42.3	44.5	53.0	56.8	55.2
街道或社区	21.5	19.8	21.2	22.7	24.2	26.4
亲戚	30.1	21.3	18.8	14.6	13.3	16.0
朋友	16.1	20.7	17.1	15.2	14.5	16.0
媒体(包括传统媒体和互联网媒体)	5.4	8.9	11.5	11.9	13.6	12.2
都不需要	4.3	2.3	1.6	1.9	1.4	1.6
其他	1.1	0.9	0.6	1.3	1.3	1.9

五、对策与建议

从 20 世纪 80 年代民间重视家庭教育,90 年代政府开始关注家庭教育工作,将家庭教育列入公共领域,到将"构建覆盖城乡的家庭教育指导服务体系"写入党的全会公报,我国的家庭教育工作有了长足的发展,社会的各个机构组织不同程度地以各种形式对家庭教育给予支持,全社会重视家庭教育、支持家庭教育的局面逐步形成。

但是,研究发现,由于全面构建家庭教育社会支持系统工作处于起始期,家庭教育的社会支持存在着诸多问题,需要全社会在其构建的过程中给予重视。

(一)加强政策宣传,让政策为更多的人所知晓

家庭教育政策对推进家庭教育事业发挥着重要作用,它规定着家庭教育的

主体责任、政府责任、社会责任、目标、内容等,只有让更多的政策对象知晓已经出台的家庭教育政策,才能使政策落到实处成为可能,才能逐步建立完善的政策体系,促进家庭教育工作的发展。当下的状况是家长对家庭教育法规政策的知晓率并不高,这就阻碍了家庭教育政策的普及和发挥作用。家长学校尤其应当重视家庭教育政策法规的宣传,把其作为授课内容之一,而不是仅限于介绍具体的家庭教育方法。

(二)强化社会相关机构的家庭教育责任意识

家庭教育是全社会都应当尽责的工作。一方面,培养一个孩子需要一个好的环境,需要全社会的努力,要为孩子提供健康成长的环境和资源;另一方面,建立家庭教育社会支持服务体系是一项关涉全社会的工作,需要通过建立政策调控机制、专业支持机制、社区参与机制、传播媒介规范机制等策略以构建[①]。在这一方面政策已经有所涉及。但是调查显示,社区、群团组织及社会团体、机关、企事业单位等对家庭教育工作责任意识不足,未在提供家庭教育社会支持方面发挥应有的作用。政府应当进一步加强相关机构的家庭教育责任意识,出台工作细则,明确各类机构、组织在家庭教育工作中的具体责任,并将其纳入工作考核指标,以保证家长、学校、社会团体、机关、企事业单位充分发挥各自的作用。

(三)充分发挥社区的作用

应加强社区家庭教育工作建设,通过整合街道及社区的相关工作,提供有针对性的家庭教育支持服务,让家庭教育支持的相关具体工作在社区落地。从调查结果看,目前学校仍是家庭教育支持的主要承担者,家长从社区得到家庭教育支持的比例不高,且对社区家庭教育支持的期望值也远远低于学校。这样的现状一方面表明学校是有能力对家庭教育提供有力的支持的,但另一方面也意味着家庭教育社会支持服务体系建设还有很长的路要走。因为学校是三大教育途径的一个重要的方面,学校做家庭教育支持服务工作往往是从家校合作的角度,为了让家庭很好地配合学校教育。搞好家校合作是家庭教育中的一个重要的内

[①] 颜雪梅、崔世泉:《构建家庭教育社会支持系统的策略探析》,《当代教育论坛》2005 年第 7 期下半月刊。

容,但不是唯一的工作,如果仅从此方面出发做家庭教育的支持与服务工作,就会使家庭教育失衡,走向以学校为中心的局面,让家庭教育失去独立性。

(四)在家庭教育支持的内容与形式上关照家庭需求

满足家庭的家庭教育需求是建立覆盖城乡的家庭教育指导服务体系的重要追求,因此考察家长在家庭教育方面希望得到哪些帮助,是建立支持服务体系中的一项首要工作。

对家庭教育的家庭教育社会支持体系的建立有政府视角与家长视角,从政府视角来说,目标可能是建立多少个指导中心,建立多少家长学校,出台多少政策;但是从家长视角来看,衡量的标准是家庭教育的支持服务体系是否能为家长所知、所用,真正起到社会支持的作用。如果政策有了,机构建立了,但是家长并不了解,也没有对家庭教育起到支持的作用,这些机构就形同虚设。

另外,在构建家庭教育社会支持系统时,要关照家庭的个性化需求。调查表明,个人获得受教育机会的因素主要涉及家庭资本[①]和制度因素[②]。家庭资本可包括家庭的社会资本、文化资本、经济资本,制度因素主要考察家庭户籍和单位制对教育机会获得的影响,且因学区制的存在,教育资源的分配和使用在空间上存在显著差异[③]。调查结果表明,拥有不同的家庭资本在家庭教育社会支持的选择与需求上有着很大的差异,在提供家庭教育支持与服务的内容与形式上要考虑不同家庭的个性化需求,避免因为资源与需求的不匹配而形成家庭教育资源使用上的不公平。

(五)加强家庭教育指导市场管理,提高家长从网络获取家庭教育支持的能力

网络的发展,尤其是微信公众号等自媒体的发展,使社交网络平台成为家长获取家庭教育信息与知识的重要来源,网络也成为家庭教育支持的重要途径,也

---

① 薛海平:《家庭资本与教育获得:影子教育的视角》,《教育科学研究》2017 第 2 期。
② 李春玲:《社会政治变迁与教育机会不平等——家庭背景及制度因素对教育获得的影响(1940—2001)》,《中国社会科学》2003 年第 3 期。
③ 温海珍、杨尚、秦中伏:《城市教育配套对住宅价格的影响:基于公共品资本化视角的实证分析》,《中国土地科学》2013 年第 1 期。

是最快捷、成本最低的一种支持服务途径。但是,在此过程中需要注意两点:一是要加强对于网络家庭教育指导服务的管理,因为有些家长对信息的辨别能力不高,或是完全从自身的喜好出发,有倾向性地选择与自己的主观喜好同质的信息,而一些自媒体经营者为了利益,一味满足家长的主观需求,导致家庭教育走入误区。二是要加强网络互动功能的使用与开发,通过浏览获取信息是目前家长获得网络家庭教育支持的主要形式,这样的形式缺乏对家长的积极引导。在家庭教育社会支持服务网络建设的过程中应当加强网络互动功能,提高家长信息选择能力,满足家长的个性化需求。

总之,家庭教育社会支持服务网络的建立需要广泛调动各种社会力量,鼓励以多种形式支持服务家庭教育。支持与服务要贴近家庭和家长,例如设置半径为一公里的家庭教育服务圈,引进社会治理手段和第三方管理机构,加大评估与监管力度等,以确保支持与服务网络功能的实现。

第二部分 调查报告篇

第二章　家庭教育政府支持状况

核心提示：调研结果显示,近六成的受访者表示需要政府对家庭教育给予帮助。他们最希望得到政府帮助的前三项是家庭教育相关知识及政策普及、教育技能训练、建立信息交流平台(微信、微博、网站等)。学校是受访者获取家庭教育知识的主要途径,家庭年收入、父母受教育程度影响着受访者对家庭教育知识获取途径的选择及其对法规、政策的了解倾向。

当下,政府应当对家庭教育提供支持已经成为一种共识,并体现在相关的法规政策中。但是,从政策的出台到落实仍需要一段时间。现在的中国城市家庭在家庭教育方面是否需要政府的支持? 现实中中国城市家庭从政府获得了哪些支持? 获得支持的途径有哪些? 家庭收入水平、父母不同的受教育程度等因素对希望政府给予支持的内容有哪些影响? 调查在这些方面获得了一些数据。

一、受访者对家庭教育政府支持意愿情况

在调查中,有56.7%的受访者表示需要政府在家庭教育方面给予帮助。对照此项需求与户籍地、家庭年收入、父母受教育程度、孩子就读的学校类型、孩子就读的年级等因素所做的相关分析,我们发现以下情况。

1. 户籍地为农村的受访者选择需要政府在家庭教育方面给予支持的比例高于户籍地为城市的受访者

户籍地为农村的受访者选择在家庭教育方面需要政府提供支持的比例为63.5%,户籍地为城市的受访者选择需要政府提供支持的比例为54.9%,户籍地为农村的受访者选择需要政府提供支持的比例高于户籍地为城市的受访者8.6个百分点。

2. 家庭年收入越高的受访者,选择需要政府对家庭教育给予支持的比例越低

低收入受访者选择需要政府在家庭教育方面给予支持的比例为 68.6%,中低收入受访者选择比例为 61.0%,中等收入受访者选择比例为 53.8%,中高收入受访者选择比例为 57.6%,高收入受访者选择比例为 49.6%。选择比例最高的低收入受访者与选择比例最低的高收入受访者选择比例相差 19 个百分点(表2-1)。

表2-1 不同家庭年收入的受访者选择需要政府在家庭教育方面给予支持的比例(%)

低收入	中低收入	中等收入	中高收入	高收入
68.6	61.0	53.8	57.6	49.6

3. 受教育程度为硕士研究生及以上的高学历父母,选择需要政府在家庭教育方面给予帮助的比例显著低于受教育程度为小学及以下的父母

受教育程度影响着受访者对是否需要政府对家庭教育给予帮助的选择。选择需要政府对家庭教育给予帮助比例最高的是受教育程度为小学及以下的受访母亲(64.3%),选择比例最低的是受教育程度为硕士研究生及以上的受访母亲(52.9%),两者相差 11.4 个百分点,前者显著高于后者(表2-2)。

表2-2 不同受教育程度的受访母亲选择需要政府在家庭教育方面给予支持的比例(%)

小学及以下	初中	高中(包括中专)	大专	大学本科	硕士研究生及以上
64.3	60.3	54.3	57.7	55.5	52.9

受访父亲受教育程度越高,越不需要政府在家庭教育方面给予帮助。选择需要政府在家庭教育方面给予支持比例最高的是受教育程度为小学及以下的受访父亲(68.6%),比选择比例最低的受教育程度为硕士研究生及以上的受访父亲(52.3%)高 16.3 个百分点,高于相同选项相同学历母亲在此方面的差异(表2-3)。

表2—3 不同受教育程度的受访父亲选择需要政府在家庭教育方面给予支持的比例(%)

小学及以下	初中	高中(包括中专)	大专	大学本科	硕士研究生及以上
68.6	61.2	57.6	57.5	53.7	52.3

4. 孩子就读于非优质校的受访者选择需要政府帮助的比例高于孩子就读于优质校的受访者

孩子就读于优质校的受访者选择需要政府在家庭教育方面给予支持的比例为51.8%,孩子就读于非优质校的受访者选择的比例为61.6%,后者比前者高9.8个百分点。

5. 孩子就读于小学二、三年级的受访者,选择需要政府在家庭教育方面给予支持的比例高于孩子就读于其他年级的受访者

孩子就读于一年级的受访者选择需要政府在家庭教育方面给予帮助的比例为59.9%,孩子就读于二年级的受访者选择比例为62.5%,孩子就读于三年级的受访者选择比例为64.5%,孩子就读于四年级的受访者选择比例为55.9%,孩子就读于五年级的受访者选择比例为52.3%,孩子就读于七年级的受访者选择比例为53.0%,孩子就读于八年级的受访者选择比例为52.4%。选择比例最高的是孩子就读于三年级的受访者,选择比例最低的是孩子就读于五年级的受访者,两者相差12.2个百分点(表2—4)。

表2—4 孩子就读不同年级的受访者需要政府在家庭教育方面给予支持的比例(%)

一年级	二年级	三年级	四年级	五年级	七年级	八年级
59.9	62.5	64.5	55.9	52.3	53.0	52.4

二、受访者最希望政府提供家庭教育支持的情况

受访者在家庭教育方面最希望得到政府哪些方面的支持? 调查给出了如下选项:家庭教育相关知识及政策普及,教育技能训练,建立信息交流平台(微信、微博、网站等),提供课外看护、小饭桌等服务,一对一的咨询辅导,财物帮助,其他。

1. 受访者最希望得到政府帮助的前三项中,选择家庭教育相关知识及政策普及、教育技能训练的比例显著高于位列第三的建立信息交流平台(微信、微博、网站等)

受访者选择的最希望得到政府帮助的前三项是:家庭教育相关知识及政策普及、教育技能训练、建立信息交流平台(微信、微博、网站等)。其中对于家庭教育相关知识及政策普及的选择比例为 62.7%,选择教育技能训练的比例为62.4%,显著高于位列第三的建立信息交流平台(微信、微博、网站等)(39.8%)。对于建立信息交流平台(微信、微博、网站等)(39.8%),提供课外看护、小饭桌等服务(36.5%),一对一的咨询辅导(33.6%)的选择相差不大,受访者对此项目的选择上处于同一个层级(表2—5)。

表2—5 受访者最希望得到政府提供的家庭教育支持各项选择比例(%)

受访者最希望得到政府提供的家庭教育支持内容	总体
家庭教育相关知识及政策普及	62.7
教育技能训练	62.4
建立信息交流平台(微信、微博、网站等)	39.8
提供课外看护、小饭桌等服务	36.5
一对一的咨询辅导	33.6
财物帮助	17.6
其他	3.5

2. 希望政府提供家庭教育相关知识及政策普及支持选择占比,随着家庭年收入的增加而增高

在希望得到政府提供家庭教育相关知识及政策普及选项上,低收入家庭选择占比 56.4%,中低收入家庭选择占比 59.7%,中等收入家庭选择占比 63.8%,中高收入家庭选择占比 66.5%,高收入家庭则有 67.1%选择需要此方面的帮助,选择比例随着家庭年收入的增加逐渐增高。在政府提供的所有帮助项目中,选择家庭教育相关知识及政策普及比例最高的是家庭中高收入和高收入受访

者,而其他家庭年收入受访者选择比例最高的是家庭教育技能训练选项。

希望政府提供课外看护、小饭桌等服务的受访者比例,随着家庭年收入的增加渐次增长,低收入家庭选择占比30.1%,中低收入家庭选择占比34.2%,中等收入家庭选择占比38.3%,中高收入家庭选择占比39.0%,高收入家庭选择占比43.0%。

在对建立信息交流平台(微信、微博、网站等)的需求上,基本也是循着家庭年收入的增高选择比例增加,与上两项稍有不同的是,家庭中高收入受访者选择的比例略高于家庭高收入受访者(表2-6)。

表2-6　不同家庭年收入的受访者最希望得到政府提供的家庭教育支持各项选择比例(%)

	低收入	中低收入	中等收入	中高收入	高收入
教育技能训练	59.2	62.7	64.3	61.7	62.7
家庭教育相关知识及政策普及	56.4	59.7	63.8	66.5	67.1
一对一的咨询辅导	36.0	36.1	33.5	29.4	32.0
财物帮助	30.8	19.8	16.4	12.3	8.8
提供课外看护、小饭桌等服务	30.1	34.2	38.3	39.0	43.0
建立信息交流平台(微信、微博、网站等)	28.7	38.8	40.5	44.5	43.0
其他	1.4	2.8	4.3	3.8	5.3

3. 受教育程度最高的硕士研究生及以上的受访父母,最希望政府提供课外看护、小饭桌等服务,受教育程度最低的小学及以下受访父母,在希望政府提供财物帮助上选择比例最高

父母的受教育程度影响着家庭在家庭教育方面对政府支持的需求。受教育程度在小学及以下和硕士研究生及以上的受访母亲,最希望得到政府提供教育技能训练帮助的比例均低于60%,其中受教育程度为硕士研究生及以上的受访母亲对教育技能训练的需求最低(50.7%),比在此项目上选择比例最高的受教育程度为大专的受访母亲低14.8个百分点。受教育程度在硕士研究生及以上的受访母亲在五个层级的受教育程度中最关注政府提供课外看护、小饭桌等服务,占比为63.2%。在此项目上,受教育程度为小学及以下的受访母亲选择比例

为 21.1%,受教育程度为初中的受访母亲选择比例为 32.5%,受教育程度为高中(包括中专)的受访母亲选择比例为 29.8%,受教育程度为大专的受访母亲选择比例为 35.7%,受教育程度为大学本科的受访母亲选择比例为 41.5%,在此选项上母亲受教育程度为硕士研究生及以上的选择比例远远高于其他受教育程度的受访母亲。受教育程度为小学及以下的受访母亲在希望政府提供财物帮助方面选择比例最高(表 2—7)。

表 2—7 不同受教育程度的受访母亲最希望得到政府提供的家庭教育支持各项选择比例(%)

	小学及以下	初中	高中(包括中专)	大专	大学本科	硕士研究生及以上
教育技能训练	59.2	60.5	63.7	65.5	63.7	50.7
家庭教育相关知识及政策普及	53.9	62.2	61.1	66.7	61.6	61.0
财物帮助	35.5	21.8	19.1	13.8	15.4	11.8
建立信息交流平台(微信、微博、网站等)	31.6	33.8	38.0	39.5	46.6	44.1
一对一的咨询辅导	31.6	35.7	36.6	34.0	31.2	25.0
提供课外看护、小饭桌等服务	21.1	32.5	29.8	35.7	41.5	63.2
其他	3.9	1.9	2.9	4.0	4.4	4.4

孩子父亲受教育程度越高,希望得到政府提供建立信息交流平台(微信、微博、网站等)服务的比例越高;硕士研究生及以上的受访父亲在政府给予教育技能训练方面的选择比例最低(55.9%),在希望政府提供课外看护、小饭桌等服务的选择比例最高(52.1%),比小学及以下文化程度受访父亲高出 23.8 个百分点。选择希望政府给予财物帮助的比例随着受访父亲学历的增高而降低,小学及以下学历受访父亲选择希望政府给予财物帮助的比例最高,为 45.0%,比学历为硕士研究生及以上的受访父亲高出 32.8 个百分点(表 2—8)。

表2—8　不同受教育程度的受访父亲最希望得到政府提供的家庭教育支持各项选择比例(%)

	小学及以下	初中	高中 (包括中专)	大专	大学本科	硕士研究生 及以上
教育技能训练	60.0	59.1	63.4	65.6	63.5	55.9
家庭教育相关知识及政策普及	55.0	60.0	62.8	65.4	63.4	61.7
财物帮助	45.0	21.4	20.4	16.0	13.0	12.2
一对一的咨询辅导	38.3	35.8	33.1	35.9	30.5	32.4
建立信息交流平台 (微信、微博、网站等)	31.7	33.8	37.6	39.5	45.0	46.8
提供课外看护、小饭桌等服务	28.3	32.1	33.5	33.3	40.1	52.1
其他	1.7	2.6	2.0	4.3	4.6	4.3

4. 受访小学生家长更希望政府提供课外看护、小饭桌等服务

在希望得到政府提供家庭教育相关知识及政策普及帮助方面,孩子就读八年级的受访者选择比例最低(55.0%);在希望政府提供教育技能训练方面,受访的四年级学生家长选择比例最高(72.1%),高出总体(62.4%)近10个百分点;在希望政府提供课外看护、小饭桌等服务方面,被访的小学生家长选择比例高于被访初中生家长(表2—9)。

表2—9　不同年级受访者最希望得到政府提供的家庭教育支持各项选择比例(%)

	一年级	二年级	三年级	四年级	五年级	七年级	八年级
家庭教育相关知识及政策普及	66.2	64.1	68.3	62.7	63.1	61.4	55.0
教育技能训练	57.3	64.7	61.3	72.1	67.0	56.9	60.9
建立信息交流平台 (微信、微博、网站等)	37.2	37.3	42.6	42.9	41.8	43.3	34.6

	一年级	二年级	三年级	四年级	五年级	七年级	八年级
提供课外看护、小饭桌等服务	43.9	46.4	41.2	39.0	36.9	26.2	26.8
一对一的咨询辅导	30.8	30.9	29.4	32.5	36.9	39.0	34.6
财物帮助	15.9	13.1	15.1	14.3	18.4	21.4	22.7
其他	5.5	4.1	3.4	3.9	2.1	2.4	3.3

三、受访者获取家庭教育知识途径的情况

调查发现,学校是受访者获取家庭教育知识的主要途径,家庭年收入、父母受教育程度影响着受访者对家庭教育知识获取途径的选择。

1. 受访者家庭年收入越高,通过互联网(微信、微博、网站等)、孩子同伴的家长和同事获取家庭教育知识的比例越高

在各层次家庭年收入水平上,孩子就读的学校都是家长获取家庭教育知识的主要途径。受访者选择通过学校获取家庭教育知识的比例,家庭低收入受访者选择比例为75.8%,中低收入受访者选择比例为76.5%,中等收入受访者选择比例为77.4%,中高收入受访者选择比例为75.9%,高收入受访者选择比例为75.0%,通过学校获取家庭教育知识在各收入层级上选择比例都是最高的,且差异不明显。在从互联网(微信、微博、网站等),书籍、报刊、广播、电视,孩子同伴的家长,亲戚、朋友,同事等途径获取家庭教育知识方面,从低收入到高收入基本呈现选择比例逐渐增高的趋势。低收入家庭选择从免费的家庭教育指导服务机构、社区家长学校获取家庭教育知识的比例相对较高。在从收费的家庭教育指导服务机构获取家庭教育知识方面,高收入家庭选择比例最高(12.5%),比选择比例最低的中低收入家庭(5.5%)高7个百分点(表2—10)。

表2－10　不同家庭年收入的受访者获取家庭教育知识的途径的选择比例(%)

	低收入	中低收入	中等收入	中高收入	高收入
孩子就读的学校	75.8	76.5	77.4	75.9	75.0
互联网(微信、微博、网站等)	50.8	58.2	67.4	72.7	74.2
书籍、报刊、广播、电视	56.7	60.7	65.7	71.1	70.6
孩子同伴的家长	32.5	35.3	36.7	39.6	44.0
亲戚、朋友	27.8	27.0	32.8	33.8	35.6
同事	15.6	19.4	26.6	28.9	32.3
长辈	15.3	13.5	16.6	16.9	15.6
免费的家庭教育指导服务机构	14.4	10.1	9.4	12.1	10.6
社区家长学校	9.5	8.5	11.6	8.0	9.4
收费的家庭教育指导服务机构	6.1	5.5	6.9	10.8	12.5
司法机关或群团组织	1.8	1.2	1.9	3.2	3.3

2. 在通过互联网(微信、微博、网站等)获取家庭教育知识上,受访父母受教育程度越高选择的比例越高,且受教育程度为硕士研究生及以上的受访父母显著高于受教育程度为小学及以下的父母

受教育程度为小学及以下的受访母亲,通过孩子就读的学校获取家庭教育知识的比例最高(85.1%),高出选择比例最低的受教育程度为大专的母亲(72.5%)12.6个百分点。在通过互联网(微信、微博、网站等)获取家庭教育知识的选项上,受教育程度为小学及以下的受访母亲选择比例为35.8%,受教育程度为初中的受访母亲选择比例为51.1%,受教育程度为高中(包括中专)的受访母亲选择比例为61.7%,受教育程度为大专的受访母亲选择比例为69.6%,受教育程度为大学本科的受访母亲选择比例为75.6%,受教育程度为硕士研究生及以上的受访母亲选择比例为83.8%,硕士研究生及以上的受访母亲选择从互联网获取家庭教育知识的比例,比选择此项比例最低的受教育程度为小学及以下的受访母亲高48个百分点。在通过书籍、报刊、广播、电视,孩子同伴的家长,亲戚、朋友和同事等途径获取家庭教育知识方面,选择比例基本随着受教育程度的增高而增加。通过免费的家庭教育指导服务机构和社区家长学校获取家庭教育

知识比例最低的均为受教育程度最高的硕士研究生及以上的受访母亲(表2—11)。

表2—11　不同受教育程度的受访母亲获取家庭教育知识的途径(%)

	小学及以下	初中	高中(包括中专)	大专	大学本科	硕士研究生及以上
孩子就读的学校	85.1	79.5	78.0	72.5	74.9	72.7
互联网(微信、微博、网站等)	35.8	51.1	61.7	69.6	75.6	83.8
书籍、报刊、广播、电视	46.3	54.1	63.1	67.3	73.3	73.8
孩子同伴的家长	32.8	32.0	35.1	38.1	41.5	44.2
亲戚、朋友	34.3	25.9	30.4	30.4	36.1	39.6
同事	16.4	13.1	21.8	23.1	36.1	43.1
长辈	14.9	14.7	16.8	14.9	17.8	18.5
免费的家庭教育指导服务机构	9.0	11.9	13.0	11.4	9.9	6.5
社区家长学校	9.0	8.9	11.7	10.4	8.7	8.5
收费的家庭教育指导服务机构	3.7	4.5	6.8	9.2	10.6	9.6
司法机关或群团组织	1.5	1.2	2.7	2.3	3.3	1.5

受访父亲受教育程度越低,通过孩子就读的学校获取家庭教育知识的比例越高。受访父亲受教育程度为小学及以下的,从孩子就读的学校获取家庭教育知识的比例为85.3%,受教育程度为初中的比例为79.8%,受教育程度为高中(包括中专)的比例为77.2%,受教育程度为大专的比例为74.4%,受教育程度为大学本科的比例为74.2%,受教育程度为硕士研究生及以上的比例为72.7%,受教育程度最高的受访父亲与受教育程度最低的受访父亲在此选项上相差12.6个百分点。受教育程度越低的父亲在获取家庭教育知识方面对学校的依赖度越高。

在通过互联网(微信、微博、网站等)获取家庭教育知识方面,受访父亲受教育程度越高选择的比例越高。父亲受教育程度为硕士研究生及以上的选择比例为 77.9%,受教育程度为大学本科的选择比例为 74.2%,受教育程度为大专的选择比例为 70.1%,受教育程度为高中(包括中专)的选择比例为 60.2%,受教育程度为初中的选择比例为 49.9%,受教育程度为小学及以下的选择比例为 38.9%。选择比例最高的受教育程度为硕士研究生及以上的受访父亲比受教育程度最低的小学及以下的受访父亲选择比例高 39 个百分点。

在通过书籍、报刊、广播、电视获取家庭教育知识方面,受教育程度越高的受访父亲选择的比例越高。受教育程度为小学及以下的受访父亲选择的比例为 40.0%,受教育程度为初中的选择比例为 54.1%,受教育程度为高中(包括中专)的选择比例为 61.2%,受教育程度为大专的选择比例为 68.7%,受教育程度为大学本科的选择比例为 71.3%,受教育程度为硕士研究生及以上的选择比例为 74.3%。选择比例最高的受教育程度为硕士研究生及以上的受访父亲比受教育程度为小学及以下的受访父亲高 34.3 个百分点。

在通过孩子同伴的家长了解家庭教育知识方面,选择比例最高的是受教育程度为硕士研究生及以上的父亲,比选择比例最低的受教育程度为小学及以下的受访父亲高 13.5 个百分点。

在通过同事了解家庭教育知识方面,选择的比例随着受访父亲受教育程度的增高而增加。受教育程度为小学及以下受访父亲选择比例为 9.5%,受教育程度为初中的受访父亲选择比例为 13.9%,受教育程度为高中(包括中专)的受访父亲选择比例为 22.1%,受教育程度为大专的受访父亲选择比例为 23.7%,受教育程度为大学本科的受访父亲选择比例为 31.8%,受教育程度为硕士研究生及以上的受访父亲选择比例为 41.0%。选择比例最高的受教育程度为硕士研究生及以上的受访父亲与受教育程度最低的小学及以下受访父亲相差 31.5 个百分点。

在通过免费的家庭教育指导服务机构获取家庭教育知识方面,选择比例最高的是受教育程度为小学及以下的父亲(14.7%),选择比例最低的是受教育程度为硕士研究生及以上的父亲(9.0%)。选择通过收费的家庭指导服务机构获取家庭教育知识比例最高的,是受教育程度为硕士研究生及以上的受访父亲

(11.5%),比例最低的是受教育程度为小学及以下的受访父亲(5.3%)。在学历差异上,此选项上父亲的差异大于母亲,这可以从一定程度上说明母亲学习家庭教育知识的意愿高于父亲(表2-12)。

表2-12　不同受教育程度的受访父亲了解家庭教育知识的途径(%)

	小学及以下	初中	高中（包括中专）	大专	大学本科	硕士研究生及以上
孩子就读的学校	85.3	79.8	77.2	74.4	74.2	72.7
互联网(微信、微博、网站等)	38.9	49.9	60.2	70.1	74.2	77.9
书籍、报刊、广播、电视	40.0	54.1	61.2	68.7	71.3	74.3
孩子同伴的家长	30.5	30.6	36.5	34.8	42.6	44.0
亲戚、朋友	31.6	25.2	31.3	28.8	36.5	37.4
同事	9.5	13.9	22.1	23.7	31.8	41.0
长辈	9.5	14.3	16.3	15.2	16.8	22.4
免费的家庭教育指导服务机构	14.7	11.2	12.5	11.6	9.9	9.0
社区家长学校	6.3	9.5	11.5	10.2	8.8	8.7
收费的家庭教育指导服务机构	5.3	3.8	6.6	8.7	10.3	11.5
司法机关或群团组织	1.1	1.6	2.4	2.0	3.3	2.2

3. 在对家长进行家庭教育指导方面,优质校与非优质校差异不大

孩子就读优质校的受访者通过互联网,书籍、报刊、广播、电视,孩子同伴的家长,亲戚、朋友,同事等途径获得家庭教育知识的比例均高于孩子就读非优质校的受访者。但是在从学校获取家庭教育知识方面,孩子就读于优质校的受访者选择的比例低于孩子就读于非优质校的受访者,两者相差只有1个百分点,说明在对家长进行家庭教育指导方面,优质校并不比非优质校做得更多(表2-13)。

表2—13　孩子就读不同学校的受访者了解家庭教育知识的途径(%)

	优质校	非优质校
孩子就读的学校	75.5	76.5
互联网(微信、微博、网站等)	69.5	61.3
书籍、报刊、广播、电视	67.9	62.1
孩子同伴的家长	41.0	33.9
亲戚、朋友	35.1	28.2
同事	28.6	21.6
长辈	17.9	14.7
免费的家庭教育指导服务机构	10.8	11.3
社区家长学校	9.9	9.6
收费的家庭教育指导服务机构	9.0	6.9
司法机关或群团组织	2.9	1.8

四、受访者家庭年收入、受教育程度影响其对法规、政策的了解倾向

1. 受访者家庭年收入越高,知道《中华人民共和国未成年人保护法》和《中华人民共和国反家庭暴力法》的比例越高

知道《中华人民共和国未成年人保护法》和《中华人民共和国反家庭暴力法》的受访者占比随着收入增加而增大。低收入受访者了解《关于进一步健全农村留守儿童和困境儿童关爱服务体系的意见》的占比最高(18.9%)(表2—14)。

表2—14　不同家庭年收入的受访者了解家庭教育相关法规、政策情况(%)

	低收入	中低收入	中等收入	中高收入	高收入
《中华人民共和国未成年人保护法》	77.8	81.1	83.3	86.8	86.8
《中华人民共和国反家庭暴力法》	45.2	49.6	52.1	53.3	59.0
《家长教育行为规范》	34.0	27.5	28.0	27.9	26.3
《儿童权利公约》	23.4	21.9	26.2	24.1	27.6
《关于进一步健全农村留守儿童和困境儿童关爱服务体系的意见》	18.9	15.2	13.5	15.6	17.4
《全国家庭教育指导大纲》	14.8	12.2	14.6	14.6	16.6
都不知道	14.1	11.8	11.6	9.4	8.1

2. 受教育程度在硕士研究生及以上的受访父母知道《中华人民共和国未成年人保护法》《儿童权利公约》的比例均高于其他受教育程度的受访父母

受教育程度为硕士研究生及以上的受访母亲知道《中华人民共和国未成年人保护法》的占比 92.2%，知道《中华人民共和国反家庭暴力法》的占比 59.7%；知道《关于进一步健全农村留守儿童和困境儿童关爱服务体系的意见》比例最高的，是受教育程度为高中（包括中专）的受访母亲（表 2—15）。

表 2—15　不同受教育程度的受访母亲了解家庭教育相关法规、政策的情况(%)

	小学及以下	初中	高中（包括中专）	大专	大学本科	硕士研究生及以上
《中华人民共和国未成年人保护法》	79.3	76.9	81.0	83.0	89.4	92.2
《中华人民共和国反家庭暴力法》	47.1	44.0	49.0	51.2	59.3	59.7
《家长教育行为规范》	28.1	29.1	33.3	27.0	25.9	27.1
《儿童权利公约》	29.8	21.6	25.3	24.2	25.8	30.2
《关于进一步健全农村留守儿童和困境儿童关爱服务体系的意见》	15.7	17.5	17.8	12.7	15.1	14.7
《全国家庭教育指导大纲》	17.4	11.5	16.3	13.5	15.5	15.1
都不知道	14.0	13.8	12.3	12.0	7.8	5.0

受教育程度为硕士研究生及以上的受访父亲知道《中华人民共和国未成年人保护法》《儿童权利公约》《全国家庭教育指导大纲》的比例均高于其他受教育程度的受访父亲。知道《家长教育行为规范》比例最高的是受教育程度为小学及以下的受访父亲（37.8%），比受教育程度为硕士研究生及以上的受访父亲（21.0%）高 16.8 个百分点（表 2—16）。

表 2-16　不同受教育程度的受访父亲了解家庭教育相关法规、政策的情况(%)

	小学及以下	初中	高中 (包括中专)	大专	大学本科	硕士研究生 及以上
《中华人民共和国未成年人保护法》	76.7	76.1	81.3	83.8	88.0	89.6
《中华人民共和国反家庭暴力法》	40.0	41.6	49.6	51.3	58.9	58.3
《家长教育行为规范》	37.8	26.6	30.9	28.4	29.2	21.0
《儿童权利公约》	26.7	21.4	25.6	23.2	26.8	27.5
《关于进一步健全农村留守儿童和困境儿童关爱服务体系的意见》	18.9	16.9	15.9	15.1	15.8	11.2
《全国家庭教育指导大纲》	14.4	12.1	14.1	13.9	15.9	17.1
都不知道	13.3	14.1	12.4	11.5	8.8	7.3

3. 孩子就读不同年级的受访者对《中华人民共和国未成年人保护法》的了解程度差异不大

孩子就读于八年级的受访者了解《中华人民共和国未成年人保护法》占比84.2%,孩子就读一年级的受访者占比81.6%。

在对《中华人民共和国反家庭暴力法》的了解上,孩子就读一年级的受访者占比46.2%,孩子就读二年级的受访者占比54.3%,孩子就读三年级的受访者占比47.6%,孩子就读四年级的受访者占比56.3%,孩子就读五年级的受访者占比49.6%,孩子就读七年级的受访者占比51.9%,孩子就读八年级的受访者占比54.9%。各年级间变化规律不明显(表 2-17)。

表2—17　孩子就读不同年级的受访者知道家庭教育相关法规、政策情况(%)

	一年级	二年级	三年级	四年级	五年级	七年级	八年级
《中华人民共和国未成年人保护法》	81.6	83.3	82.3	85.4	85.1	82.4	84.2
《中华人民共和国反家庭暴力法》	46.2	54.3	47.6	56.3	49.6	51.9	54.9
《家长教育行为规范》	23.3	22.9	22.8	30.3	31.5	31.9	33.1
《儿童权利公约》	19.7	23.4	21.2	26.9	26.1	27.8	26.5
《关于进一步健全农村留守儿童和困境儿童关爱服务体系的意见》	9.9	13.8	12.9	17.5	15.8	18.0	18.2
《全国家庭教育指导大纲》	13.5	12.3	13.1	13.0	15.8	15.0	17.2
都不知道	12.4	12.7	12.2	9.0	10.6	10.7	10.3

4. 在受访者中,通过互联网(微信、微博、网站等)了解法规、政策的占比最高,且随着家庭年收入增加而增大

通过书籍、报刊、广播、电视了解与家庭教育相关的法规、政策占比最高的是中高收入受访者(73.5%),最低的是低收入受访者(64.5%),两者相差9个百分点。通过互联网了解家庭教育法规、政策的比例,随着受访者家庭年收入的增高逐渐增加,选择比例最高的与最低的相差20.6个百分点;与此相反,通过孩子就读的学校了解家庭教育法规、政策的比例,随着受访者家庭年收入的增高而降低,选择比例最高的与最低的相差18.9个百分点(表2—18)。

表 2—18　不同家庭年收入的受访者了解法规、政策的途径情况(%)

	低收入	中低收入	中等收入	中高收入	高收入
书籍、报刊、广播、电视	64.5	65.9	71.8	73.5	71.4
互联网(微信、微博、网站等)	55.2	64.5	70.6	74.5	75.8
孩子就读的学校	59.2	51.1	48.3	42.1	40.3
亲戚、朋友	26.9	23.4	23.4	18.7	22.1
同事	17.1	16.0	17.8	16.3	20.0
孩子同伴的家长	19.2	17.9	16.6	15.0	18.2
社区家长学校	12.3	12.5	12.2	10.2	11.1
长辈	13.6	9.8	10.5	8.1	9.2
司法机关或群团组织	3.5	4.2	4.2	5.8	7.4
免费的家庭教育指导服务机构	6.4	5.3	6.0	5.4	5.3
收费的家庭教育指导服务机构	2.1	1.9	2.4	1.8	4.6
其他	0.3	0.2	0.6	1.0	2.1

5. 通过书籍、报刊、广播、电视和互联网(微信、微博、网站等)两个途径了解法规、政策的比例,基本随着受访父母受教育程度的增高而增加

在通过书籍、报刊、广播、电视途径了解家庭教育相关法规、政策方面,占比随着受访母亲受教育程度增高而增大。在通过互联网(微信、微博、网站等)了解法规、政策方面,受教育程度从小学及以下到大学本科,选择比例随着受教育程度的增高而增加,受教育程度为硕士研究生及以上的受访母亲选择比例虽然比受教育程度为大学本科的受访母亲低,但两者相差仅 2.1 个百分点,差异不显著。在通过孩子就读的学校了解家庭教育法规、政策方面,选择比例随着受访母亲受教育程度增高而降低,最高比例与最低比例间相差 36.3 个百分点(表 2—19)。

表 2—19 不同受教育程度的受访母亲了解法规、政策途径情况(%)

	小学及以下	初中	高中 (包括中专)	大专	大学本科	硕士研究生 及以上
书籍、报刊、广播、电视	56.6	59.3	67.1	72.9	76.8	77.6
互联网(微信、微博、网站等)	39.6	57.1	66.2	75.8	76.4	74.3
孩子就读的学校	69.8	59.1	54.3	42.5	39.6	33.5
亲戚、朋友	32.1	25.1	26.6	20.1	21.1	18.0
同事	16.0	13.9	15.2	18.9	20.0	20.0
孩子同伴的家长	25.5	19.6	21.9	15.5	14.9	11.8
社区家长学校	16.0	12.4	15.2	11.1	9.6	8.6
长辈	18.9	10.3	12.9	8.7	9.6	4.1
司法机关或群团组织	3.8	2.7	4.9	4.3	6.9	5.7
免费的家庭教育 指导服务机构	4.7	5.8	8.5	5.4	4.8	3.3
收费的家庭教育 指导服务机构	3.8	1.7	2.9	2.7	2.4	0.8
其他	0.9	0.5	0.7	0.3	1.0	2.4

在通过互联网(微信、微博、网站等)途径了解家庭教育相关法规、政策方面,受访父亲受教育程度选择比例随着受教育程度的增高增加,选择比例最高的(77.3%)与最低的(39.2%)相差 38.1 个百分点。在通过书籍、报刊、广播、电视了解家庭教育相关法规、政策方面,受访父亲受教育程度从小学及以下至大学本科,选择比例随着受教育程度的增高增加,受教育程度为硕士研究生及以上的受访父亲选择比例(73.7%)略低于受教育程度为大学本科的受访父亲(76.8%),但差异不明显。但是这个 3.1 个百分点的差异大于同等受教育程度下母亲间的差异。通过孩子就读的学校途径了解家庭教育相关法规、政策的受访者占比随着受访父亲受教育程度增高而降低(表 2—20)。

表 2-20　不同受教育程度的受访父亲了解法规、政策途径情况(%)

	小学及以下	初中	高中 （包括中专）	大专	大学本科	硕士研究生 及以上
书籍、报刊、广播、电视	53.2	57.6	66.1	74.3	76.8	73.7
互联网(微信、微博、网站等)	39.2	54.7	67.3	74.1	75.2	77.3
孩子就读的学校	68.4	58.9	51.7	46.5	40.7	36.3
亲戚、朋友	38.0	23.3	26.6	20.6	21.9	18.1
同事	8.9	14.3	15.6	18.8	19.3	20.5
孩子同伴的家长	24.1	18.8	19.9	17.9	15.5	13.3
社区家长学校	12.7	13.6	13.9	10.7	10.8	9.4
长辈	10.1	11.4	12.1	9.9	8.9	7.6
司法机关或群团组织	1.3	3.0	4.2	4.8	6.2	6.6
免费的家庭教育指导服务机构	5.1	5.3	6.8	6.7	5.1	4.8
收费的家庭教育指导服务机构	0.0	2.1	2.3	2.6	2.7	2.1
其他	1.3	0.9	0.1	0.9	1.0	1.2

第三章　家庭教育社区支持状况

核心提示:本节对家庭教育社区支持资源的获得情况、家庭教育社区支持的参与情况、家庭教育社区支持的评价情况分别进行考察。研究发现,家庭仍依靠传统社区组织获得社区支持;家庭教育知识普及和亲子活动是目前中国城市家庭获得家庭教育社区支持的主要方式;父母受教育程度越高,通过社区亲子活动获得帮助的比例越高,通过家庭教育知识普及获得帮助的比例越低;受访者对社区支持家庭的评价不高,七成左右的父母认为没有得到社区在家庭教育方面的帮助等。

随着社会转型及社区建设速度的加快,城市社区在居民生活领域的作用逐渐凸显,本次调研分别从家庭教育社区支持资源的获得情况、家庭教育社区支持的参与情况、家庭教育社区支持的评价情况三个方面分别进行考察。

一、家庭教育社区支持资源的获得情况

1. 家庭仍依靠传统社区组织获得社区支持

本次调查显示,少年宫仍是提供家庭教育支持最重要的资源力量。有33.7%的受访者子女参加过少年宫组织的活动,这与政府部门大力建设、完善相关基层组织作为公共服务阵地,依托社区开展家庭教育支持的政策[1]有关,也与少年宫或少年之家更体现政府的教育意向,长期、稳定存在的校外教育组织更被受访者知晓和接纳有关[2]。调查中提供的社区支持资源显示,受访者认知度高的

---

[1] 民政部关于"关于将家庭教育纳入社区公共服务的提案"答复的函(摘要),http://www.mca.gov.cn/article/gk/jytabljggk/zxwyta/201610/20161015002198.shtml.

[2] 任翠英:《中小学生校外教育研究》,华东师范大学博士学位论文,2018年,第63页。

社区教育资源分别为家庭教育讲座、社区教育资询机构及社区儿童实践指导部门。18.1%的受访者所在的社区开展过家庭教育相关讲座或活动,17.8%的受访者所在的社区有教育咨询机构,16.3%的受访者所在的社区有负责儿童社会实践的相关部门,而受访者家庭所在的社区对家庭教育提供专业社会工作服务的比例最低,占8.1%(图3-1)。这与社区相关工作人员和受访者的访谈内容基本一致。这种局面可能是社区与家庭教育支持尚处起步阶段,相关社会教育政策尚不完善、人员配置不到位、经费不足、活动开展较少等有关,也与受访者对社区教育的相关支持政策及设置不够了解有关。

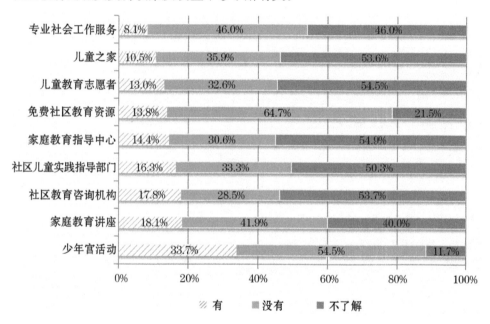

图3-1 受访者家庭教育社区支持资源的获得情况

2. 北京和成都的受访者获取了社区在家庭教育方面的更多支持

以受访者所在城市作为变量统计显示,在获得过社区家庭教育支持的受访者家庭中,合肥有五成以上受访者的孩子参加过少年宫组织的活动,北京和西安的参与度则较低,分别为26.4%和26.6%;北京和成都的受访者选择所在的社区在指导孩子社会实践的部门设置方面比例显著高于其他城市受访者,分别达到 28.5％和 24.1％;哈尔滨和西安的受访者在获取社区资源方面占比相对较低,社区家长学校或家庭教育指导中心(服务站)、免费的社区教育资源(如活动场所、物料)、儿童教育志愿者的配备情况、社区儿童之家以及专业社会工作服务的知晓和使用均不足一成(表 3—1)。

表 3—1 不同城市受访者家庭教育社区支持获得情况(％)

	北京	哈尔滨	合肥	广州	成都	西安
您的孩子参加过少年宫(家)组织的活动吗?	26.4	30.3	52.1	36.6	30.7	26.6
您所在的社区开展过家庭教育相关讲座或活动吗?	21.7	14.7	18.5	21.7	22.0	10.3
您所在的社区有教育咨询机构吗?	14.3	7.8	21.7	25.9	26.8	11.6
您所在的社区是否有负责指导孩子社会实践的部门?	28.5	11.5	10.3	17.8	24.1	6.4
您所在的社区有家长学校或家庭教育指导中心(服务站)之类的机构吗?	10.9	9.8	14.7	25.7	18.6	8.1
您使用过免费的社区教育资源吗?	14.7	9.9	15.2	17.4	18.8	7.5
您所在的社区有儿童教育方面的志愿者吗?	11.3	9.5	11.8	19.9	18.0	8.2
您所在的社区有儿童之家吗?	8.9	5.1	12.3	12.3	17.4	7.4
您所在的社区对家庭教育提供专业社会工作服务吗?	7.4	5.7	7.7	13.4	10.9	4.0

3. 高收入家庭能够获取社区提供的家庭教育支持资源种类更多,低收入家庭更受到社区的关注

以家庭收入作为变量显示,受访者家庭年收入越高,子女参加过少年宫(家)组织的活动的比例越高,所在社区有儿童之家的比例越高。且高收入家庭能够获取社区提供的家庭教育支持资源种类更多,在少年宫活动、家庭教育讲座、教

育咨询机构、指导孩子参与社会实践的部门及免费社区教育资源、儿童志愿者配备及儿童之家的设立数量均高于其他收入家庭。社区儿童教育志愿者和家庭教育指导中心则使更多低收入家庭获益(表3-2)。

表3-2 不同家庭年收入的受访者家庭教育社区支持获得情况(%)

	低收入	中低收入	中等收入	中高收入	高收入
您的孩子参加过少年宫(家)组织的活动吗?	29.4	31.1	32.9	36.1	39.8
您所在的社区开展过家庭教育相关讲座或活动吗?	14.9	16.8	16.7	19.8	21.4
您所在的社区有教育咨询机构吗?	19.6	14.9	16.2	18.9	21.3
您所在的社区是否有负责指导孩子社会实践的部门?	15.0	15.8	15.2	17.2	17.4
您所在的社区有家长学校或家庭教育指导中心(服务站)之类的机构吗?	17.0	12.8	13.9	14.8	14.2
您使用过免费的社区教育资源吗?	14.3	12.1	11.9	16.2	14.8
您所在的社区有儿童教育方面的志愿者吗?	14.9	12.7	11.3	14.0	11.7
您所在的社区有儿童之家吗?	8.7	9.3	10.1	10.8	14.3
您所在的社区对家庭教育提供专业社会工作服务吗?	7.2	6.2	7.4	9.6	10.7

4. 父母受教育程度越高,知悉和使用社区教育资源的比例越高

以父母受教育程度作为变量计算显示,受访父母对少年宫活动的参与度和认识度差别不大,且接受水平相对较好,基本达到三成以上。受访母亲受教育程度越高,所在社区开展过家庭教育相关讲座或活动的比例越高。受教育程度为硕士研究生及以上的父亲,其所在社区开展过家庭教育相关讲座或活动以及对社区指导孩子社会实践的部门、使用过免费的社区教育资源的知悉比例高于其他受教育程

度的父亲。且受教育程度为大学本科及以上的父母知悉和使用社区教育资源的比例高于受教育程度为大专及以下的父母,受教育程度为硕士研究生及以上的父亲更多参与了家庭教育相关讲座及活动,这与以往对"影子教育"①的相关研究结果有一定契合,文化资本会正向影响受访父母和儿童对教育资源的获取。

但调查显示,受教育程度为大学本科及以上的受访父母,对社区教育咨询类、社区家庭教育指导类资源的了解和使用低于受教育程度为初中和小学及以下的受访父母,与学校竞争中的文化资源排斥相异,受教育程度为初中和小学及以下的受访父母对社区公共教育资源的知晓和使用水平相对更高。通过相关访谈可以了解,产生此类情况可能是由于中低收入家庭通过儿童福利政策获取更多社区教育信息,并且由于自身文化资本和经济资本相对匮乏,对政府等公共组织提供的权威信息更为信赖,受教育程度高的父母拥有更高的文化资本,能够通过更多方式获取教育资源,对社区提供的教育支持关注度不高等有关(表3—3、表3—4)。

表3—3　不同受教育程度的受访母亲家庭教育社区支持获得情况(%)

	小学及以下	初中	高中(包括中专)	大专	大学本科	硕士研究生及以上
您的孩子参加过少年宫(家)组织的活动吗?	29.9	32.4	34.1	33.6	34.7	36.0
您所在的社区开展过家庭教育相关讲座或活动吗?	14.6	17.8	16.9	17.9	19.1	20.5
您所在的社区有教育咨询机构吗?	14.4	20.6	20.9	18.8	13.3	13.1
您所在的社区是否有负责指导孩子社会实践的部门?	11.0	16.2	15.4	14.5	17.8	22.7

---

① 薛海平:《从学校教育到影子教育:教育竞争与社会再生产》,《北京大学教育评论》2015年第3期。

	小学及以下	初中	高中 (包括中专)	大专	大学本科	硕士研究生 及以上
您所在的社区有家长学校或家庭教育指导中心(服务站)之类的机构吗?	12.7	17.7	16.3	12.9	11.6	14.2
您使用过免费的社区教育资源吗?	16.7	14.3	12.4	13.6	13.9	14.8
您所在的社区有儿童教育方面的志愿者吗?	10.4	14.1	15.0	13.1	10.5	12.4
您所在的社区有儿童之家吗?	9.6	10.0	9.9	11.6	10.0	11.2
您所在的社区对家庭教育提供专业社会工作服务吗?	5.6	8.8	7.6	8.1	7.7	9.7

表3—4 不同受教育程度的受访父亲家庭教育社区支持支持获得情况(%)

	小学及以下	初中	高中 (包括中专)	大专	大学本科	硕士研究生 及以上
您的孩子参加过少年宫(家)组织的活动吗?	23.1	33.0	32.8	32.7	36.8	32.5
您所在的社区开展过家庭教育相关讲座或活动吗?	7.7	16.0	18.5	16.2	19.9	22.4
您所在的社区有教育咨询机构吗?	12.1	17.6	21.2	17.2	17.0	14.4
您所在的社区是否有负责指导孩子社会实践的部门?	6.7	16.0	15.2	14.1	18.3	21.0

	小学及以下	初中	高中（包括中专）	大专	大学本科	硕士研究生及以上
您所在的社区有家长学校或家庭教育指导中心（服务站）之类的机构吗？	10.0	17.1	15.3	13.0	13.7	13.4
您使用过免费的社区教育资源吗？	14.3	13.8	13.2	13.3	13.4	16.5
您所在的社区有儿童教育方面的志愿者吗？	7.8	14.1	13.3	11.9	13.3	12.0
您所在的社区有儿童之家吗？	12.1	9.8	9.3	9.5	11.6	12.5
您所在的社区对家庭教育提供专业社会工作服务吗？	6.7	7.1	9.0	7.1	8.2	9.6

二、家庭教育社区支持的参与情况

1. 受访者参与最多的社区家庭教育活动是家庭教育知识普及和社区亲子活动

本次调查显示，讲座式的家庭教育普及是最为常见的受访者参与社区支持的方式，参与比例达到49.0%，并且在孩子就读小学及初中后，受访者在该项活动的参与水平都会有所升高；其次是社区亲子活动，受访者参与比例总体达到45.2%，并在孩子就读小学后逐渐提高，在孩子就读初中后参与比例下降较快。咨询辅导总体占比为28.3%，专业社会工作介入服务总体占比为17.1%，财物方面获得的支持最少，总体占比不到一成，但随着孩子就读时间的增长，社区财物支持的比例呈现总体上升的趋势（表3-5）。从受访者参与情况来看，社区对家庭教育的支持和服务处于起步阶段，活动开展较少，形式和过程相对简单。从对受访者和社区工作者的访谈中也可知，受访者和社区工作者参加和举办社区教育类活动，部分原因是为了完成任务，参与意愿并不高。

表 3-5　孩子就读不同年级的受访者参与社区家庭教育活动情况(%)

	一年级	二年级	三年级	四年级	五年级	七年级	八年级
家庭教育知识普及	49.3	44.6	45.5	50.2	46.7	52.7	50.6
社区亲子活动	43.7	48.8	50.0	48.6	48.5	42.9	38.6
咨询辅导	30.7	28.9	26.7	26.3	28.8	28.1	29.0
专业社会工作服务	20.0	18.2	16.9	16.1	17.5	16.7	15.8
财物支持	4.7	4.5	4.1	6.7	5.8	7.1	9.8

2. 受访父母受教育程度越高,通过社区亲子活动获得帮助的比例越高,通过家庭教育知识普及获得帮助的比例越低

本次调查显示,受访父母受教育程度越高,通过社区亲子活动获得帮助的比例越高,通过家庭教育知识普及获得帮助的比例越低,且受访父亲受教育程度越高,通过社区亲子活动获得帮助的比例越高。有半数以上的受教育程度为小学及以下、初中的受访父母参加过社区家庭教育知识普及活动,高于受教育程度为硕士研究生及以上的受访父母逾 10 个百分点,受教育程度为小学及以下的母亲在这项活动中得到帮助的比例高于受教育程度为硕士研究生及以上的母亲 18.0 个百分点(表 3-6,表 3-7)。

表 3-6　不同受教育程度的受访母亲参与社区家庭教育活动的情况(%)

	小学及以下	初中	高中(包括中专)	大专	大学本科	硕士研究生及以上
家庭教育知识普及	55.6	53.8	48.7	48.5	46.3	37.6
社区亲子活动	25.0	32.3	41.0	51.0	56.7	60.7
咨询辅导	26.4	30.4	30.8	32.3	23.7	15.4
专业社会工作服务	15.3	16.0	15.6	19.7	19.4	11.1
财物支持	12.5	8.7	6.8	4.2	5.7	4.3

表3-7 不同受教育程度的受访父亲参与社区家庭教育活动的情况(%)

	小学及以下	初中	高中（包括中专）	大专	大学本科	硕士研究生及以上
家庭教育知识普及	53.2	51.2	51.8	47.8	47.9	39.0
社区亲子活动	17.0	31.7	42.0	47.3	54.3	62.2
咨询辅导	29.8	31.0	28.1	32.3	26.0	19.2
专业社会工作服务	14.9	14.3	19.0	17.8	18.5	14.5
财物支持	25.5	9.2	6.9	4.7	5.2	2.9

3. 不同家庭年收入受访者得到社区家庭教育支持的情况

从受访者家庭收入来看,家庭年收入越高,受访者参与社区亲子活动比例越高,得到专业社会工作服务的比例越低。约五成家庭低收入和中低收入受访者认为参加社区家庭教育知识讲座后,对教育子女有一定帮助,感到获益较多。但总体而言,中高收入和高收入家庭参与社区家庭教育相关活动的比例高于家庭中低收入和低收入受访者(表3-8)。

表3-8 不同家庭年收入的受访者得到家庭教育社区帮助的内容(%)

	低收入	中低收入	中等收入	中高收入	高收入
家庭教育知识普及	46.3	49.0	49.7	49.9	45.3
社区亲子活动	31.2	41.4	44.7	54.0	51.9
咨询辅导	27.3	28.1	30.4	28.4	25.0
专业社会工作服务	18.6	17.8	17.4	16.9	14.6
财物支持	10.8	6.8	5.9	4.1	5.7

三、家庭教育社区支持的评价情况

1. 孩子就读一年级和二年级的受访者认为自己从社区获得支持的比例最低

本次调查将孩子的就读年级与受访者对社区家庭教育支持的评价进行对比分析,发现有七成左右的受访者认为自己没有得到社区家庭教育支持。孩子就读年级越低,受访者在教育子女方面得到社区的帮助越少,孩子就读低年级的受访者认为自己获得社区家庭教育支持的水平较低,其中孩子就读一年级和二年级的受访者从社区获得支持的比例最低,有 77.5% 的就读一年级受访者和 75.9% 的就读二年级的受访者认为自己在家庭教育方面未获得社区支持(图 3—2)。

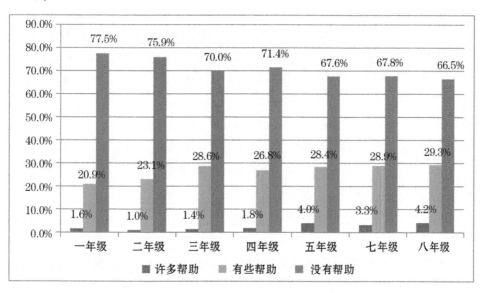

图 3—2 孩子就读不同年级的受访者得到社区帮助情况

2. 北京、成都、广州的受访者对社区家庭教育支持相关工作的认同度更高,哈尔滨、西安的受访者对社区家庭教育支持相关工作认同度偏低

尽管家庭社会资本会影响社区教育资源的获取,但通过对受访者使用社区教育资源的使用评价来看,受访者的相关评价并不高,差异也不大。

从受访者居住城市来看,北京、成都和广州受访者认为在教育子女方面得到社区帮助的比例高于其他城市受访者。成都的受访者对社区支持的认可度最高,达到 36.6%,广州的受访者达到 36.4%,北京的受访者达到 36.2%,而哈尔滨和西安的受访者对社区支持的评价最低,认为得到过社区支持的比例为 20.5% 左右,与调查的其他城市的受访者相差 15 个百分点左右(图 3—3)。

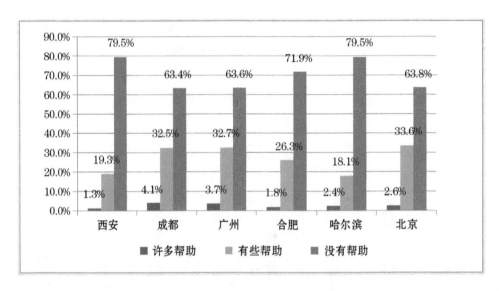

图3—3　不同城市受访者对社区帮助的评价

3. 低收入受访者和高收入受访者认为自己得到了更多来自社区的家庭教育支持

从家庭收入来看,家庭年收入最高的受访者和家庭年收入最低的受访者得到社区帮助的比例略高于其他受访者。低收入受访者认为自己得到社区家庭教育帮助的比例达到30.9%,高收入受访者认为自己得到社区家庭教育帮助的比例达到31.6%,中低收入、中等收入、中高收入的受访者认为自己获得社区帮助的比例均不足三成(表3—9)。

表3—9　不同家庭年收入的受访者得到社区帮助的情况(%)

	低收入	中低收入	中等收入	中高收入	高收入
许多帮助	2.1	2.2	2.9	2.2	2.9
有些帮助	28.8	24.7	26.9	26.6	28.7
没有帮助	69.2	73.1	70.1	71.3	68.4

4. 受教育程度为硕士研究生及以上的受访父母认为自己得到了更多的社区家庭教育支持，七成以上受教育程度为小学及以下的受访父母认为自己未获得社区家庭教育的支持

从受访父母受教育程度来看，受教育程度为小学及以下和受教育程度为硕士研究生及以上的受访母亲得到社区帮助的比例更高，分别达到 34.1% 和 38.4%，受教育程度为硕士研究生及以上的父亲，认为自己在教育子女方面得到社区帮助的情况高于受教育程度为大学本科受访父亲 7.2 个百分点，高于受教育程度为大专的父亲 11.1 个百分点，高于受教育程度为高中（包括中专）的受访父亲 8 个百分点，高于受教育程度为初中的父亲 6.4 个百分点，高于受教育程度为小学的受访父亲 12.8 百分点。受教育程度为小学及以下的受访父亲认为自己没有得到社区教育支持的比例最高，达到 75.8%。但即使受访父母受教育程度达到较高水平，对社区提供家庭教育支持的评价仍然不高，七成左右的父母认为没有得到社区在家庭教育方面的帮助（表 3—10，表 3—11）。

表 3—10　不同受教育程度受访母亲得到社区家庭教育帮助的情况(%)

	小学及以下	初中	高中 （包括中专）	大专	大学本科	硕士研究生 及以上
许多帮助	3.1	2.8	2.5	2.4	2.5	3.8
有些帮助	31.0	29.3	26.4	22.6	26.6	34.6
没有帮助	65.9	67.9	71.2	75.0	70.9	61.5

表 3—11　不同受教育程度受访父亲得到社区家庭教育帮助的情况(%)

	小学及以下	初中	高中 （包括中专）	大专	大学本科	硕士研究生 及以上
许多帮助	2.2	3.1	2.6	2.0	2.6	3.0
有些帮助	22.0	27.5	26.4	23.9	27.2	34.0
没有帮助	75.8	69.4	70.9	74.2	70.2	63.0

第四章　学校家庭教育支持现状

核心提示:本节对家庭教育从学校得到了哪些帮助、家长使用最多的帮助途径、从这些帮助中的获益情况等进行了描述。调查发现九成以上的受访者表示在家庭教育方面得到过学校的帮助;受访者家庭年收入越高,受访父母受教育程度越高,选择得到学校许多帮助的比例越高;家长会、家校信息交流(微信群、公众号等)和家庭教育知识讲座,是学校在家庭教育方面提供的最有帮助的三种途径;家庭低收入受访者非常希望教师家访的比例高于其他受访者。

作为国家专门的教育机构及教育中家庭的合作伙伴,学校是家庭教育支持的重要来源。本次调研从受访者是否从学校得到过帮助、最有帮助的途径是哪些、受访者参加学校组织的家长学校学习是否有收获、是否希望老师家访等方面了解学校家庭教育支持情况,并探析家庭收入、父母受教育程度等因素与这些方面的关系。

一、受访者在教育子女方面得到过学校帮助的情况

调查发现,96.4%的受访者表示在家庭教育方面得到过学校的帮助。

1. 受访者家庭年收入越高,得到学校许多帮助的比例越高

受访者选择在家庭教育方面得到学校许多帮助的比例随着家庭年收入的增高而增加,选择比例最低的低收入家庭受访者(33.3%)比选择比例最高的高收入家庭受访者(49.3%)低16个百分点(表4—1)。

表 4—1　不同家庭年收入的受访者在教育子女方面得到学校帮助情况(%)

	低收入	中低收入	中等收入	中高收入	高收入
许多帮助	33.3	40.5	44.7	47.8	49.3
有些帮助	59.4	55.9	51.5	50.9	48.2
没有帮助	7.4	3.6	3.8	1.4	2.5

2. 受教育程度为硕士研究生及以上的受访父母与受教育程度为小学及以下的受访父母,在家庭教育方面得到学校许多帮助的比例差异显著

受教育程度在硕士研究生及以上的受访母亲,在家庭教育方面得到学校许多帮助的比例高于其他受访者。受教育程度为小学及以下的受访母亲,选择在家庭教育方面得到学校许多帮助的比例最低(33.6%),受教育程度为硕士研究生及以上的受访母亲,选择在家庭教育方面得到学校许多帮助的比例最高(51.5%),两者相差 17.9 个百分点(表 4—2)。

表 4—2　不同受教育程度的受访母亲在教育子女方面得到学校帮助情况(%)

	小学及以下	初中	高中(包括中专)	大专	大学本科	硕士研究生及以上
许多帮助	33.6	41.6	39.8	42.5	48.0	51.5
有些帮助	61.7	52.8	56.8	54.9	48.7	46.9
没有帮助	4.7	5.6	3.4	2.7	3.4	1.5

受访父亲受教育程度越高,选择得到学校许多帮助的比例越高。受教育程度为小学及以下的受访父亲,选择在家庭教育方面得到学校许多帮助的比例为 30.4%;受教育程度为硕士研究生及以上的受访父亲,选择比例为 48.1%,两者相差近 18 个百分点。选择没有从学校得到帮助的百分比随着受访父亲受教育程度的提高而降低(表 4—3)。

表4—3 不同受教育程度的受访父亲在家庭教育方面得到学校帮助情况(％)

	小学及以下	初中	高中(包括中专)	大专	大学本科	硕士研究生及以上
许多帮助	30.4	38.7	40.8	43.9	47.4	48.1
有些帮助	58.7	55.3	55.6	53.1	50.2	49.2
没有帮助	10.9	6	3.6	3	2.4	2.7

3. 孩子就读优质校的受访者与孩子就读非优质校的受访者在家庭教育方面得到学校帮助上差异不明显

孩子就读优质校的受访者选择得到学校许多帮助的比例(47.2％)高于孩子就读非优质校受访者(39.6％)(表4—4)。

孩子就读初中的受访者得到学校许多帮助的比例低于孩子就读小学的受访者。选择得到许多帮助比例最高的是孩子就读小学一年级的受访者(47.1％),比例最低的是孩子就读八年级的受访者(39.4％)(表4—5)。

表4—4 孩子就读不同学校的受访者在教育子女方面得到学校帮助情况(％)

	优质校	非优质校
许多帮助	47.2	39.6
有些帮助	49.5	56.4
没有帮助	3.3	3.9

表4—5 孩子就读不同年级的受访者在教育子女方面得到学校帮助情况(％)

	一年级	二年级	三年级	四年级	五年级	七年级	八年级
许多帮助	47.1	43.8	45.0	45.8	44.4	41.1	39.4
有些帮助	50.4	53.6	51.1	50.1	53.2	55.2	55.5
没有帮助	2.5	2.6	3.8	4.1	2.5	3.7	5.2

二、受访者从学校获得的对家庭教育最有帮助的途径情况

1. 高收入受访者认为从亲子活动中获得帮助最多的比例高于其他受访者

不同收入受访者对家长会在家庭教育中的帮助评价没有大的差异，最低与最高比例只相差 3.5 个百分点，中低收入、中等收入、中高收入受访者选择从家庭教育知识讲座中得到的帮助最大的比例比低收入和高收入受访者高。高收入受访者认为从亲子活动中获得帮助最多的比例高于其他受访者(表 4—6)。

表 4—6　不同家庭年收入的受访者认为学校对家庭教育最有帮助的途径情况(％)

	低收入	中低收入	中等收入	中高收入	高收入
家长会	81.9	85.4	83.9	83.3	83.8
家校信息交流(微信群、公众号等)	61.5	65.5	64.1	62.3	65.0
家庭教育知识讲座	43.4	52.2	52.2	50.3	44.6
咨询辅导	29.1	28.5	33.5	33.1	32.1
亲子活动	19.0	18.6	21.7	26.8	31.0
家访	14.8	14.0	12.5	17.4	17.9
财物支持	2.2	0.6	0.8	0.3	0.4
其他	1.6	1.2	1.0	0.9	1.9

2. 受访父母受教育程度越高，认为学校开展的亲子活动对家庭教育最有帮助的比例越高

在对家长会对于家庭教育帮助的作用上，受教育程度没有成为影响因素。选择家校信息交流(微信群、公众号等)是学校对家庭教育最有帮助的途径的，比例最低的是受教育程度为小学及以下的受访母亲(51.5％)，受教育程度为硕士研究生及以上的受访母亲选择比例最高(67.0％)，比受教育程度为小学及以下受访母亲高 15.5 个百分点。选择亲子活动和家访为最有帮助的家庭教育方式比例最高的都是受教育程度为硕士研究生及以上的受访母亲(表 4—7)。

表4—7 不同受教育程度的受访母亲认为学校对家庭教育最有帮助的途径(%)

	小学及以下	初中	高中 (包括中专)	大专	大学本科	硕士研究生 及以上
家长会	84.8	84.5	84.3	83.0	83.5	84.3
家校信息交流(微信群、公众号等)	51.5	62.5	64.6	63.4	65.8	67.0
家庭教育知识讲座	47.7	50.6	52.1	49.3	47.9	46.4
咨询辅导	32.6	30.5	30.5	31.9	32.1	28.7
亲子活动	15.2	15.3	20.0	26.6	27.5	29.5
家访	13.6	13.8	13.6	13.6	16.3	21.1
财物支持	1.5	1.3	1.2	0.3	0.6	0.0
其他	0.0	0.5	0.8	1.5	1.5	1.9

对于家长会对家庭教育的帮助作用,受教育程度为小学及以下的受访父亲评价最低(75.0%),比评价最高的受教育程度为高中(包括中专)的受访父亲(84.4%)低9.4个百分点。受访父亲受教育程度越高,认为亲子活动对家庭教育最有帮助的比例越高。在对家庭教育知识讲座的评价上,受教育程度为初中、高中(包括中专)、大专的受访父亲相对更高些(表4—8)。

表4—8 不同受教育程度的受访父亲认为学校对家庭教育最有帮助的途径(%)

	小学及以下	初中	高中 (包括中专)	大专	大学本科	硕士研究生 及以上
家长会	75.0	84.2	84.4	84.1	83.6	82.6
家校信息交流(微信群、公众号等)	54.3	62.5	64.2	64.0	64.4	66.8
家庭教育知识讲座	47.8	51.1	50.1	50.8	48.7	44.3
咨询辅导	28.3	29.8	32.3	31.2	30.9	33.4
亲子活动	14.1	17.3	19.4	24.7	27.3	28.0
家访	15.2	12.8	12.9	13.5	17.3	17.4
财物支持	4.3	1.2	0.7	0.8	0.4	0.5
其他	0.0	0.6	1.1	0.9	1.4	2.7

3. 孩子就读小学一年级的受访者对家长会对家庭教育的帮助作用评价最低

孩子就读小学一年级的受访者对家长会对家庭教育的帮助作用评价最低，对家庭教育知识讲座对家庭教育的帮助作用评价最高。孩子就读八年级的受访者对家校信息交流(微信群、公众号等)对家庭教育的帮助作用评价最高，比孩子就读三年级受访者高出近 10 个百分点。孩子就读小学一年级的受访者对亲子活动评价最高(33.3%)，比选择比例最低的孩子就读八年级受访者(14.6%)高出 18.7 个百分点(表 4—9)。

表 4—9　孩子就读不同年级的受访者认为学校对家庭教育最有帮助的途径(%)

	一年级	二年级	三年级	四年级	五年级	七年级	八年级
家长会	75.9	82.3	85.0	83.7	85.0	86.3	85.5
家校信息交流 (微信群、公众号等)	61.1	62.0	58.7	64.1	64.0	65.5	68.6
家庭教育知识讲座	54.3	50.4	48.9	45.3	47.6	53.1	46.9
咨询辅导	34.0	32.4	31.3	32.9	26.2	29.7	32.2
亲子活动	33.3	25.6	27.5	24.6	26.5	16.4	14.6
家访	10.8	13.9	16.9	18.6	20.1	13.7	11.1
财物支持	0.5	0.7	0.7	0.5	0.5	1.2	1.1
其他	1.8	1.0	0.9	1.6	1.4	1.2	0.8

三、学校开展家庭教育指导活动情况

91.7% 的学校完成了教育部对学校开展家庭教育指导活动的要求，其中 73.9% 的学校出色地完成了教育部的要求，非优质校与优质校差异不明显。14.6% 的受访者选择每年参与学校组织的家庭教育知识学习的次数为 4 次及以上，59.3% 的受访者选择每年 2 至 3 次，17.8% 的受访者选择每年 1 次(表 4—10)。

表4—10 受访者参与学校组织的家长教育知识学习的次数情况(%)

频次	总体
每年4次及以上	14.6
每年2至3次	59.3
每年1次	17.8
不组织	8.4

孩子就读非优质校的受访者选择学校开展家庭教育知识学习的次数为每年4次以上的选择比例高于孩子就读优质校受访者。孩子就读优质校的受访者选择学校每年开展2至3次家庭教育知识学习的比例高于孩子就读非优质校的受访者。总的来说,在完成教育部规定的学校每年开展一次家庭教育指导活动的任务上,优质校与非优质校差异不明显(表4—11)。以孩子就读的年级为变量,孩子就读七年级的受访者选择孩子所在的学校每年开展4次以上的家庭教育知识学习的比例最高(19.8%)(表4—12)。

表4—11 孩子就读不同学校的受访者选择学校开展家庭教育知识学习次数(%)

	优质校	非优质校
每年4次及以上	13.7	15.4
每年2至3次	62.9	55.7
每年1次	16.5	19.1
不组织	6.9	9.8

表4—12 孩子就读不同年级的受访者选择学校开展家庭教育知识学习次数(%)

	一年级	二年级	三年级	四年级	五年级	七年级	八年级
每年4次及以上	15.3	14.1	10.1	10.4	11.4	19.8	17.2
每年2至3次	58.3	57.7	63.7	60.9	61.0	57.5	57.3
每年1次	18.7	19.8	17.0	18.9	18.8	15.8	16.9
不组织	7.7	8.3	9.2	9.8	8.8	6.9	8.6

四、受访者对参与家长学校等学习效果评价情况

1. 低收入受访者认为参加过家长学校等学习很有收获的比例低于其他受访者

在选择参加家长学校学习后很有收获的比例上,基本呈现出随着收入的增高而比例增加的情况,但是各层级间差异不明显。选择比例最低的低收入受访者(66.4%)与选择比例最高的高收入受访者(71.8%)相差5.4个百分点(表4—13)。

表4—13　不同家庭年收入的受访者参加家长学校等学习收获情况(%)

	低收入	中低收入	中等收入	中高收入	高收入
很有收获	66.4	70.7	71.5	71.2	71.8
收获较少	14.2	15.1	14.3	13.1	14.5
没有收获	1.2	0.2	0.2	0.3	0.6
没参加过	18.3	14.0	14.1	15.4	13.1

2. 受教育程度为高中(包括中专)、初中的受访父母认为参加过家长学校等学习很有收获的比例相对较高

对于参加学校组织的家长学校的学习的成效,选择很有收获比例最高的是受教育程度为初中的受访者(72.5%),其次为受教育程度为高中的受访者(72.1%)。选择比例表现出差异不明显,选择比例最高的受教育程度为初中的受访者与选择比例最低的受教育程度为大学本科的受访者(69.0%)相差仅为3.5个百分点(表4—14)。

表4—14　不同受教育程度的受访母亲参加学校家长学校等学习收获情况(%)

	小学及以下	初中	高中(包括中专)	大专	大学本科	硕士研究生及以上
很有收获	69.9	72.5	72.1	69.1	69.0	66.9
收获较少	18.8	13.4	15.1	14.4	15.0	12.3
没有收获	2.3	0.5	0.3	0.0	0.4	0.4
没参加过	9.0	13.5	12.5	16.5	15.6	20.4

　　受教育程度为小学及以下受访父亲,选择参加家长学校等学习后很有收获的比例为59.1%,显著低于其他受访父亲,与选择比例排在倒数第二位的受教育程度为硕士研究生及上受访父亲(68.4%)相差9.3个百分点(表4—15)。

表4—15　不同受教育程度的受访父亲参加学校家长学校等学习收获情况(%)

	小学及以下	初中	高中(包括中专)	大专	大学本科	硕士研究生及以上
很有收获	59.1	72.1	72.3	70.6	68.8	68.4
收获较少	22.6	14.1	13.8	14.1	15.4	14.1
没有收获	2.2	0.6	0.2	0.2	0.3	0.6
没参加过	16.1	13.2	13.6	15.2	15.5	16.9

　　3. 孩子就读一年级和七年级的受访者认为很有收获的比例高于其他受访者

　　以孩子就读的年级为变量,发现孩子就读七年级的受访者选择参加学校组织的家长学校学习很有收获的比例最高(75.3%),在此项上选择比例最低的是孩子就读五年级的受访者(66.8%),两者相差8.5个百分点(表4—16)。

表4-16　孩子就读不同年级的受访者参加家长学校等学习收获情况(%)

	一年级	二年级	三年级	四年级	五年级	七年级	八年级
很有收获	72.8	69.3	69.7	69.6	66.8	75.3	67.3
收获较少	9.5	14.6	13.0	16.1	16.6	12.7	18.5
没有收获	0.4	0.5	0.3	0.0	0.0	0.2	1.0
没参加过	17.3	15.5	17.0	14.3	16.6	11.8	13.2

五、受访者对家访的态度

29.3%的受访者非常希望教师家访,43.3%受访者比较希望教师家访,超七成的受访者希望教师家访;8.9%的受访者不希望老师家访,18.6%的受访者对教师是否家访抱无所谓的态度。

1. 家庭低收入受访者非常希望教师家访的比例高于其他收入受访者

家庭低收入受访者选择非常希望教师家访的比例为38.0%,比选择比例最低的家庭中低收入受访者(26.3%)高11.7个百分点(表4-17)。

表4-17　不同家庭年收入的受访者对家访的态度(%)

	低收入	中低收入	中等收入	中高收入	高收入
非常希望	38.0	26.3	28.5	31.4	30.8
比较希望	38.9	45.6	44.2	43.2	42.1
不希望	7.3	8.5	8.6	8.3	6.9
无所谓	15.9	19.5	18.7	17.2	20.2

2. 受教育程度为小学及以下的受访父母,非常希望教师家访的比例高于其他受访者

对非常希望教师家访选取比例最高的是受教育程度为小学及以下的受访母亲(36.8%),其次是受教育程度为硕士研究生及以上的受访母亲(35.8%),选取比例最低的是受教育程度为高中(包括中专)的受访母亲(27.5%),选择比例最高的与最低的相差9.3个百分点(表4-18)。

表4-18   不同受教育程度的受访母亲对家访的态度(%)

	小学及以下	初中	高中 (包括中专)	大专	大学本科	硕士研究生 及以上
非常希望	36.8	31.0	27.5	28.5	28.0	35.8
比较希望	42.9	44.9	42.8	43.9	42.5	40.8
不希望	9.8	8.3	9.8	9.2	8.8	4.6
无所谓	10.5	15.8	20.0	18.4	20.7	18.8

受教育程度为小学及以下的受访父亲非常希望教师家访的选择比例最高(37.0%),其次为受教育程度为大学本科的受访父亲(31.0%),选择比例最低的是受教育程度为大专的受访父亲(26.1%),最高与最低相差10.9个百分点(表4-19)。

表4-19   不同受教育程度的受访父亲对家访的态度(%)

	小学及以下	初中	高中 (包括中专)	大专	大学本科	硕士研究生 及以上
非常希望	37.0	29.4	29.5	26.1	31.0	29.1
比较希望	40.2	45.7	41.5	44.2	41.2	47.3
不希望	7.6	8.9	9.5	10.4	8.1	6.3
无所谓	15.2	15.9	19.5	19.2	19.7	17.3

第五章　家庭教育群团组织与社会组织支持状况

核心提示:近年来,群团组织对家庭教育工作的研究、支持水平逐步提高,倡导优良家风家教、树立家庭楷模等成为妇联等组织的重点工作,传达了党和政府对家庭教育的高度关注。调查发现,在家庭教育子女方面,大多数家庭未得到群团组织和社会团体的帮助;家庭教育知识讲座、亲子活动、咨询辅导是群团组织及社会组织对家庭教育的主要支持内容。

《中共中央关于加强和改进党的群团工作的意见》(以下简称《意见》)指出,群团事业是党的事业的重要组成部分,妇联、工会、共青团等群团组织是党和政府联系人民群众的桥梁和纽带。推进家庭文明建设既是人民群众的生活大事,也是群团组织引导群众自觉培育和践行社会主义核心价值观的内容之一①。近年来,群团组织对家庭教育工作的研究、支持水平逐步提高,倡导优良家风家教、树立家庭楷模等成为妇联等组织的重点工作,传达了党和政府对家庭教育的高度关注。家长作为群团组织家庭教育工作的主体对象,其评价、反馈是群团组织开展支持工作的重要参考,本次研究对相关情况进行了调查。

一、群团组织对家庭教育支持的评价情况

1. 在家庭教育子女方面,大多数家庭未得到群团组织的帮助

有23.0%的受访者从妇联、工会、共青团获得了一些帮助,77.0%的受访者认为没有获得帮助(图5—1)。

此外调查发现,在整体得到帮助水平均较低的情况下,较为常见的影响家庭

---

① 《中共中央关于加强和改进党的群团工作的意见》,载于《人民日报》2015年7月10日第4版。

许多帮助
3.0%

有些帮助
20.0%

没有帮助
77.0%

图5—1 受访者获得群团组织家庭教育支持的总体情况

教育社会支持水平的孩子就读学校的类别、家庭年收入、父母受教育程度等因素并未在本次调查中显示出较大的区分意义。

2.广州受访者从群团组织获得家庭教育支持的比例最高

北京、西安的受访者得到群团组织支持的比例相对较少,仅有17.9%和16.1%的受访者认为得到了群团组织在家庭教育方面的支持,而广州受访者认为妇联、工会、共青团等群团组织帮助的比例要高于其他城市受访者,达到了30.7%(表5—1)。

表5—1 不同城市的受访者从妇联、工会、共青团获得家庭教育支持情况(%)

	北京	哈尔滨	合肥	广州	成都	西安
许多帮助	1.9	3.3	1.9	4.6	4.4	1.4
有些帮助	16.0	21.0	22.3	26.1	21.3	14.7
没有帮助	82.1	75.7	75.8	69.3	74.4	83.9

3.中低收入受访者在家庭教育方面获得群团组织的支持最少

七成以上的受访者都认为没有得到群团组织在家庭教育方面的帮助,按照收入标准划分后发现,中低收入受访者得到的帮助最少,仅为19.7%,而低收入群体和中高收入群体在家庭教育中得到群团组织帮助的比例均超过23%（表5-2）。

表5-2　不同家庭年收入的受访者从妇联、工会、共青团获得支持的情况（%）

	低收入	中低收入	中等收入	中高收入	高收入
许多帮助	2.5	2.6	2.4	3.1	3.3
有些帮助	21.3	17.1	20.9	21.4	20.8
没有帮助	76.2	80.3	76.7	75.5	75.8

4. 群团组织支持家庭教育水平随子女年级上升而提高

在本次调查中，群团组织对家庭教育的支持水平随孩子就读年级升高而逐渐提高，并且在孩子就读五年级后有了相对明显的提高，孩子就读五年级、七年级和八年级的受访者从妇联、工会、共青团获得帮助的比例分别为26.9%，26.2%和28.0%，而孩子就读一至三年级的受访者选择该项比例均在20%以下（表5-3）。

表5-3　不同年级的受访者从妇联、工会、共青团获得家庭教育支持的情况（%）

	一年级	二年级	三年级	四年级	五年级	七年级	八年级
许多帮助	1.6	1.7	1.4	2.7	3.3	2.9	5.3
有些帮助	17.9	15.4	15.6	19.6	23.6	23.3	22.7
没有帮助	80.5	82.8	83.0	77.7	73.1	73.7	72.0

二、社会组织对家庭教育支持的评价情况

1. 社会组织对家庭教育的支持力度随着子女就读年级的升高而有所提高

本次调查发现，社会组织对家庭教育的支持力度随着子女就读年级的升高而有所提高，孩子就读初中的受访者认为得到社会组织帮助的比例相对较高，与孩子就读一年级时相比提高了8.4个百分点；孩子就读八年级时，受访者从社会组织获得家庭教育帮助比例最高，逾23%的受访者得到了社会团体的支持，而孩子就读一年级的受访者得到帮助的比例为14.9%(表5—4)。

表5—4 孩子就读不同年级的受访者从社会团体获得家庭教育支持的情况(%)

	一年级	二年级	三年级	四年级	五年级	七年级	八年级
许多帮助	1.3	1.0	1.2	0.7	2.7	2.7	4.7
有些帮助	13.6	13.1	15.5	15.7	17.1	19.6	18.6
没有帮助	85.2	85.8	83.3	83.6	80.3	77.7	76.6

2. 广州的受访者从社会组织中获得家庭教育支持的比例最高

在本次调研的六个城市中,广州的受访者从社会组织中获得的家庭教育支持比例最高(26.5%),其次是成都(24.6%),而北京和西安得到帮助的比例最低,分别仅有13.4%和12.8%。广州多年来在志愿服务方面进行了积极探索和创新,整体发展水平较高[1],广州在家庭教育方面的志愿服务和社会组织支持水平的认可度明显高于其他城市(表5—5)。

表5—5 不同城市的受访者从社会组织获得家庭教育支持的情况(%)

	北京	哈尔滨	合肥	广州	成都	西安
许多帮助	1.4	2.4	1.6	3.7	3.3	1.3
有些帮助	12.0	15.8	16.8	22.8	21.3	11.5
没有帮助	86.6	81.8	81.6	73.5	75.5	87.2

三、群团组织及社会组织支持家庭教育的参与情况

1. 孩子就读小学一、二年级的受访者在亲子活动方面获得群团组织和社会组织的更多支持

孩子就读一、二年级的受访者从以上组织获得参与亲子活动机会的比例高

① 谭建光:《改革开放以来我国志愿服务的发展历程》,《社会治理》2018年第7期。

于孩子就读其他年级的受访者,孩子就读七、八年级受访者获得咨询辅导机会的
比例高于孩子就读小学的受访者(表5—6)。

表5—6 孩子就读不同年级的受访者获得家庭教育社会团体支持内容(%)

	一年级	二年级	三年级	四年级	五年级	七年级	八年级
家庭教育知识讲座	55.1	46.7	47.4	46.5	53.3	60.0	54.7
亲子活动	40.0	41.6	33.2	42.5	32.5	31.8	26.2
咨询辅导	27.1	32.7	30.0	33.9	32.1	36.3	38.6
其他	20.9	22.0	27.9	21.7	18.6	16.5	17.3
专业社会工作服务	16.4	19.2	17.8	20.9	17.9	17.5	17.8

2. 广州、成都的受访者得到社会组织帮助的各项比例高于其他城市,其中专业社会工作服务的支持在广州和成都表现最为突出

调查显示,不同城市的受访者获得的帮助比例有一定差别。综合来看,广州的受访者得到社会组织帮助的各项比例高于其他城市,其中专业社会工作服务的支持在广州和成都表现最为突出,受访者获得此项支持的比例分别达到25.7%和21.6%,其他城市则均在15%左右。在财物支持方面,西安的受访者认为得到此项支持的比例最高(8.9%),哈尔滨最低(3.8%),但总体而言社会组织对家庭在财物方面的支持均较低,不足10%(表5—7)。

表5—7 不同城市的受访者获得社会组织家庭教育支持的内容(%)

	北京	哈尔滨	合肥	广州	成都	西安
家庭教育知识讲座	49.1	53.4	55.5	53.5	56.0	47.9
亲子活动	40.3	29.8	31.4	33.4	39.4	32.3
咨询辅导	28.7	30.8	33.4	35.8	37.9	35.1
专业社会工作服务	15.4	15.5	15.0	25.7	21.6	14.2
财物支持	4.4	3.8	5.1	7.5	5.8	8.9

3. 受访者家庭年收入越高,从社会组织获得亲子活动和专业社会工作服务支持的比例越高

受访者家庭年收入越高,从社会组织获得亲子活动和专业社会工作服务支持的比例越高,高收入家庭的受访者得到亲子活动的支持达到42.9%,低收入家庭在亲子活动方面得到社会组织支持为26.7%,相差16.2%(表5—8)。

表5—8 不同家庭年收入的受访者获得过社会组织家庭教育支持的内容(%)

	低收入	中低收入	中等收入	中高收入	高收入
家庭教育知识讲座	49.6	53.0	53.7	53.9	51.2
亲子活动	26.7	30.7	33.8	40.5	42.9
咨询辅导	28.0	34.1	32.0	37.6	32.5
专业社会工作服务	14.0	16.7	20.0	18.0	20.2
财物支持	8.9	6.2	3.9	5.1	5.9

4. 父母的受教育程度越高,从社会组织获得亲子活动服务支持的比例越高,受教育程度为初中的受访者获得亲子活动支持的比例最低,受教育程度为小学及以下的受访父母获得了最多的财物支持

父母的受教育程度越高,从社会组织获得亲子活动服务支持的比例越高,而父母受教育水平越低,从社会组织获得财物支持的比例越高,受教育程度为小学及以下的受访父母获得了最多的财物支持,最多相差了20.1个百分点。

调查显示,受教育程度为大专及以上的受访母亲,从社会组织获得亲子活动支持的比例达到了40%及以上,受教育程度为硕士研究生及以上的受访母亲,该项指标的比例达到50.5%,受教育程度为高中及以下的受访母亲,获得社会组织亲子活动支持的比例均不到30%,受教育程度为初中的母亲获得该项支持的比例最低,为22.9%,与受教育程度为硕士研究生及以上的母亲相差27.6个百分点,并且在受教育程度为高中(包括中专)与受教育程度为大专的母亲之间出现了12.1个百分点的较大差距。在受教育程度为小学、初中、高中的母亲之间,以及受教育程度为大专、大学本科、硕士研究生及以上的母亲之间,这种差距相对

较小(表5-9)。

表5-9　不同受教育程度的受访母亲从社会组织获得家庭教育支持的内容(%)

	小学及以下	初中	高中 (包括中专)	大专	大学本科	硕士研究生 及以上
家庭教育知识讲座	59.2	52.1	53.9	50.0	55.4	48.6
亲子活动	29.6	22.9	28.3	40.4	43.5	50.5
咨询辅导	42.3	34.1	34.3	36.3	31.0	27.0
专业社会工作服务	12.7	18.0	17.1	19.0	20.9	11.7
财物支持	14.1	6.3	4.8	3.6	7.8	2.7

父亲的受教育程度在获取社会团体亲子活动的支持中出现较大区分度。受教育程度为大学本科的受访父亲认为得到该项帮助的比例最高,达到44.5%,硕士研究生及以上的受访父亲认为得到该项帮助的比例为43.0%,而受教育程度为小学及以下的受访父亲选择该项的比例为22.0%,并且父亲的受教育程度在获取亲子活动的支持情况中也出现了断层,出现在受教育程度为大专的父亲与受教育程度为大学本科的父亲之间,前者比后者低9.0个百分点,当父亲的受教育程度在大学本科以上时,该项的差距不明显。总体而言,当父亲的受教育程度越高,越能从亲子活动中获取家庭教育方面的支持(表5-10)。

表5-10　不同受教育程度的受访父亲从社会组织获得家庭教育支持的内容(%)

	小学及以下	初中	高中 (包括中专)	大专	大学本科	硕士研究生 及以上
家庭教育知识讲座	54.0	51.0	52.3	52.5	56.7	49.7
亲子活动	22.0	24.4	29.7	35.5	44.5	43.0
咨询辅导	32.0	32.4	33.2	35.3	33.1	36.4
专业社会工作服务	16.0	16.8	17.6	20.1	19.7	14.6
财物支持	24.0	6.2	4.8	3.9	6.3	6.0

第六章　家庭教育单位支持状况

核心提示： 本小节就受访者是否经常加班、家长参加孩子学校召开的家长会是否算公假、工作单位是否允许寒暑假时带孩子上班、单位是否为职工开展家庭教育讲座几个方面来考察单位对家庭教育支持情况。调查发现，从总体看，父亲加班的比例显著高于母亲；北京受访者参加家长会算公假的比例显著高于其他城市受访者。家庭年收入越高的受访者经常加班的比例、工作单位为职工开展家庭教育方面讲座的比例越高；受教育程度为硕士研究生及以上受访父母加班的比例最高；受教育程度在本科及以上受访父母所在工作单位开展过家庭教育讲座的比例，显著高于本科以下受访父母所在的工作单位。

企事业单位是成年人工作的地方，是成年人重要的生活圈，是个人社会支持的重要资源。单位对于家庭教育的支持主要体现在时间上，一是工作时间的长短，二是当工作与教育孩子二者产生冲突的时候，单位是否给予支持，让家长能够在工作时间处理孩子的事情。

所以，考察单位对家庭教育的支持主要从受访者是否经常加班、家长参加孩子学校召开的家长会是否算公假、工作单位是否允许寒暑假时带孩子上班、单位是否为家长开展家庭教育讲座几个方面进行。

一、受访父母加班情况

15.3%的受访者表示经常加班，23.2%的受访者表示有时加班，28.8%的受访者表示偶尔加班。父亲加班的比例高于母亲，受访者家庭年收入越高加班的比例越高。

1. 父亲加班比例显著高于母亲

受访父亲经常加班的比例为27.1%，有时加班的比例为28.6%；受访母亲经常加班的比例为 10.2%,有时加班的比例为 21.1%,父亲经常加班和有时加班的比例都高于母亲(表 6—1)。

表 6—1　不同身份的受访者加班情况(%)

	父亲	母亲
经常	27.1	10.2
有时	28.6	21.1
偶尔	25.9	30.5
从不加班	9.8	17.0
全职在家	0.8	12.7

2. 受访者家庭年收入越高加班的比例越高

受访者选择经常加班比例最高的是家庭中高收入和高收入者,均为 17.4%,选择比例最低的为低收入者(12.3%),两者相差约 5 个百分点(表 6—2)。

表 6—2　不同家庭年收入的受访者加班情况(%)

	低收入	中低收入	中等收入	中高收入	高收入
经常	12.3	14.4	15.5	17.4	17.4
有时	22.1	24.0	21.5	23.2	26.2
偶尔	21.4	25.7	31.5	34.4	27.1
从不加班	18.8	14.4	15.3	12.3	13.8
全职在家	12.1	12.0	8.5	6.7	8.7

3. 受教育程度为硕士研究生及以上受访父母加班的比例最高

选择经常加班和有时加班比例最高的是受教育程度为硕士研究生及以上的受访母亲,分别为 24.3%、31.2%,排在第二位的是受教育程度为大学本科的受访母亲,分别为 19.8%、28.0%,排在第三位的是受教育程度为小学及以下的受访母亲,分别为 19.1%、24.3%(表 6—3)。

表6-3　不同受教育程度的受访母亲加班情况(％)

	小学及以下	初中	高中 (包括中专)	大专	大学本科	硕士研究生 及以上
经常	19.1	11.3	11.7	14.2	19.8	24.3
有时	24.3	20.0	20.8	20.8	28.0	31.2
偶尔	12.5	23.4	27.0	30.5	34.1	33.1
从不加班	12.5	18.2	18.3	16.2	10.3	8.0

　　受教育程度为本科及以上的受访父亲,经常和有时加班的比例高于受教育程度为大专及以下的受访父亲。经常加班比例最高的是受教育程度为硕士研究生及以上的受访父亲(24.9％),排在第二位的是受教育程度为大学本科的受访父亲(18.6％),排在第三位的是受教育程度为小学及以下的受访父亲(14.7％)(表6-4)。

表6-4　不同受教育程度的受访父亲加班情况(％)

	小学及以下	初中	高中 (包括中专)	大专	大学本科	硕士研究生 及以上
经常	14.7	10.9	13.3	13.3	18.6	24.9
有时	20.0	20.1	20.4	22.0	26.5	30.6
偶尔	22.1	22.2	26.3	34.0	30.9	29.5
从不加班	11.6	19.7	17.6	14.6	12.0	9.5

二、工作单位为职工开展家庭教育讲座的情况

　　《中华人民共和国未成年人保护法》第十二条规定:有关国家机关和社会组织应当为未成年人的父母或者其他监护人提供家庭教育指导。调查发现,仅16.0％的受访者工作单位为职工开展过家庭教育方面的讲座。

1. 受访者家庭年收入越高,工作单位为职工开展过家庭教育方面讲座的比例越高

高收入受访者单位开展过家庭教育方面讲座的比例为 23.0%,中高收入为 21.9%,低收入者为 8.0%。比例最高的高收入受访者所在单位开展过家庭教育知识讲座的比例,高于比例最低的低收入受访者 15.0 个百分点(表 6—5)。

表 6—5　不同家庭年收入的受访者所在工作单位为职工开展家庭教育讲座情况(%)

	低收入	中低收入	中等收入	中高收入	高收入
开展过	8.0	12.4	14.0	21.9	23.0
没开展过	75.8	75.1	73.2	68.4	65.3
不清楚	16.2	12.5	12.8	9.7	11.7

2. 受教育程度在本科及以上的受访父母所在工作单位开展过家庭教育讲座的比例,显著高于大专及以下的受访父母

硕士研究生及以上的受访母亲工作单位开展过家庭教育讲座比例最高 (28.2%),与比例最低的受教育程度为小学及以下的受访母亲(4.5%)相比高出近 24 个百分点(表 6—6)。

表 6—6　不同受教育程度的受访母亲工作单位为职工开展家庭教育讲座情况(%)

	小学及以下	初中	高中 (包括中专)	大专	大学本科	硕士研究生 及以上
开展过	4.5	7.7	10.7	12.0	26.5	28.2
没开展过	79.8	76.3	75.5	76.6	63.8	61.7
不清楚	15.7	16.0	13.7	11.4	9.7	10.1

受教育程度在本科及以上的受访父亲所在工作单位,为职工开展过家庭教育讲座的比例显著高于受教育程度为大专及以下的受访者。硕士研究生及以上的受访父亲工作单位开展过家庭教育讲座比例最高(25.4%),与比例最低的受

教育程度为小学及以下的受访父亲(7.9%)高 17.5 个百分点(表 6—7)。

表 6—7 不同受教育程度的受访父亲工作单位为职工开展家庭教育讲座情况(%)

	小学及以下	初中	高中 (包括中专)	大专	大学本科	硕士研究生 及以上
开展过	7.9	6.9	10.3	14.4	23.8	25.4
没开展过	77.8	75.2	76.6	75.9	65.5	63.0
不清楚	14.3	17.8	13.1	9.7	10.7	11.7

三、参加家长会算公假的情况

学校的家长会一般在家长工作时间召开,家长如果参加家长会,就要请假脱岗,调查发现,28.5%的受访者参加家长会算公假,71.5%的受访者不算,只有北京超过一半的受访者表示所在单位参加家长会算公假。

1. 北京受访者参加家长会算公假的比例显著高于其他城市受访者

北京受访者选择参加家长会算公假的比例为 50.7%,比例最低的是哈尔滨的受访者(16.5%),二者相差 34.2 个百分点(表 6—8)。

表 6—8 不同城市受访者参加家长会是否算公假情况(%)

	北京	哈尔滨	合肥	广州	成都	西安
算公假	50.7	16.5	17.7	37.0	28.3	18.0
不算公假	49.3	83.5	82.3	63.0	71.7	82.0

2. 受访者家庭年收入越高,参加家长会算公假的比例越高

家庭年收入从低到高,参加家长会算公假的比例逐渐增加,最低的是低收入受访者(21.8%),最高的是高收入受访者(36.2%),两者相差 14.4 个百分点(表6—9)。

表6-9　不同家庭年收入的受访者参加家长会是否算公假情况(%)

	低收入	中低收入	中等收入	中高收入	高收入
算公假	21.8	23.0	28.0	33.4	36.2
不算公假	78.2	77.0	72.0	66.6	63.8

3. 受教育程度在本科及以上的受访父母,参加家长会算公假的比例显著高于受教育程度为大专及以下的受访者

受教育程度为硕士研究生及以上的受访母亲参加家长会算公假的比例为42.7%,比受教育程度为初中的受访母亲(15.4%)高出27.3个百分点(表6-10)。

表6-10　不同受教育程度的受访母亲参加家长会是否算公假情况(%)

	小学及以下	初中	高中 (包括中专)	大专	大学本科	硕士研究生 及以上
算公假	20.0	15.4	24.1	26.1	39.6	42.7
不算公假	80.0	84.6	75.9	73.9	60.4	57.3

受访父亲受教育程度越高,参加家长会算公假的比例越高。受教育程度为硕士研究生及以上的受访父亲,参加家长会算公假的比例(43.3%)高出受教育程度为小学及以下受访者29.0个百分点(表6-11)。

表6-11　不同受教育程度的受访父亲参加家长会是否算公假情况(%)

	小学及以下	初中	高中 (包括中专)	大专	大学本科	硕士研究生 及以上
算公假	14.3	16.4	20.9	26.0	38.2	43.3
不算公假	85.7	83.6	79.1	74.0	61.8	56.7

四、工作单位允许家长带孩子上班的情况

对于许多双职工家庭来说,寒暑假如何安排孩子是一个大问题。如果单位允许父母在这个时期带孩子上班,就可解决父母的一大难题。调查发现,30.5%的受访者所在的工作单位允许父母寒暑假时带孩子上班,55.9%的受访者所在的工作单位不允许。

1. 成都受访者工作单位允许父母寒暑假时带孩子上班的比例高于其他城市

成都受访者在孩子放寒暑假时单位允许父母带孩子上班的比例最高(42.2%),北京为30.4%,其他4个城市选择比例都没有超过30%,其中选择比例最低的是哈尔滨(24.7%)(表6—12)。

表6—12　不同城市的受访者工作单位是否允许寒暑假时带孩子上班情况(%)

	北京	哈尔滨	合肥	广州	成都	西安
允许	30.4	24.7	29.7	26.4	42.2	29.7
不允许	56.1	66.3	57.5	53.7	43.6	57.8
不清楚	13.5	9.0	12.8	19.8	14.2	12.5

2. 受访者家庭年收入越高,所在工作单位允许寒暑假时带孩子上班的比例越高

在孩子放寒暑假时工作单位允许父母带孩子上班的比例,随着家庭年收入的增高而增加,低收入家庭的受访者选择的比例最低(24.7%),家庭年收入为高收入的受访者选择的比例最高(37.4%),两者相差12.7个百分点。但是家庭年收入为低收入者中,21.6%受访者选择不清楚,是所有家庭年收入群体中在此项目上选择比例最高的,比位列第二的家庭年收入高收入者(12.7%)高8.9个百分点(表6—13)。

表6-13　不同家庭年收入的受访者工作单位是否允许寒暑假时带孩子上班情况(%)

	低收入	中低收入	中等收入	中高收入	高收入
允许	24.7	27.2	32.0	32.5	37.4
不允许	53.8	60.2	57.1	54.5	49.9
不清楚	21.6	12.6	10.9	13.0	12.7

3. 母亲的受教育程度与工作单位是否允许寒暑假时带孩子上班相关性不明显

在允许孩子放寒暑假时父母带孩子上班这个选项上,选择比例最高的是受教育程度为高中(包括中专)和大学本科的受访者母亲,均为31.6%,选择比例最低的是受教育程度为小学及以下的受访母亲(27.9%),相差不大;并且有24.4%的受教育程度为小学及以下的受访母亲,选择不清楚单位是否允许孩子寒暑假时带孩子上班,是各个受教育程度中选择比例最高的(表6-14)。

表6-14　不同受教育程度的受访母亲工作单位是否允许寒暑假时带孩子上班情况(%)

	小学及以下	初中	高中 (包括中专)	大专	大学本科	硕士研究生 及以上
允许	27.9	30.1	31.6	29.4	31.6	29.1
不允许	47.7	53.5	52.9	60.4	56.1	58.2
不清楚	24.4	16.4	15.5	10.2	12.3	12.7

第七章　家庭教育网络支持状况

　　核心提示:本次调研主要考察家庭教育网络支持的六项内容,包括受访者对教育网站的浏览情况、受访者经常关注的教育网站情况、受访者对家庭教育公众号的关注及使用情况、受访者对家庭教育类 App(应用程序)的下载及使用情况、受访者参与互联网教育论坛的情况以及受访者购买家庭教育类课程的情况。结果发现,受访者获取网络支持情况在家庭年收入、父母受教育程度、孩子就学年级几个方面均有较大区别。

　　截至 2020 年 3 月,中国网民规模已经达到 9.04 亿,互联网普及率达到 64.5%,手机网民规模达到 8.97 亿,网民使用手机上网的比例达到 99.3%[①],互联网从多方面深入中国家庭的生活,在家庭教育领域产生了重要影响,为家长提供了诸多家庭教育方面的支持。

　　一、受访者浏览教育网站的情况

　　1. 孩子就读优质校的受访者更经常浏览教育网站

　　孩子就读优质校的受访者经常浏览教育网站的比例高于孩子就读非优质校的受访者,前者选择"经常"和"有时"浏览教育网站的比例高于后者 8.5 个百分点,孩子就读非优质校的受访者偶尔浏览教育网站的比例更高,达到 34.5%,高于优质校 5.6 个百分点,孩子就读优质校的受访者从网络获取家庭教育支持的意愿和行为更主动(表 7-1)。

---

　　① 《第 45 次中国互联网络发展状况统计报告》,http://www.cnnic.net.cn/hlwfzyj/hlwxzbg/hlwtjbg/202004/P020200428596599037028.pdf,2020 年 4 月 28 日发布。

表7-1　孩子就读不同学校类别的受访者浏览教育网站的情况(%)

	优质校	非优质校
经常	25.1	18.2
有时	39.7	38.1
偶尔	28.9	34.5
从不	6.4	9.2

2. 受访者经常浏览教育网站的频率随孩子就读年级的升高而下降

本次调查显示,受访者选择"有时"浏览教育网站的总体比例最高,达到四成左右。受访者的孩子就读年级越低,选择"经常"浏览教育网站的比例越高,当受访者的孩子就读一年级时,经常浏览教育网站的受访者比例为29.2%,但当孩子就读八年级时,该项比例降为14.6%,与刚入小学时相比下降了14.6个百分点,随着孩子就读年级的升高,更多受访者经常浏览教育网站的比例在下降。孩子就读三年级是受访者浏览教育网站的一个"节点",之后受访者选择"偶尔""从不"浏览的比例呈总体上升趋势,"经常""有时"浏览呈现较为明显的下降趋势。这一方面说明受访者的教育能力和教育知识储备可能随着孩子入学时间的增长而提高,另一方面可能也说明受访者对孩子教育问题的关注度有所下降,关注重心有所转移(图7-1)。

3. 受访母亲更关注教育网站的相关信息

本次调查显示,受访母亲比受访父亲更关注教育网站,经常浏览教育网站的受访母亲比例高出受访父亲11.7个百分点,选择"偶尔""从不"浏览教育网站的受访母亲的比例低于受访父亲11.0个百分点。尽管中国父母都会关注家庭教育问题,但受访母亲的教育意愿和参与行为仍高于受访父亲(表7-2)。

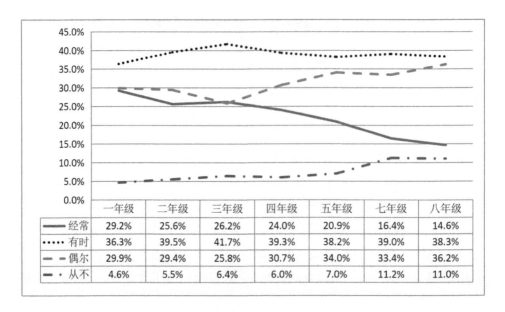

图7—1 孩子就读不同年级的受访者浏览教育网站的情况

表7—2 不同身份的受访者浏览教育网站的情况(%)

	父亲	母亲
经常	13.5	25.2
有时	39.3	38.6
偶尔	37.6	29.4
从不	9.6	6.8

4. 城市受访者浏览教育网站的比例高于农村受访者

本次调查显示,城市受访者浏览教育网站的比例高于农村受访者。农村受访者经常浏览教育网站的比例为15.7%,城市受访者该项比例为24.1%,相差8.4个百分点。农村受访者偶尔浏览教育网站的比例为36.7%,高出城市受访者7.1个百分点,从不浏览教育网站的农村受访者高出城市受访者4.0个百分点,可以看到城市受访者浏览网站的频率明显高出农村受访者。选择"有时+经常"的城市受访者高于农村受访者11.0个百分点,相比而言,选择"偶尔+从不"

的农村受访者比例则高出城市受访者 11.1 个百分点(表 7-3)。

表 7-3　不同户籍所在地受访者浏览教育网站的情况(%)

	农村	城市
经常	15.7	24.1
有时	36.9	39.5
偶尔	36.7	29.6
从不	10.7	6.7

5. 合肥受访者更经常浏览教育网站,哈尔滨受访者获取网络教育咨询的意愿和行为比例较低

调查显示,不同城市受访者浏览教育网站的情况也有一定差距。经常浏览教育网站的受访者比例由多到少的顺序是:合肥(25.2%)、西安(24.3%)、北京(22.2%)、成都(22.1%)、广州(18.6%)、哈尔滨(16.8%),偶尔、从不浏览教育网站的城市受访者比例由高到低排序为:哈尔滨(47.5%)、北京(40.0%)、合肥(38.4%)、广州(38.2%)、成都(37.4%)、西安(35.5%),哈尔滨受访者获取网络教育咨询的意愿和行为比例较低(表 7-4)。

表 7-4　不同城市受访者浏览教育网站的情况(%)

	北京	哈尔滨	合肥	广州	成都	西安
经常	22.2	16.8	25.2	18.6	22.1	24.3
有时	37.7	35.6	36.4	43.3	40.5	40.2
偶尔	32.5	37.5	29.9	31.1	30.2	29.1
从不	7.5	10.0	8.5	7.1	7.2	6.4

6. 受访者家庭年收入越高,浏览教育网站的比例越高

本次调查显示,受访者家庭年收入越高,浏览教育网站的比例越高。受访者选择"经常"浏览教育网站的高收入群体达到 32.6%,中高收入达到 29.5%,在

中等收入及以下则均未达到 20%,仅有 9.5% 的低收入受访者经常浏览教育网站。低收入受访者对教育知识的获取行为和意愿与中高收入受访者有较大差距,收入差距成为受访者浏览家庭教育网站产生差异的重要指标(表 7—5)。

表 7—5　不同家庭年收入受访者浏览教育网站的情况(%)

	低收入	中低收入	中等收入	中高收入	高收入
经常	9.5	16.3	19.7	29.5	32.6
有时	35.8	37.8	40.1	40.6	38.7
偶尔	38.1	35.2	34.4	26.2	23.3
从不	16.6	10.7	5.8	3.7	5.4

7. 受访父母受教育程度越高,浏览教育网站的比例越高

本次调研显示,不同受教育程度父母浏览教育网站的行为和意愿差距较大。受访母亲受教育程度越高,浏览教育网站的比例越高,大学本科及以上的受访母亲经常浏览教育网站的比例达到 30% 以上,高中和大专受教育程度受访母亲经常浏览的比例达到 20% 左右,而初中及以下受教育程度的受访母亲经常浏览的比例仅有 10% 左右,出现了较为明显的"断层"(表 7—6)。

表 7—6　不同受教育程度的受访母亲浏览教育网站的情况(%)

	小学及以下	初中	高中(包括中专)	大专	大学本科	硕士研究生及以上
经常	9.9	10.5	18.8	23.1	30.4	30.9
有时	23.7	33.3	39.3	43.4	39.5	42.7
偶尔	37.4	41.9	33.8	29.4	26.2	19.8
从不	29.0	14.3	8.1	4.1	3.9	6.5

受访父亲受教育程度对其浏览教育网站的频次和意愿也有较大影响。调查显示,受访父亲受教育程度越高,浏览教育网站的比例越高。小学及以下受教育

程度的受访父亲选择"偶尔+从不"的比例为 63.4%,大专及以上受教育程度的受访父亲选择"偶尔+从不"浏览的比例约为三成,而受教育程度为大学本科及以上的受访父亲选择"经常"浏览的比例为 28%左右,受教育程度不同产生的"断层"在受教育程度为大专和受教育程度为高中(包括中专)的受访父亲间出现(表7—7)。

表 7—7 不同受教育程度的受访父亲浏览教育网站的情况(%)

	小学及以下	初中	高中 (包括中专)	大专	大学本科	硕士研究生 及以上
经常	8.6	13.1	15.2	24.1	28.6	28.2
有时	28.0	30.8	40.9	43.3	39.1	40.9
偶尔	38.7	40.7	35.6	27.8	27.8	24.7
从不	24.7	15.5	8.2	4.7	4.4	6.2

二、受访者关注家庭教育公众号的情况

1. 孩子就读优质校的受访者关注家庭教育公众号的比例高于孩子就读非优质校的受访者

不同学校类别的受访者关注教育公众号的数量有较大差异。孩子就读优质校的受访者关注家庭教育方面的公众号的比例高于孩子就读非优质校的受访者。孩子就读优质校的受访者关注 5 个及以上教育公众号的比例为 12.8%,孩子就读非优质校的受访者比例为 7.5%,孩子就读优质校的受访者关注 3~4 个教育公众号的比例为 27.5%,孩子就读非优质校的受访者该项比例为 22.5%。孩子就读非优质校的受访者关注 1~2 个或没关注教育公众号的比例更高(表7—8)。

表7-8　孩子就读不同学校的受访者关注家庭教育公众号数量的情况(％)

	优质校	非优质校
5个及以上	12.8	7.5
3～4个	27.5	22.5
1～2个	43.2	46.7
没关注	16.5	23.2

2. 受访者关注家庭教育公众号的数量随着孩子就读年级的增长缓慢下降

调查显示,孩子就读一年级的受访者关注5个及以上公众号的比例高于孩子就读高年级和初中的受访者。受访者关注公众号的数量随着孩子就读年级的增长而缓慢下降。孩子刚入学时,关注5个及以上教育公众号的受访者的比例为13.4％,到了八年级降到7.3％,而不关注教育公众号的受访者比例从孩子就读一年级时的14.8％上升到孩子就读八年级时的24.5％,接近五成受访者在孩子入学后只会关注1～2个教育公众号(图7-2)。

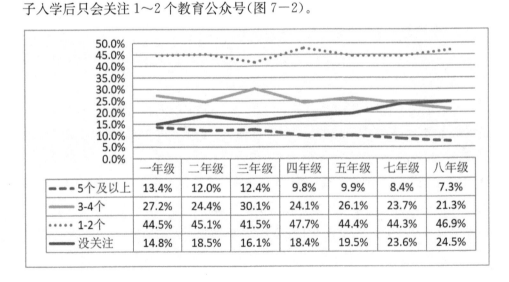

	一年级	二年级	三年级	四年级	五年级	七年级	八年级
5个及以上	13.4%	12.0%	12.4%	9.8%	9.9%	8.4%	7.3%
3-4个	27.2%	24.4%	30.1%	24.1%	26.1%	23.7%	21.3%
1-2个	44.5%	45.1%	41.5%	47.7%	44.4%	44.3%	46.9%
没关注	14.8%	18.5%	16.1%	18.4%	19.5%	23.6%	24.5%

图7-2　孩子就读不同年级的受访者关注家庭教育公众号数量的情况

3. 受访母亲订阅了更多的家庭教育公众号

调查显示,受访母亲比受访父亲订阅了更多家庭教育公众号。订阅 5 个及以上家庭教育公众号的受访母亲高于受访父亲 4.5 个百分点,受访父亲更多订阅了 1～2 个公众号,而未关注教育公众号的受访父亲比例比受访母亲高 8.1 个百分点(表 7－9)。

表 7－9　不同身份的受访者关注家庭教育公众号数量的情况(%)

	父亲	母亲
5 个及以上	7.0	11.5
3～4 个	21.8	26.3
1～2 个	45.7	44.7
没关注	25.5	17.4

4. 城市受访者关注家庭教育公众号的比例高于农村受访者

城市受访者关注家庭教育公众号的比例高于农村受访者,订阅 5 个及以上的城市受访者高于农村受访者 5.5 个百分点,农村受访者更多未关注或只关注了 1～2 个教育公众号,这两项比例高于城市受访者 9.9 个百分点(表 7－10)。

表 7－10　不同户籍所在地的受访者关注家庭教育公众号数量的情况(%)

	农村	城市
5 个及以上	6.2	11.7
3～4 个	21.7	26.0
1～2 个	48.2	43.9
没关注	24.0	18.4

5. 受访者家庭年收入越高,关注家庭教育公众号的比例越高

调查显示,家庭高收入受访者关注 5 个及以上公众号的比例为 19.8%,中低收入、低收入家庭仅有 5% 左右。而近三成低收入和中低收入家庭没有关注过家

庭教育公众号,高收入家庭未关注家庭教育公众号的比例仅为 10.7%,相差近 20 个百分点(表 7—11)。

表 7—11 不同家庭年收入的受访者关注家庭教育公众号数量的情况(%)

	低收入	中低收入	中等收入	中高收入	高收入
5 个及以上	5.2	5.6	8.4	13.8	19.8
3~4 个	17.8	19.8	27.1	28.2	31.2
1~2 个	46.6	48.5	45.5	44.3	38.2
没关注	30.4	26.0	18.9	13.8	10.7

6. 受访父母受教育程度越高,关注家庭教育公众号的比例越高

受访母亲受教育程度越高,关注家庭教育公众号的比例越高。受教育程度为硕士研究生及以上的受访母亲关注 5 个及以上家庭教育公众号的比例为 24.2%,与其他受教育程度受访母亲在该项的选择比例形成"断层"。受教育程度为大学本科的受访母亲关注 5 个及以上家庭教育公从号的比例为 15.3%,大专为 9.6%,小学及以下为 7.5%。受教育程度为初中和高中的受访母亲关注 5 个及以上家庭教育公众号的比例最低,仅为 5% 左右,比硕士研究生及以上受教育程度受访母亲低近 19 个百分点,受教育程度为硕士研究生及以上的受访母亲高度关注家庭教育方面的网络信息(图 7—3)。

调查显示,受访父亲受教育程度越高,关注家庭教育公众号的数量越多。受教育程度为硕士研究生及以上的受访父亲关注 5 个及以上家庭教育公众号的比例为 19.2%,受教育程度为大专及以下的受访父亲选择此项的比例均不到 9%,受教育程度为小学及以下的受访父亲选择"关注 1~2 个"和"没关注"的总体比例达到了 81%(表 7—12)。

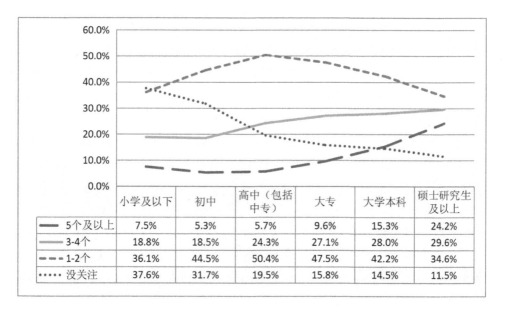

	小学及以下	初中	高中（包括中专）	大专	大学本科	硕士研究生及以上
—— 5个及以上	7.5%	5.3%	5.7%	9.6%	15.3%	24.2%
—— 3-4个	18.8%	18.5%	24.3%	27.1%	28.0%	29.6%
- - 1-2个	36.1%	44.5%	50.4%	47.5%	42.2%	34.6%
···· 没关注	37.6%	31.7%	19.5%	15.8%	14.5%	11.5%

图7-3　不同受教育程度的受访母亲关注家庭教育公众号数量的情况

表7-12　不同受教育程度的受访父亲关注家庭教育公众号数量的情况(％)

	小学及以下	初中	高中（包括中专）	大专	大学本科	硕士研究生及以上
5个及以上	5.3	5.6	6.5	8.4	14.9	19.2
3～4个	13.7	17.7	24.5	26.0	28.7	28.8
1～2个	44.2	46.7	47.2	48.7	41.5	37.4
没关注	36.8	30.1	21.7	16.9	14.9	14.6

三、家庭教育类应用程序(App)的下载及使用情况

1. 孩子就读优质校的受访者下载家庭教育类 App 数量高于孩子就读非优质校的受访者

孩子就读优质校的受访者下载家庭教育类 App 数量高于孩子就读非优质校的受访者。下载3～4个及以上的总体比例,优质校高于非优质校7.4个百分点(表7-13)。

表 7－13　孩子就读不同学校的受访者下载家庭教育类 App 数量的情况（％）

	优质校	非优质校
5 个及以上	8.2	4.5
3～4 个	22.0	18.3
1～2 个	41.6	43.2
没下载	28.3	34.0

2. 受访者家庭年收入越高，下载家庭教育类 App 的数量越多

本次调查发现，不同收入家庭间在下载家庭教育类 App 的数量上存在较大差异。下载 3 个及以上的中高收入家庭比例达到了 30％，高收入家庭达到 40％，而中低收入和低收入家庭均不到 18％，出现较为明显的"断层"。无论何种程度的收入水平，四成左右家庭都下载了 1～2 个家庭教育类 App，但是未下载家庭教育类 App 的低收入家庭达到了 44.1％，而选择此项的高收入家庭比例为18.2％，相差 25.9 个百分点。（表 7－14）。

表 7－14　不同家庭年收入的受访者下载家庭教育类 App 的情况（％）

	低收入	中低收入	中等收入	中高收入	高收入
5 个及以上	4.3	2.9	5.4	9.8	10.6
3～4 个	13.6	14.5	20.4	24.2	29.4
1～2 个	38.0	45.1	43.1	40.9	41.8
没下载	44.1	37.4	31.1	25.1	18.2

3. 受访母亲受教育程度越高，下载家庭教育类 App 的数量越多

调查显示，受访母亲受教育程度越高，下载家庭教育类 App 的数量越多。受教育程度为硕士研究生及以上的受访母亲下载 3 个以上家庭教育类 App 的比例为 40.0％，而受教育程度为初中及以下的受访母亲均不到 17％，相差约 23 个百分点，而未下载及只下载了 1～2 个家庭教育类 App 的情况则相反，受教育程度为初中及以下的受访母亲比例都超过了 83％，受教育程度为硕士研究生及以上

的受访母亲则为 60.0%。这种情况也体现在受访父亲的相关数据中,受访父亲受教育程度越高,下载家庭教育类 App 的数量越多,并且受访母亲对家庭教育类 App 的下载量要高于受访父亲(表 7－15,表 7－16)。

表 7－15　不同受教育程度的受访母亲下载家庭教育类 App 的情况(%)

	小学及以下	初中	高中 (包括中专)	大专	大学本科	硕士研究生 及以上
5 个及以上	4.5	3.4	3.8	6.0	9.5	13.8
3～4 个	12.1	13.5	18.4	21.2	25.2	26.2
1～2 个	39.4	44.6	45.9	43.5	38.4	36.9
没下载	43.9	38.6	31.9	29.3	26.9	23.1

表 7－16　不同受教育程度的受访父亲下载家庭教育类 App 的情况(%)

	小学及以下	初中	高中 (包括中专)	大专	大学本科	硕士研究生 及以上
5 个及以上	4.3	3.3	3.8	5.9	9.5	10.4
3～4 个	9.6	13.3	17.4	21.1	25.1	24.8
1～2 个	38.3	44.9	44.8	44.3	38.7	39.0
没下载	47.9	38.5	34.0	28.6	26.7	25.9

四、受访者参与互联网教育论坛的情况

1. 孩子就读优质校的受访者参与互联网教育论坛的比例高于孩子就读非优质校的受访者

学校类别、年级、父母身份、户籍所在地以及城市所在地对受访者是否参与教育论坛的区分度均不明显,孩子就读优质校的受访者参与互联网教育论坛的比例高于孩子就读非优质校的受访者。孩子就读小学低年级的受访者参与互联网教育论坛的比例低于孩子就读其他年级的受访者,随着孩子就读年级的升高,受访者会偶尔参与互联网教育论坛的讨论(表 7－17)。

表 7—17   不同学校类别、年级的受访者参与互联网教育论坛的情况(%)

	优质校	非优质校	一年级	二年级	三年级	四年级	五年级	七年级	八年级
经常	2.4	1.4	1.2	1.6	1.9	1.6	3.2	2.2	1.7
有时	10.9	10.2	11.3	8.5	11.3	8.8	13.7	10.3	10.4
偶尔	32.2	28.0	26.3	28.8	28.6	31.7	31.1	30.4	32.4
从不	54.5	60.3	61.2	61.1	58.2	57.9	52.1	57.1	55.5

2. 受访者家庭年收入越高,参与互联网教育论坛的比例越高

家庭收入、父母受教育程度在受访者参与互联网教育论坛的情况中未体现明显区分度。但总体而言,受访者家庭年收入越高,参与互联网教育论坛的比例越高,低收入受访者从不参与论坛的比例为 62.6%,高于高收入家庭受访者 9.5 个百分点(表 7—18)。

表 7—18   不同家庭年收入的受访者参与互联网教育论坛的情况(%)

	低收入	中低收入	中等收入	中高收入	高收入
经常	2.1	0.9	1.8	2.4	2.9
有时	6.6	10.3	9.7	11.7	12.4
偶尔	28.7	27.7	29.7	33.0	31.6
从不	62.6	61.0	58.8	53.0	53.1

3. 父母受教育程度越高,参与互联网教育论坛的比例越高

父母受教育程度越高,参与互联网教育论坛的比例越高。受教育程度为硕士研究生及以上的受访母亲有时和经常参与互联网教育论坛的比例为 20.1%,受教育程度为本科的受访母亲有时和经常参与教育论坛的比例为 14.8%,而受教育程度为大专及以下的受访母亲有时和经常参与教育论坛的比例均在 10% 左右。父亲参与互联网教育论坛的总体情况较低,受教育程度为硕士研究生及以上和受教育程度为本科的受访父亲经常和有时参与的比例均为 14.8%,受教育程度为高中(包括中专)及以下的受访父亲经常和有时参与的比例均在 10% 左

右,受教育水平为小学及以下的受访父亲经常和有时参与的比例仅为 6.4%(表7—19,表7—20)。

表7—19 不同受教育程度的受访母亲参与互联网教育论坛的情况(%)

	小学及以下	初中	高中(包括中专)	大专	大学本科	硕士研究生及以上
经常	2.3	1.7	0.9	1.2	2.7	5.4
有时	6.9	8.6	10.0	10.7	12.1	14.7
偶尔	25.2	25.7	32.5	30.0	33.0	26.6
从不	65.6	64.0	56.6	58.1	52.1	53.3

表7—20 不同受教育程度的受访父亲参与互联网教育论坛的情况(%)

	小学及以下	初中	高中(包括中专)	大专	大学本科	硕士研究生及以上
经常	1.1	1.2	1.8	1.7	2.3	3.3
有时	5.3	8.8	8.4	11.6	12.5	11.5
偶尔	25.5	26.5	31.5	29.5	31.7	31.0
从不	68.1	63.5	58.3	57.1	53.5	54.2

五、家庭教育类课程购买情况

1. 父母受教育水平越高,越经常购买家庭教育类课程

受教育程度为大学本科的受访母亲经常和有时购买家庭教育类课程的比例高于其他受教育程度受访者,达到了 25.5%,受教育程度为硕士研究生及以上的受访母亲经常和有时购买家庭教育类课程的比例为 22.8%,而受教育程度为小学及以下的受访母亲经常和有时购买课程的比例仅为 13.5%。但总体而言,平均 62.4%的受访母亲没有购买过家庭教育类的相关课程(表7—21)。

不同受教育程度的受访父亲与受访母亲情况类似。受教育程度为本科及以上的受访父亲,经常购买家庭教育类课程的比例高于其他受教育程度的受访父亲。受教育程度为大学本科的受访父亲"经常和有时"购买家庭教育类课程的比例最高,为24.2%,高出受教育程度为小学及以下的受访父亲9.3个百分点。七成受教育程度为小学及以下的受访父亲没有购买过家庭教育类课程(表7—22)。

表7—21 不同受教育程度的受访母亲购买家庭教育类课程情况(%)

	小学及以下	初中	高中(包括中专)	大专	大学本科	硕士研究生及以上
经常	4.5	3.7	4.5	4.5	8.3	8.1
有时	9.0	14.5	15.5	15.9	17.2	14.7
偶尔	17.3	18.4	18.0	18.6	15.6	17.4
没买过	69.2	63.5	61.9	61.0	58.8	59.8

表7—22 不同受教育程度的受访父亲购买家庭教育类课程情况(%)

	小学及以下	初中	高中(包括中专)	大专	大学本科	硕士研究生及以上
经常	5.3	3.9	4.4	4.7	7.6	7.1
有时	9.6	11.8	15.7	17.9	16.6	15.1
偶尔	14.9	19.1	17.4	19.1	15.4	18.4
没买过	70.2	65.2	62.5	58.2	60.3	59.5

2. 受访者最爱购买英语和艺术类的教育课程

在本次调研的有效样本中,23.0%的受访者(1064位)至少购买过一次课程。有620位受访者首选购买教育育儿类课程,占比58.3%,购买兴趣类课程的受访者较少,有57位,占比5.3%。在语文、数学、英语三个科目课程中,英语比较受到受访者青睐,购买占比15.6%。在兴趣类中为孩子选择艺术类课程的受访者最多,占比3.5%(表7—23)。

表 7－23　受访者购买家庭教育类课程的情况

		样本/个	比例/%
学科类	数学	76	7.1
	英语	166	15.6
	语文	134	12.6
	物理	3	0.3
兴趣类	艺术类	37	3.5
	科学类	10	0.9
	运动类	10	0.9
教育育儿	教育育儿	620	58.3
其他	其他	8	0.8
	合计	1064	100.0

3. 大多数受访者未参加过家庭教育工作坊、家长成长计划等相对收费较高的教育培训

调查显示,2.0%的受访者经常参加家庭教育工作坊、家长成长计划等相对收费较高的教育培训,10.2%的受访者很少参加此类课程的学习,87.8%的受访者没有参加过此类课程的学习(表7－24)。

表 7－24　不同学校类别、年级的受访者参加过收费较高的教育培训的情况(%)

	总体
经常参加	2.0
很少参加	10.2
没参加过	87.8

调查发现,孩子就读优质校的受访者经常参加家庭教育工作坊、家长成长计划等相对收费较高的教育培训的比例高于孩子就读非优质校的受访者,但总体比例也仅为2.7%。此外,孩子就读小学高年级和初中的受访者参加家庭教育工

作坊、家长成长计划等相对收费较高的教育培训的比例高于其他受访者。

4. 八成以上受访者认为参加教育培训对自己有帮助

孩子就读一年级、三年级、五年级和八年级的受访者认为参加教育培训对自己有很大帮助的比例高于孩子就读二年级、四年级和七年级的受访者,比例范围在 23%～28%,孩子就读二年级的受访者认为有很大帮助的比例明显低于其他年级,为 4.9%,孩子就读四年级和七年级在该项的比例也相对较低,为 12.1%和 15.6%。总体而言,无论孩子就读哪个年级,所有受访者均认为参加教育培训对自己有帮助,选择没有帮助和帮助很小的受访者比例均在 18%以下(表 7－25)。

表 7－25　孩子就读不同年级的受访者对教育培训的评价情况(%)

	一年级	二年级	三年级	四年级	五年级	七年级	八年级
有很大帮助	28.8	4.9	23.4	12.1	28.0	15.6	27.4
有一些帮助	55.8	78.0	62.5	82.8	64.0	66.7	56.4
帮助很小	13.5	12.2	12.5	5.2	6.7	15.6	12.0
没有帮助	1.9	4.9	1.6	0.0	1.3	2.1	4.3

5. 家庭年收入越高的受访者越认同教育培训的效果

调查显示,受访者家庭年收入越高,认为参加教育培训有很大帮助的比例越高。高收入家庭的受访者认为有很大帮助的比例为 26.1%,低收入家庭则只有 8.7%,相差 17.4 个百分点。但除去低收入家庭,其他收入家庭受访者认为参加教育培训对自己有很大帮助的比例达到两成左右。低收入家庭受访者更多认为参加教育培训对自己有一些帮助,或者帮助很小(表 7－26)。

表7-26　不同家庭年收入的受访者参加教育培训对自己是否有帮助的情况(%)

	低收入	中低收入	中等收入	中高收入	高收入
有很大帮助	8.7	19.4	21.0	24.1	26.1
有一些帮助	69.6	70.2	63.9	61.6	65.2
帮助很小	15.2	8.1	11.8	14.3	8.7
没有帮助	6.5	2.4	3.4	0.0	0.0

6. 父母受教育程度越高,越认可教育培训的效果,受教育程度为小学及以下的受访父亲选择"帮助很小""没有帮助"的比例更高

调查显示,受教育程度为本科及以上的受访母亲,认为参加教育培训对自己有帮助的比例高于其他受访者,其中受教育程度为本科的受访母亲选择比例为92.8%,受教育程度为硕士研究生及以上的受访母亲最高(96.7%);其中受教育程度为本科的受访母亲认为参加教育培训对自己有很大帮助的比例达到24.0%,受教育程度为硕士研究生及以上的受访母亲认为有很大帮助的比例最高(30.0%)。受教育程度为小学及以下的受访母亲选择"有很大帮助"的比例为15.8%,与受教育程度为硕士研究生及以上的受访母亲相比低14.2个百分点。但无论受访母亲的受教育程度为何,六成以上的受访母亲都认为自己从教育培训中得到了一些帮助(表7-27)。

表7-27　不同受教育程度的受访母亲参加教育培训对自己是否有帮助的情况(%)

	小学及以下	初中	高中(包括中专)	大专	大学本科	硕士研究生及以上
有很大帮助	15.8	18.1	22.4	18.0	24.0	30.0
有一些帮助	63.2	65.7	62.6	64.9	68.8	66.7
帮助很小	15.8	11.4	12.1	14.4	7.2	3.3
没有帮助	5.3	4.8	2.8	2.7	0.0	0.0

受教育程度为本科及以上的受访父亲,认为参加教育培训对自己有帮助的

比例高于其他受访父亲,达到 23.8%,受教育程度为小学及以下的受访父亲认为参加教育培训对自己有很大帮助的仅为 10.0%,二者相差 13.8 个百分点。受教育程度为初中及以上的受访父亲选择"有一些帮助"的比例均达到六成以上,比受教育程度为小学及以下的受访父亲普遍高 10 余个百分点。受教育程度为小学及以下的受访父亲选择"帮助很小""没有帮助"的比例更高,达到 40.0%,比受教育程度为小学及以下的受访母亲高 18.9%(表 7—28)。

表 7—28 不同受教育程度的受访父亲参加教育培训对自己是否有帮助的情况(%)

	小学及以下	初中	高中 (包括中专)	大专	大学本科	硕士研究生 及以上
有很大帮助	10.0	21.2	17.4	19.6	25.9	23.8
有一些帮助	50.0	60.6	68.5	63.4	67.4	69.0
帮助很小	30.0	11.5	13.0	14.3	6.7	7.1
没有帮助	10.0	6.7	1.1	2.7	0.0	0.0

第八章　家庭教育"朋友圈"支持状况

核心提示：本次研究对中国城市家长的"朋友圈"的支持情况进行了调查，调查显示，绝大多数的城市受访者都加入了家长微信群，受访者的家庭年收入越高，受教育水平越高，参加家长微信群的数量越多，参与意愿越积极；绝大多数家长加入了学校的班级群，且家长更多地加入自发组织的学习群或者活动群等。

本次研究对中国城市受访者的"朋友圈"支持情况进行调研，本调查中所指的"朋友圈"主要指受访者在孩子成长过程中，因家庭教育、子女成长而形成的交往群体，因此主要选取线上"朋友圈"——家长微信群，以及线下"朋友圈"——受访者孩子的同伴的家长进行调查，以期通过不同途径了解受访者从不同支持群体中获得帮助的情况。

一、受访者参与家长微信群的数量情况

1. 孩子就读优质校的受访者加入了更多的家长微信群

调查显示，孩子就读不同学校类别的受访者加入家长微信群的数量有一定差异。孩子就读优质校的受访者比孩子就读非优质校的受访者加入了更多的家长微信群，孩子就读优质校的受访者加入 3 个及以上家长微信群的比例为 54.5%，孩子就读非优质校受访者加入 3 个及以上家长微信群的比例为 48.4%，相差 6.1 个百分点，但无论孩子就读哪类学校，均有 95% 以上的家长加入了家长微信群（表 8—1）。

表 8—1　不同学校类别的受访者加入家长微信群数量情况(％)

	优质校	非优质校
5 个及以上	17.8	14.5
3～4 个	36.7	33.9
1～2 个	42.2	48.6
没有加入	3.3	3.0

2. 受访母亲比受访父亲加入了更多的家长微信群

调查显示,受访母亲比受访父亲加入了更多的家长微信群。56.1％的受访母亲加入了 3 个及以上家长微信群,而父亲加入 3 个及以上微信群的比例为 41.7％,比受访母亲低 14.4 个百分点,其中加入 5 个及以上家长微信群的受访母亲比受访父亲高近 8 个百分点。

不同城市的受访者加入家长微信群的数量也有一些差异。广州的受访者加入家长微信群的数量比其他城市的受访者多,其加入 5 个及以上家长微信群的比例为 20.3％,成都的受访者在此项的比例最低,为 13.1％,其他城市的受访者比例均不到 18％。成都的受访者加入 3～4 个家长微信群的比例最高,达到 38.3％,哈尔滨的受访者约有五成加入了 1～2 个家长微信群,合肥的受访者没有加入家长微信群的比例最高,为 5.7％,通过数据对比可知,广州的受访者更积极地加入家长微信群,加入 3 个及以上的总比例达到 57.4％,西安的受访者其次,达到 54.6％,成都和北京的受访者加入家长微信群的比例相当,约为 51％,合肥和哈尔滨的受访者加入 3 个及以上家长微信群的比例相当,约为 47％(表 8—2、表 8—3)。

表 8—2　不同身份的受访者加入家长微信群数量情况(％)

	父亲	母亲
5 个及以上	10.7	18.6
3～4 个	31.0	37.5
1～2 个	54.9	41.0
没有加入	3.4	2.9

表8－3　不同城市的受访者加入家长微信群数量情况(％)

	北京	哈尔滨	合肥	广州	成都	西安
5个及以上	17.3	14.4	14.4	20.3	13.1	17.6
3～4个	33.8	32.8	32.9	37.1	38.3	37.0
1～2个	45.4	49.4	47.0	40.6	46.9	43.2
没有加入	3.5	3.4	5.7	2.0	1.7	2.2

3. 绝大多数受访者都加入了家长微信群,受访者的家庭年收入越高,加入的数量越多

收入是区分受访者加入家长微信群数量的重要指标。调查显示,在填写了该项内容的受访者中,无论收入水平如何,绝大多数受访者都加入了家长微信群,比例达到95％以上。其中受访者家庭年收入越高,加入家长微信群的数量越多。其中高收入家庭加入5个及以上的比例达到24.5％,而中等收入及以下的家庭则均不到15％,中低收入家庭的比例最低(12.3％)。高收入家庭加入家长微信群的行为和意愿非常积极,这一点也体现在参加了3～4个家长微信群的受访者比例中,高收入受访者的比例为37.2％,比低收入受访者的比例高12.5％(表8－4)。

表8－4　不同家庭年收入的受访者加入家长微信群数量情况(％)

	低收入	中低收入	中等收入	中高收入	高收入
5个及以上	13.7	12.3	14.8	20.0	24.5
3～4个	24.7	34.1	36.0	38.7	37.2
1～2个	57.3	50.8	46.1	38.4	34.5
没有加入	4.3	2.8	3.1	2.9	3.8

4. 父母受教育程度越高,加入家长微信群的数量越多,受教育程度为硕士研究生及以上的受访母亲参与家长微信群的积极性较高

调查显示,受教育程度为硕士研究生及以上的受访母亲有23.6％加入了5

个及以上家长微信群,受教育程度为大学本科和小学及以下受访母亲加入了 5
个及以上家长微信群的比例分别为 19.1％和 17.2％,受教育程度为大专的受访
母亲加入了 5 个及以上家长微信群的比例为 16.3％,受教育程度为高中和初中
的受访母亲加入了 5 个及以上家长微信群的比例分别为 13.5％和 12.9％,可以
看到,受教育程度为硕士研究生及以上的受访母亲更为积极地参与家长微信群。

　　加入 3 个及以上家长微信群的受访母亲比例如下:受教育程度为小学及以
下的受访母亲占比 45.3％,受教育程度为初中的受访母亲占比 44.2％,受教育
程度为高中(包括中专)的受访母亲占比 47.4％,受教育程度为大专的受访母亲
占比 54.9％,受教育程度为大学本科的受访母亲占比 55.8％,受教育程度为硕
士研究生的受访母亲比例最高(61.8％)。

　　不同受教育程度的受访父亲加入家长微信群的情况与受访母亲情况的趋势
类似,但各个指标得出的比例低于受访母亲。加入 3 个及以上家长微信群的受
访父亲情况如下:受教育程度为小学及以下的占比 34.4％,受教育程度为初中的
占比 44.8％,受教育程度为高中(包括中专)的占比 48.4％,受教育程度为大专
的占比 53.4％,受教育程度为大学本科的占比 55.1％,受教育程度为硕士研究
生及以上的占比 60.4％。受教育程度为小学及以下的受访父亲加入 3 个及以上
家长微信群的数量比例明显低于同等受教育程度的受访母亲,相差 10.9％(表 8
－5,表 8－6)。

表 8－5　不同受教育程度的受访母亲加入家长微信群数量情况(％)

	小学及以下	初中	高中 (包括中专)	大专	大学本科	硕士研究生 及以上
5 个及以上	17.2	12.9	13.5	16.3	19.1	23.6
3～4 个	28.1	31.3	33.9	38.6	36.7	38.2
1～2 个	50.8	52.1	49.4	41.8	41.8	35.1
没有加入	3.9	3.7	3.4	3.3	2.4	3.1

表8—6　不同受教育程度的受访父亲加入家长微信群数量的情况(%)

	小学及以下	初中	高中 (包括中专)	大专	大学本科	硕士研究生 及以上
5个及以上	11.8	13.1	14.8	15.8	18.2	22.5
3~4个	22.6	31.7	33.6	37.6	36.9	37.9
1~2个	58.1	51.6	48.1	44.5	41.5	37.4
没有加入	7.5	3.6	3.5	2.1	3.4	2.2

二、受访者参与家长微信群种类情况

本次调研将受访者参加的微信群进行分类,分为孩子所在班级/学校的家长群、教育资讯交流群、亲子活动群、家长自发组织的学习群或活动群,并请受访者对加入情况进行多项选择。调查显示,较多受访者都加入了1个及以上家长微信群。其中,97.6%的受访者加入了孩子所在班级/学校的家长群,25.0%的受访者加入了家长自发组织的学习群或活动群,15.0%的受访者家长加入了教育资讯交流群,12.0%的受访者加入了亲子活动群。

调查显示,受访者户籍所在地、居住城市、家庭年收入、受访父母受教育程度、孩子就读学校的类别、孩子就读年级各项指标对受访者"参加孩子所在班级/学校的家长群"一项的影响不明显,因班级群是教师发布学生信息、班级事务的重要渠道,具有公告栏作用,所有受访者都需参与其中完成相关工作,故此项在各项指标中未呈现较大差异,在此统一说明,后续不再进行探讨。以下将根据各项指标测量结果,集中探讨受访者加入教育资讯交流群、亲子活动群、家长自发组织的学习群或活动群的相关情况。

1. 孩子就读优质校的受访者加入各种家长微信群(除孩子所在班级/学校的家长群)的比例均高于孩子就读非优质校的受访者

孩子就读优质校的受访者加入教育资讯群的比例达到32.9%,比孩子就读非优质校的受访者高7.3个百分点,前者加入亲子活动群的比例比后者高4.7个百分点,前者加入家长自发组织的学习群或活动群的比例比后者高3.4个百分点,孩子就读优质校的受访者更加关注子女及自身在家庭教育方面的资讯获

取及学习(表8—7)。

表8—7 孩子就读不同学校的受访者加入微信群种类情况(%)

	优质校	非优质校
孩子所在班级/学校的家长群	96.9	98.2
教育资讯交流群	32.9	25.6
亲子活动群	27.0	22.3
家长自发组织的学习群或活动群	52.8	49.4

2. 子女就读三年级时受访者参与亲子活动群的比例最高,子女就读初中后受访者参与亲子活动群和家长自发组织的学习群或活动群的比例明显降低

受访者加入教育资讯交流群的情况总体较为稳定,从孩子就读小学至初中,受访者加入的比例均保持在三成左右。但受访者加入亲子活动群和家长自发组织的学习群或活动群的情况在孩子就读初中后产生较大变化。孩子就读三年级的受访者加入亲子活动群的比例最高(36.7%),孩子就读八年级的受访者加入亲子活动群的比例最低(13.0%),下降了23.7个百分点。而受访者加入家长自发组织的学习群或活动群比例最高的是孩子就读三年级的受访者(58.7%),孩子就读八年级的受访者选择该项的比例则为42.9%,相比下降了15.8个百分点(表8—8)。

表8—8 孩子就读不同年级的受访者加入微信群种类情况(%)

	一年级	二年级	三年级	四年级	五年级	七年级	八年级
孩子所在班级/学校的家长群	97.4	96.0	97.3	97.2	98.6	98.3	97.9
教育资讯交流群	30.6	27.2	29.8	29.8	30.3	30.9	26.3
亲子活动群	36.1	27.9	36.7	30.8	24.7	13.7	13.0
家长自发组织的学习群或活动群	49.3	51.0	58.7	55.6	50.3	52.7	42.9

3. 城市受访者加入教育资讯交流群、亲子活动群的比例高于农村受访者

调查显示,城市受访者加入教育资讯交流群、亲子活动群的比例高于农村受访者。其中城市受访者加入教育资讯交流群的比例为31.7%,农村受访者为23.4%,相差8.3个百分点。亲子活动群的参与比例相差13.2个百分点。相较于城市受访者,农村受访者较少参加或组织亲子活动(表8—9)。

表8—9 不同户籍所在地的受访者加入微信群种类情况(%)

	农村	城市
孩子所在班级/学校的家长群	97.2	97.7
教育资讯交流群	23.4	31.7
亲子活动群	15.2	28.4
家长自发组织的学习群或活动群	47.9	52.4

4. 加入家长自发组织的学习群或活动群成为较为普遍的受访者参与教育的途径

不同城市的受访者加入微信群的情况也呈现一些不同。哈尔滨的受访者加入教育资讯交流群的比例最低,仅为19.9%,而其他五市这一比例均达到30%以上。在加入亲子活动群方面,成都的受访者比例最高(29.1%),其次是北京的受访者(27.2%),合肥的受访者加入比例最低(21.4%)。在加入家长自发组织的学习群或活动群方面,所有城市的加入比例较为平均,在五成左右。不同城市的受访者加入微信群种类的情况说明参加家长自组织的活动群和学习群成为较为普遍的家长参与教育的途径(表8—10)。

表8—10 不同城市受访者加入微信群种类情况(%)

	北京	哈尔滨	合肥	广州	成都	西安
孩子所在班级/学校的家长群	98.7	97.5	94.1	98.2	98.7	98.5
教育资讯交流群	30.3	19.9	32.3	31.2	30.2	31.7
亲子活动群	27.2	22.1	21.4	24.3	29.1	23.5
家长自发组织的学习群或活动群	50.2	51.9	50.8	52.8	51.4	49.5

5. 受访者家庭年收入越高,加入教育资讯交流群、亲子活动群的比例越高

受访者家庭年收入越高,加入教育资讯交流群、亲子活动群的比例越高,并且存在较大差异。中低收入家庭加入教育资讯交流群的比例为两成左右,中等收入家庭约为三成,中高收入家庭约为四成,教育信息获取行为在不同收入的家庭中出现了明显圈层差异。

亲子活动群的加入情况进一步显现了这种差异。随着收入水平的提高,受访者参与亲子活动群的比例在每个收入层次间都有较大差异,低收入家庭在该项比例为 13.8%,中低收入家庭为 19.5%,中等收入家庭为 22.3%,中高收入家庭达到 31.9%,高收入家庭则达到 39.2%,在圈层差异明显的同时产生了两极分化,高收入家庭比低收入家庭高 25.4 个百分点。

受访者在加入家长自发组织的学习群或活动群方面,无论何种收入水平的家庭,均有四成以上受访者加入了该类微信群。随着收入增加,受访者加入该类微信群的比例呈总体上升趋势:低收入家庭的比例达到 43.0%,中低收入家庭达到 47.1%,中等收入家庭为 54.1%,中高收入家庭为 52.3%,高收入家庭为 60.0%,说明当代城市受访者都比较关注家庭教育和受访者自身成长,并且愿意参与家庭教育的学习和活动,高收入家庭更愿意加入家长自发组织的学习群或活动群(表 8—11)。

表 8—11　不同家庭年收入的受访者加入微信群种类情况(%)

	低收入	中低收入	中等收入	中高收入	高收入
孩子所在班级/学校的家长群	97.3	97.9	98.1	97.0	96.6
教育资讯交流群	18.1	21.9	29.7	37.7	38.2
亲子活动群	13.8	19.5	22.3	31.9	39.2
家长自发组织的学习群或活动群	43.0	47.1	54.1	52.3	60.0

6. 受访父母受教育程度越高,加入教育资讯交流群、亲子活动群、家长自发组织的学习群或活动群越多

受教育程度为小学及以下的受访母亲加入教育资讯交流群的比例为

19.1%,受教育程度为初中的受访母亲为19.9%,受教育程度为高中的受访母亲为25.2%,受教育程度为大专的受访母亲为32.1%,受教育程度为大学本科的受访母亲为35.4%,受教育程度为硕士研究生及以上的受访母亲为41.5%,受教育程度为硕士研究生及以上与受教育程度为小学及以下的受访母亲之间相差22.4个百分点。

这样的差距在亲子活动群的加入情况中也很明显。受教育程度为小学及以下和初中的受访母亲加入亲子活动群的比例仅为10%左右,受教育程度为高中(包括中专)和大专的受访母亲达到20%~26.5%,受教育程度为大学本科的受访母亲达到35.9%,受教育程度为硕士研究生及以上的受访母亲为41.1%,受教育程度为硕士研究生及以上的受访母亲比受教育程度为小学的受访母亲高出30.4个百分点。在家长自发组织的学习群或活动群的选择中,受教育程度为小学及以下的受访母亲达到36.6%,受教育程度为初中、高中(包括中专)、大专的受访母亲达到50%左右,受教育程度为大学本科和硕士研究生及以上的受访母亲的比例接近六成,最高达到58.9%,受教育程度为硕士研究生及以上的受访母亲选择比例比受教育程度为小学及以下的受访母亲选择比例高出22.3个百分点。

受访父亲受教育程度的调查也显示同样的趋势,但本次调查发现,受教育程度为小学及以下的受访父亲在加入教育资讯交流群、亲子活动群及家长自发组织学习群或活动群的比例要稍高于同等受教育程度的受访母亲,并且两级差异也没有受访母亲情况明显。根据访谈可推测,这可能与受访母亲更多承担了子女教育的责任有关,也可能与受访父亲对教育的理念认识有关(表8-12,表8-13)。

表 8-12　不同受教育程度的受访母亲加入微信群种类情况(％)

	小学及以下	初中	高中 (包括中专)	大专	大学本科	硕士研究生 及以上
孩子所在班级/学校的家长群	98.5	97.2	98.1	97.8	97.5	95.7
教育资讯交流群	19.1	19.9	25.2	32.1	35.4	41.5
亲子活动群	10.7	10.2	20.3	26.5	35.9	41.1
家长自发组织的学习群或活动群	36.6	45.1	48.9	52.9	55.9	58.9

表 8-13　不同受教育程度的受访父亲加入微信群种类情况(％)

	小学及以下	初中	高中 (包括中专)	大专	大学本科	硕士研究生 及以上
孩子所在班级/学校的家长群	95.7	98.1	97.5	98.2	97.3	96.2
教育资讯交流群	22.6	18.5	23.9	32.6	35.3	38.1
亲子活动群	11.8	12.7	20.5	24.3	33.0	37.3
家长自发组织的学习群或活动群	39.8	43.0	51.9	50.2	56.0	56.7

三、受访者参加家庭教育相关讨论及活动的情况

1. 受访母亲更愿意与其他家长讨论孩子的教育问题

调查显示,母亲比父亲更愿意与其他家长讨论孩子的教育问题,受访母亲选择"经常"的比例为 51.5％,受访父亲选择此项的比例为 37.6％,受访母亲比受访父亲高 13.9 个百分点。受访父亲更倾向于"偶尔"与其他家长讨论孩子的教育问题,选择比例达到了 59.2％,而母亲偶尔与其他家长讨论孩子教育问题的比例为 46.9％。总体而言,无论父亲还是母亲,95％以上的受访者都会与其他家长讨论孩子的教育问题(表 8-14)。

表8-14　父母与其他家长讨论孩子教育问题频率的情况(%)

	父亲	母亲
经常	37.6	51.5
偶尔	59.2	46.9
从不	3.2	1.6

2. 家庭年收入高的受访者更经常与其他家长讨论孩子的教育问题

调查显示,家庭年收入越高的受访者越经常与其他家长讨论孩子教育问题,其中高收入受访者选择"经常"讨论的比例为60.1%,低收入、中低收入受访者的比例为四成左右,相差20个百分点左右。超五成低收入、中低收入、中等收入的受访者更多地会"偶尔"与其他家长讨论孩子的教育问题,而中高收入、高收入家长选择"偶尔"的比例为四成左右,相差10个百分点左右。但无论受访者收入水平如何,九成以上的受访者都会跟其他家长讨论孩子的教育问题(表8-15)。

表8-15　不同家庭年收入的受访者与其他家长讨论孩子教育问题频率的情况(%)

	低收入	中低收入	中等收入	中高收入	高收入
经常	36.8	41.6	45.2	54.4	60.1
偶尔	58.5	55.9	52.7	44.9	38.6
从不	4.7	2.5	2.1	0.7	1.3

3. 父母的受教育程度越高,越经常与其他家长谈论孩子的教育问题

受访母亲受教育程度越高,经常与其他家长讨论孩子教育问题的比例越高。其中受教育程度为硕士研究生及以上和大学本科的受访母亲经常与其他家长讨论孩子教育问题的比例分别为57.9%和54.4%,受教育程度为大专和高中(包括中专)的受访母亲在该项的比例分别为49.1%和45.4%,而受教育程度为初中和小学及以下的受访母亲,该项比例分别为36.5%和33.3%。受教育程度为硕士研究生及以上的受访母亲经常讨论孩子教育问题的比例比受教育程度为小

学及以下的受访母亲高出 24.6 个百分点。通过数据可知,随着受教育程度不断提高,受访母亲选择"偶尔"与其他家长讨论孩子教育问题的比例降低,受教育程度为小学及以下的受访母亲在该项比例为 58.3%,高出受教育程度为硕士研究生及以上的受访母亲 18.1 个百分点,并且受教育程度为小学及以下的母亲从不与其他家长讨论教育问题的比例为 8.4%。当受访母亲达到高中及以上的教育程度时,选择此项的比例均不到 2%(表 8—16)。

表 8—16 不同受教育程度的受访母亲与其他家长讨论孩子教育问题频率的情况(%)

	小学及以下	初中	高中(包括中专)	大专	大学本科	硕士研究生及以上
经常	33.3	36.5	45.4	49.1	54.4	57.9
偶尔	58.3	59.6	53.3	49.4	44.5	40.2
从不	8.4	3.9	1.3	1.5	1.1	1.9

受访父亲的情况与受访母亲大致类似,受教育程度越高,越会经常与其他家长讨论孩子的教育问题,反之则会更多选择"偶尔""从不"与其他家长讨论孩子的教育问题(表 8—17)。

表 8—17 不同受教育程度的受访父亲与其他家长讨论孩子教育问题频率的情况(%)

	小学及以下	初中	高中(包括中专)	大专	大学本科	硕士研究生及以上
经常	28.4	38.9	44.8	47.2	53.3	54.3
偶尔	61.1	56.9	53.4	51.4	45.3	44.3
从不	10.5	4.2	1.8	1.4	1.4	1.4

4. 近七成受访者参加过家长自发组织的亲子活动

调查显示,近七成受访者参加过家长自发组织的亲子活动。其中孩子就读优质校的受访者参与的比例为 73.2%,比孩子就读非优质校的受访者高 12.4 个百分点(表8－18)。

表8－18　不同学校类别的受访者参加过其他家长自发组织的亲子活动情况(％)

	优质校	非优质校
参加过	73.2	60.8
没参加过	26.8	39.2

受访者参加活动的频率随着孩子入学年龄的增长而出现小幅波动。总体而言,孩子就读三年级时是受访者参加家长自发组织活动的高峰,达到74.4％,而当孩子就读八年级时该项比例降至53.5％,这可能与三年级是小学阶段中较为平缓的过渡阶段,受访者有时间和精力组织、参加相关活动有关,孩子就读八年级后,受访者的关注点转移到中考,并且随着孩子年龄的成长,孩子更倾向与同伴交往,亲子关系开始疏离,参加亲子活动的比例有所下降(表8－19)。

表8－19　孩子就读不同年级的受访者参加过家长自发组织的亲子活动情况(％)

	一年级	二年级	三年级	四年级	五年级	七年级	八年级
参加过	72.9	69.7	74.4	72.8	72.9	61.3	53.5
没参加过	27.1	30.3	25.6	27.2	27.1	38.7	46.5

5. 受访者家庭年收入越高,参加过家长自发组织的亲子活动的比例越高

调查显示,受访者家庭年收入越高,参加过家长自发组织的亲子活动的比例越高。高收入家庭参加家长自发组织亲子活动的比例高达81.5％,中高收入家庭为77.7％,中等收入家庭为67.5％,中低收入家庭为60.6％,而低收入家庭参加的比例仅为44.0％,高收入家庭和低收入家庭出现了37.5个百分点的差距。一半以上的低收入家庭都未参加过家长自发组织的亲子活动,该项比例随着受访者家庭年收入的提高而明显下降,高收入家庭未参加过自发组织的亲子活动的比例仅为18.5％,与低收入家庭相比相差37.5个百分点(表8－20)。

表8－20　不同家庭年收入的受访者参加家长自发组织的亲子活动的情况(％)

	低收入	中低收入	中等收入	中高收入	高收入
参加过	44.0	60.6	67.5	77.7	81.5
没参加过	56.0	39.4	32.5	22.3	18.5

6. 受访父母受教育程度越高,参加过家长自发组织的亲子活动的比例越高

父母的不同受教育程度也显示其参加家长自发组织的亲子活动的显著差异。受访父亲、母亲受教育程度越高,参加过家长自发组织的亲子活动的比例越高,并且受访母亲参加比例总体高于受访父亲。其中硕士研究生及以上的受访母亲参加比例为82.4％,受访父亲为76.6％,受教育程度为大学本科、大专的受访母亲参加自发组织的亲子活动的比例为75％左右,受教育程度为高中(包括中专)的受访父母参加比例为60％左右,受教育程度为初中的父母参加比例接近五成,而受教育程度为小学及以下的受访父母参加的比例均不到四成,且受教育程度为小学及以下受访父亲参加的比例为32.3％,比受教育程度为小学及以下的受访母亲低6.2个百分点。受教育程度为硕士研究生及以上的父母比受教育程度为小学及以下父母参与亲子活动的比例高约44个百分点。因受教育程度产生的受访父母的行为差异高于因收入产生的差距,父母个人的文化资本成为其参与亲子活动最重要的区分指标,并在不同受教育程度间出现10个百分点左右的断层差距,需关注受教育程度为小学及以下的受访父母组织、参与亲子活动的意愿和行为,尤其需关注受访父亲的相关情况(表8－21,表8－22)。

表8－21　不同受教育程度的受访母亲参加家长自发组织的亲子活动情况(％)

	小学及以下	初中	高中 (包括中专)	大专	大学本科	硕士研究生 及以上
参加过	38.5	47.3	62.8	75.0	78.7	82.4
没参加过	61.5	52.7	37.2	25.0	21.3	17.6

表 8-22　不同受教育程度的受访父亲参加家长自发组织的亲子活动情况(%)

	小学及以下	初中	高中 （包括中专）	大专	大学本科	硕士研究生 及以上
参加过	32.3	48.9	60.8	73.5	77.9	76.6
没参加过	67.7	51.1	39.2	26.5	22.1	23.4

第九章　家庭教育祖辈支持状况

核心提示:本小节从孩子课外时间由谁来看护、祖辈在家庭教育方面提供的最重要的支持两个方面考察祖辈对家庭教育的支持情况。调查发现,孩子课外时间家长选择由祖辈看护的为 35.1%,比例随着受访者家庭年收入的增高而增加;父母受教育程度越高,孩子课外时间由祖辈看护的比例越高,祖辈在照看孩子上提供支持的比例越高;在"祖辈在家庭教育方面提供的最重要的帮助"的问题上,超过六成的受访者选择的是"付出时间和精力照看孩子"。

一、孩子课外时间看护情况

中小学生是未成年人,需要成年人的看护与陪伴。为减轻小学生课业负担,目前大多数小学实行"三点半放学"。这给上班一族的家长出了一道难题:孩子放学太早,家长下班太晚,无法准时接孩子。解决这个问题,一方面依靠政府办课后兴趣班,让孩子课后能够留在学校度过一段课余时间;一方面依靠市场提供的有偿服务;此外,孩子的祖辈成为一个重要的依靠,调查发现,35.1%的受访者选择孩子课外时间由祖辈看护。

1. 城市受访者选择孩子课外时间由祖辈看护和上托管班的比例高于农村受访者

农村受访者选择课外时间由祖辈看护孩子的比例为 21.9%,城市受访者选择孩子由祖辈看护的比例为 40.7%,后者比前者高出近 20 个百分点(表9—1)。

表9-1　不同户籍所在地的受访者孩子课外时间看护问题解决途径的情况(%)

	农村	城市
父母自己看护	60.8	55.4
祖辈看护	21.9	40.7
上收费的托管班	22.7	23.8
上学校组织的托管班	19.8	23.9
无人看护,孩子自己在家	16.0	12.0
家长或小区邻里互相看护	6.0	5.3
参加社区托管班	2.1	1.7

2. 孩子课外时间由祖辈看护比例随着受访者家庭年收入增高而增加

不同年收入家庭在孩子课外看护方式方面有着不同的选择,父母自己看护比例最高的是高收入家庭(60.2%)。孩子课外时间由祖辈看护比例随着受访者家庭年收入的增高增加,低收入家庭由祖辈看护的比例为22.3%,中低收入家庭为28.4%,中等收入家庭为36.6%,中高收入家庭为41.8%,高收入家庭为45.9%。孩子课外时间无人看护的比例随着家庭年收入的增加而降低,低收入家庭孩子课外时间无人看护、自己在家的比例达到18.5%(表9-2)。

表9-2　不同家庭年收入的受访者解决孩子课外看护问题情况(%)

	低收入	中低收入	中等收入	中高收入	高收入
父母自己看护	55.7	57.8	56.8	54.8	60.2
祖辈看护	22.3	28.4	36.6	41.8	45.9
上收费的托管班	21.6	23.5	25.4	24.6	21.4
上学校组织的托管班	16.9	19.9	24.0	27.5	23.7
无人看护,孩子自己在家	18.5	14.8	12.2	11.7	7.5
家长或小区邻里互相看护	4.7	5.6	5.2	6.1	4.8
参加社区托管班	1.3	1.9	1.8	1.5	3.1

3. 母亲受教育程度越高,孩子课外时间由祖辈看护的比例越高

母亲受教育程度为小学及以下的,孩子课外时间由祖辈看护的比例为 18.5%;受教育程度为初中的,比例为 20.9%;受教育程度为高中(包括中专),比例为 25.9%;受教育程度为大专的,比例为 36.2%;受教育程度为大学本科的,比例为 49.4%;受教育程度为硕士研究生及以上的,比例为 60.5%。在此项目上选择比例最高的受教育程度为硕士研究生及以上的受访者,比选择比例最低的受教育程度为小学及以下的受访母亲高出 42 个百分点(表 9-3)。

表 9-3 不同受教育程度的受访母亲解决孩子课外看护问题情况(%)

	小学及以下	初中	高中(包括中专)	大专	大学本科	硕士研究生及以上
父母自己看护	57.8	61.0	62.6	60.1	49.4	42.5
祖辈看护	18.5	20.9	25.9	36.2	49.4	60.5
上收费的托管班	15.6	21.6	22.4	27.1	24.7	20.3
上学校组织的托管班	17.8	17.0	23.9	22.3	26.6	24.9
无人看护,孩子自己在家	21.5	17.7	13.4	9.6	11.4	14.2
家长或小区邻里互相看护	5.9	5.7	6.6	5.9	4.7	3.1
参加社区托管班	4.4	2.2	2.0	1.6	1.5	2.3

父亲受教育程度从初中至硕士研究生及以上,受教育程度越高,选择孩子课外时间由祖辈看护的比例越高。选择孩子课外时间由祖辈看护比例最高的是受教育程度为硕士研究生及以上的受访父亲(54.2%),比选择比例最低的受教育程度为初中的受访父亲(18.5%)高 35.7 个百分点(表 9-4)。

表9-4　不同受教育程度的受访父亲解决孩子课外看护问题情况(%)

	小学及以下	初中	高中 (包括中专)	大专	大学本科	硕士研究生 及以上
父母自己看护	48.4	62.5	59.2	58.3	55.2	43.3
祖辈看护	23.2	18.5	26.7	37.7	45.9	54.2
上收费的托管班	26.3	20.6	24.7	26.6	23.4	19.3
上学校组织的托管班	9.5	16.6	22.9	22.8	24.9	30.0
无人看护,孩子自己在家	22.1	19.3	13.9	10.0	10.0	13.9
家长或小区邻里互相看护	3.2	5.3	6.4	5.5	5.4	5.2
参加社区托管班	4.2	2.0	2.4	1.5	1.5	2.5

4. 孩子就读初中的受访者选择由祖辈看护孩子的比例低于孩子就读小学的受访者

孩子就读一至五年级的受访者选择课外时间由祖辈看护孩子的比例高于孩子就读七、八年级的受访者。对于大多数学校来说,七年级相当于初中一年级,八年级相当于初中二年级,孩子就读初中后,自己在家的比例大大增加了(表9-5)。

表9-5　孩子就读不同年级的受访者解决孩子课外看护问题情况(%)

	一年级	二年级	三年级	四年级	五年级	七年级	八年级
父母自己看护	57.0	53.0	53.9	54.3	52.7	62.6	60.8
祖辈看护	43.0	45.3	44.7	38.2	39.0	25.0	21.9
上收费的托管班	21.1	26.1	26.4	30.3	24.3	18.9	21.4
上学校组织的托管班	27.1	28.0	29.3	26.4	28.0	13.4	14.3
无人看护,孩子自己在家	3.2	4.1	6.7	10.0	14.3	20.5	24.2
家长或小区邻里互相看护	6.2	6.0	5.0	5.8	4.7	4.9	6.1
参加社区托管班	1.2	1.7	1.7	1.6	0.9	2.4	2.9

二、祖辈在家庭教育方面提供的最重要的帮助情况

1. 在"祖辈在家庭教育方面提供的最重要的帮助"的问题上,超过六成的受访者选择的是"付出时间和精力照看孩子"

城市受访者认为祖辈付出时间和精力照看孩子是对家庭教育的最大帮助的比例为 65.2%,农村受访者为 53.3%。在祖辈对家庭教育没有帮助这个选择上,农村受访者选择的比例为 26.8%,城市受访者选择的比例为 14.8%,两者相差 12 个百分点(表 9—6)。

表 9—6 城市与农村的受访者祖辈在家庭教育方面提供的最重要的帮助情况(%)

	农村	城市
付出时间和精力照看孩子	53.3	65.2
物质、资金方面的帮助	13.0	14.0
提供教育方面的社会资源或信息	6.9	6.0
没有帮助	26.8	14.8

2. 受访者家庭年收入越高,祖辈在付出时间和精力照看孩子上面提供支持的比例越高

低收入家庭受访者得到祖辈付出时间和精力照看孩子支持的比例为 50.2%,中低收入家庭受访者选择的比例为 56.6%,中等收入家庭受访者选择比例为 63.5%,中高收入家庭受访者选择比例为 66.3%,高收入家庭受访者选择比例为 72.0%。

家庭高收入受访者从祖辈得到物质、资金方面支持的比例最低(9.3%)。

家庭年收入越低,在家庭教育方面从祖辈处得不到支持的比例越高,低收入家庭比例为 26.1%,高收入家庭为 13.5%(表 9—7)。

表9—7 不同家庭年收入的受访者祖辈在家庭教育方面提供的最重要帮助情况(%)

	低收入	中低收入	中等收入	中高收入	高收入
付出时间和精力照看孩子	50.2	56.6	63.5	66.3	72.0
物质、资金方面的帮助	16.6	17.4	13.4	11.5	9.3
提供教育方面的社会资源或信息	7.0	6.1	5.0	7.2	5.2
没有帮助	26.2	19.9	18.1	15.0	13.5

3. 受访父母受教育程度越高,祖辈在花时间和精力照看孩子上提供支持的比例越高

受访母亲受教育程度为小学及以下的,选择祖辈在花时间和精力照看孩子上提供支持的比例为48.5%,受教育程度为初中的选择比例为53.2%,受教育程度为高中(包括中专)的选择比例为56.3%,受教育程度为大专的选择比例为59.4%,受教育程度为大学本科的选择比例为72.9%,受教育程度为硕士研究生及以上的选择比例为78.9%。

受访母亲受教育程度为硕士研究生及以上的,祖辈在家庭教育方面给予的物质、资金支持比例最低(表9—8)。

表9—8 不同受教育程度的受访母亲祖辈在家庭教育方面提供的最重要帮助情况(%)

	小学及以下	初中	高中(包括中专)	大专	大学本科	硕士研究生及以上
付出时间和精力照看孩子	48.5	53.2	56.3	59.4	72.9	78.9
物质、资金方面的帮助	11.5	12.9	15.6	15.7	12.3	8.8
提供教育方面的社会资源或信息	16.9	6.6	7.4	6.8	4.5	2.3
没有帮助	23.1	27.1	20.7	18.1	10.3	10.0

受访父亲受教育程度越高,祖辈在家庭教育上给予的时间与精力上的支持越多。父亲的受教育程度为小学及以下的,选择祖辈在家庭教育上给予时间与

精力支持的比例为 50.5%,受教育程度为初中的选择比例为 53.0%,受教育程度为高中(包括中专)的选择比例为 54.4%,受教育程度为大专的选择比例为 62.3%,受教育程度为大学本科的选择比例为 69.0%,受教育程度为硕士研究生及以上的选择比例为 77.5%。

选择祖辈对家庭教育没有任何帮助比例最高的为受教育程度为初中的受访父亲(28.4%),其次为受教育程度为小学及以下的受访父亲(27.4%);受教育程度最高的硕士研究生及以上的受访父亲选择在家庭教育上没有得到祖辈任何帮助的比例最低(表9—9)。

表9—9　不同受教育程度的受访父亲祖辈在家庭教育方面提供帮助情况(%)

	小学及以下	初中	高中 (包括中专)	大专	大学本科	硕士研究生 及以上
付出时间和精力照看孩子	50.5	53.0	54.4	62.3	69.0	77.5
物质、资金方面的帮助	11.6	11.9	16.7	15.2	13.2	7.7
提供教育方面的社会资源或信息	10.5	6.7	7.6	5.8	5.9	3.3
没有帮助	27.4	28.4	21.3	16.7	11.9	11.5

第三部分　专题篇

第十章 家庭教育政策法规的主要内容、问题及发展建议

核心提示:家庭教育政策法规是家庭教育事业发展的保证,也是家庭事业发展的重要标志。政府通过制定家庭教育政策及立法活动,保障家庭在家庭教育方面获得必要的支持,同时从宏观层面对家庭教育工作进行指导和规范,这是政府支持家庭教育的重要形式。本章对我国家庭教育政策法规发展现状进行总结性描述分析。我国家庭教育政策法规肯定了家庭教育的意义,确定了家长、政府、学校、社会机构在家庭教育中的责任,规范了家庭教育的内容。调查发现,与家庭教育相关的政策法规家长知晓度不高,今后需要进一步加强政策宣传,同时需要完善政策法规体系,加强促进政策实施的保障措施,让家庭教育政策法规在家庭教育事业发展中发挥应有的作用。

政策是由"政党与国家机关制定、颁布的以指导、约束人们行为的一切价值规范与行为准则的总称"[①],是为实现一定历史时期的路线而制定的行动准则。家庭教育政策可以归为公共政策的一种,但是又不完全等同于公共政策,因为其有着私人性与非制度性的特点。

家庭教育政策法规是家庭教育事业现代发展的制度保证和根本标志[②],完善的家庭教育政策体系会确定家庭教育事业发展的方向,提供有力的支持,同时也以此标志着家庭教育事业发展的程度。我国对家庭教育政策法规的研究处于初始阶段,对于家庭教育政策概念的界定探讨较少。有学者将其界定为"国家有关

---

① 褚宏启:《教育政策学》,北京师范大学出版社 2011 年版。
② 骆风、翁福元:《我国台湾地区家庭教育政策法规及其对大陆的启示》,《学术研究》2017 年第 5 期。

领导机构对于家庭教育和家庭教育事业发展的指导意见和管理措施"①。本研究姑且把其界定为国家为了实现有关家庭教育的目标,制定的指导意见和管理措施。通过制定家庭教育政策乃至立法活动,保障家庭在家庭教育方面获得必要的支持,同时从宏观层面对家庭教育工作进行指导和规范,是政府支持家庭教育的重要形式。

一、我国家庭教育相关政策法规

家庭教育是学校教育、社会教育的基础,是国民教育体系的重要组成部分,在加强家庭建设、促进家庭幸福与社会和谐方面具有重要作用。

在我国历史上相当长的一段时间内,家庭教育是家庭内部的事情,当政府文件谈及教育的时候,家庭教育并不在其中。父母怎样管教自己家的孩子由父母说了算,在如何实施家庭教育、实施什么样的家庭教育上父母拥有绝对的权利,同时也承担了全部的义务,家庭教育权利归父母所有,政府在此方面不干涉,也没有提供支持。我国家庭对家庭教育的重视始于 20 世纪 80 年代,对于家庭教育的重视始于民间。之后,一方面,家长对于家庭教育知识的需求促使政府关注家庭教育;另一方面,家庭教育的发展出现了一系列的问题,例如对于家庭教育责任认识不足,生而不养;有教育意识,但是缺乏正确的教育理念和方法;教而不当,采用错误的教养方式;对家庭教育责任认识不当,把注意力过多放在孩子学习成绩上,等等。家庭教育需要得到正确的指导,家庭教育需要得到社会的支持。回应家庭对家庭教育政策的需求,我国出台了一系列家庭教育政策法规。这其中既有专门的家庭教育工作规划,也有散见于其他政策法规中的相关条款。

(一)法律法规

1.《中华人民共和国宪法》

宪法是国家的根本大法,具有最高的法律地位和法律效力,是所有立法的依据。1982 修订的《中华人民共和国宪法》第四十九条规定:"父母有抚养教育未成年子女的义务,成年子女有赡养扶助父母的义务。"这是家庭教育首次被写入宪

---

① 骆风、崔振邦:《新中国家庭教育政策发展状况及思考》,《基础教育参考》2017 年第 6 期。

法,标志着家庭教育被正式纳入宪法框架①。

2. 其他法律

《中华人民共和国民法典》《中华人民共和国教育法》《中华人民共和国义务教育法》《中华人民共和国未成年人保护法》《中华人民共和国预防未成年人犯罪法》《中华人民共和国反家庭暴力法》等全国人民代表大会或全国人民代表大会常务委员会制定的法律,规定了监护制度、父母与子女的关系、学校和教师对家长提供家庭教育指导、未成年人的家庭保护、父母和其他监护人预防未成年人犯罪的责任等内容。

《中华人民共和国民法典》第一千零五十八条规定"夫妻双方平等享有对未成年子女抚养、教育和保护的权利,共同承担对未成年子女抚养、教育和保护的义务";第一千零六十八条规定"父母有教育、保护未成年子女的权利和义务"。第一千零八十四条规定"父母与子女间的关系,不因父母离婚而消除。离婚后,子女无论由父或者母直接抚养,仍是父母双方的子女。离婚后,父母对于子女仍有抚养、教育、保护的权利和义务";第一千零八十五条规定"离婚后,子女由一方直接抚养的,另一方应当负担部分或者全部抚养费";第一千零八十六条规定"离婚后,不直接抚养子女的父或者母,有探望子女的权利,另一方有协助的义务"。

《中华人民共和国教育法》第五十条规定,"未成年人的父母或者其他监护人应当配合学校及其他教育机构,对其未成年子女或者其他被监护人进行教育。学校、教师可以对学生家长提供家庭教育指导",这是我国教育法规中第一次明确提到家庭教育指导。但是那时的提法与现在有所不同,一是指导者是学校、老师,二是不是要求进行指导,而是"可以"进行指导,听起来更像是给予学校对家长进行家庭教育指导的权利,而不是作为学校要承担的责任。

《中华人民共和国未成年人保护法》对"家庭保护"做了专章阐述。第七条规定,"未成年人的父母或者其他监护人依法对未成年人承担监护职责。国家采取措施指导、支持、帮助和监督未成年人的父母或者其他监护人履行监护职责"。

---

① 全国妇联人才开发培训中心、中华女子学院:《家庭教育专业指导简明教程》,海洋出版社 2019 年版,第 194 页。

第十五条规定,"未成年人的父母或者其他监护人应当学习家庭教育知识,接受家庭教育指导,创造良好、和睦、文明的家庭环境。共同生活的其他成年家庭成员应当协助未成年人的父母或者其他监护人抚养、教育和保护未成年人"。第八十二条规定,"各级人民政府应当将家庭教育指导服务纳入城乡公共服务体系,开展家庭教育知识宣传,鼓励和支持有关人民团体、企业事业单位、社会组织开展家庭教育指导服务"。第九十九条规定,"地方人民政府应当培育、引导和规范有关社会组织、社会工作者参与未成年人保护工作,开展家庭教育指导服务,为未成年人的心理辅导、康复救助、监护及收养评估等提供专业服务"。

《中华人民共和国预防未成年人犯罪法》总则第三条规定,"政府有关部门、司法机关、人民团体、有关社会团体、学校、家庭、城市居民委员会、农村村民委员会等各方面共同参与,各负其责,做好预防未成年人犯罪工作,为未成年人身心健康发展创造良好的社会环境"。第十条规定,"未成年人的父母或者其他监护人对未成年人的法制教育负有直接责任。学校在对学生进行预防犯罪教育时,应当将教育计划告知未成年人的父母或者其他监护人,未成年人的父母或者其他监护人应当结合学校的计划,针对具体情况进行教育"。

3. 地方性法规

地方性法规主要指省(自治区、直辖市)人民代表大会及其常务委员会根据本地情况和实际需要制定和颁布的地方性教育规范文件,这类教育法规只在本行政区域内有效。目前已经有《重庆市家庭教育促进条例》《贵州省家庭教育促进条例》《山西省家庭教育促进条例》《江西省家庭教育促进条例》《江苏省家庭教育促进条例》《浙江省家庭教育促进条例》《福建省家庭教育促进条例》《安徽省家庭教育促进条例》等地方人民代表大会制定的地方性法规出台。各个省的家庭教育促进条例基本上都对立法目的、家庭教育的定义、家庭教育的内容和家庭教育的家庭、学校、政府、社会责任及违背法律应负的责任等进行了规定。

例如,《江苏省家庭教育促进条例》的立法目的是"为了促进家庭教育事业发展,引导全社会注重家庭、注重家教、注重家风,保障未成年人健康成长,增进家庭幸福、社会和谐"。在本条例中,家庭教育的定义是"指父母或者其他监护人以及有监护能力的家庭成员通过言传身教和生活实践,对未成年人进行的正面引导和积极影响"。家庭教育实行家庭实施、政府推进、学校指导、社会参与的工作机制。父母或者其他监护人是实施家庭教育的主体和直接责任人,应当履行家庭教育义务,其他家庭成员应当予以协助。父母或者其他监护人应当积极参加有关国家机关、人民团体、社会组织、村民委员会、居民委员会等开展的家庭教育指导活动。县级以上地方人民政府将家庭教育指导服务列入政府购买服务目录,通过政府采购的方式,选择相关社会组织提供家庭教育指导服务。县级以上地方人民政府应当推进家庭教育信息化共享服务平台建设,依托网上家长学校等向家庭免费提供针对不同年龄段未成年人的家庭教育指导课程和资料,普及家庭教育知识,提供家庭教育指导服务。幼儿园、中小学、中等职业学校应当建立健全家庭教育指导工作制度,建立家庭教育指导工作队伍,开展家庭教育指导活动,将家庭教育指导工作纳入教职工业务培训内容。县级以上地方人民政府妇女儿童工作委员会负责组织、协调、督促有关部门和单位做好家庭教育工作。教育部门、妇女联合会共同推进家庭教育工作。县级以上地方人民政府公安、民政、司法行政、文化和旅游、卫生健康、广播电视等部门,人民法院、人民检察院以及工会、共产主义青年团、残疾人联合会、科学技术协会、关心下一代工作委员会,应当按照各自职责,协同做好家庭教育工作。

(二)政策

我国颁布了一系列与家庭教育密切相关的政策。如三个"儿童发展纲要"、五个"指导推进家庭教育的五年规划"、三个"加强家长学校工作的意见"以及《全国家庭教育指导大纲》《家长家庭教育行为规范》《关于加强家庭教育工作的指导意见》等,对家庭教育工作的目标任务与推进策略、家长学校的规范建设、家庭教育指导的标准和要点等内容做了规定。

1. 中共中央颁布的文件

2000 年 12 月 14 日,中共中央办公厅、国务院办公厅发出《关于适应形势进一步加强和改进中小学德育工作的意见》,提出:"切实加强和改善对家庭教育的指导管理。各级党委和政府要关心支持家庭教育,各级教育行政部门要承担组织和指导家庭教育的责任。"

2001 年 5 月颁布的《国务院关于基础教育改革与发展的决定》以单独条款的

形式规定:"重视家庭教育。通过家庭访问等多种方式与学生家长建立经常性联系,加强对家庭教育的指导,帮助家长树立正确的教育观念,为子女健康成长营造良好的家庭环境。工会、共青团、妇联等团体要开展丰富多彩的家庭教育活动。"

2004年2月26日,中共中央、国务院印发《关于进一步加强和改进未成年人思想道德建设的若干意见》(以下简称《意见》)。这是中国共产党对新形势下进一步加强和改进未成年人思想道德建设做出的重大部署,是新时期指导中小学德育工作、全面推进素质教育的纲领性文件。《意见》的第五部分为"重视和发展家庭教育"。《意见》强调了家庭教育的重要作用,指出:"家庭教育在未成年人思想道德建设中具有特殊重要的作用""各级妇联组织、教育行政部门和中小学校要切实担负起指导和推进家庭教育的责任"。在工作途径上,指出"要与社区密切合作,办好家长学校、家庭教育指导中心,并积极运用新闻媒体和互联网,面向社会广泛开展家庭教育宣传,普及家庭教育知识,推广家庭教育的成功经验,帮助和引导家长树立正确的家庭教育观念,掌握科学的家庭教育方法,提高科学教育子女的能力。充分发挥各类家庭教育学术团体的作用,针对家庭教育中存在的突出问题,积极开展科学研究,为指导家庭教育工作提供理论支持和决策依据"。这是中共中央第一次较为系统地对家庭教育工作做出指示。

2019年6月23日,中共中央国务院印发《关于深化教育教学改革全面提高义务教育质量的意见》,第24条提出"加快家庭教育立法,强化监护主体责任。加强社区家长学校、家庭教育指导服务站点建设,为家长提供公益性家庭教育指导服务。充分发挥学校主导作用,密切家校联系"。

2019年10月31日中国共产党第十九届中央委员会第四次全体会议表决通过的中国共产党第十九届中央委员第四次全体会议公报《中共中央关于坚持和完善中国特色社会主义制度、推进国家治理体系和治理能力现代化若干重大问题的决定》,指出"要构建覆盖城乡的家庭教育指导服务体系"。

2020年3月20日,中共中央国务院发布《关于全面加强新时代大中小学劳动教育的意见》指出,"家庭要发挥在劳动教育中的基础作用。注重抓住衣食住行等日常生活中的劳动实践机会,鼓励孩子自觉参与、自己动手,随时随地、坚持不懈进行劳动,掌握洗衣做饭等必要的家务劳动技能,每年有针对性地学会 1 至 2 项生活技能……家庭要树立崇尚劳动的良好家风,家长要通过日常生活的言传身教、潜移默化,让孩子养成从小爱劳动的好习惯",明确了劳动教育是家庭教育的重要内容及在家庭中实施劳动教育的基本途径与方法。

2. 行政机关颁布的文件

作为《儿童权利公约》的签约国,为了切实履行公约责任,1992 年 2 月,国务院发布《九十年代中国儿童发展规划纲要》,关注家长教育并提出贯彻落实的指导措施,提出"在 90 年代,要使 90％儿童(14 岁以下)的家长不同程度地掌握保育、教育儿童的知识",以此作为家庭教育指导的发展目标。这是国务院首次以行政法规的形式发布的家庭教育政策,标志着政府开始主导家庭教育指导工作[①]。

2001 年 5 月,国务院发布《中国儿童发展纲要(2001—2010 年)》,在教育目标中提出要"建立多元化的家长学校办学体制,增加各类家长学校的数量""提高儿童家长家庭教育知识的知晓率"。为了完成这个目标,在策略措施上提出:发挥学校、家庭、社会各自的教育优势,充分利用社会资源形成教育合力,促进学校教育、家庭教育、社会教育的一体化;重视和改进家庭教育。加强家庭教育知识的宣传和理论研究。办好各类家长学校,帮助家长树立正确的保育、教育观念,掌握科学的教育知识与方法。

2011 年 6 月,国务院发布《中国儿童发展纲要(2011—2020 年)》,提出"适应城乡发展的家庭教育指导服务体系基本建成""儿童家长素质提升,家庭教育水平提高"的目标,使家庭教育指导成为政府提供、惠及全民的一项公共服务产品。为实现此目标提出了"将家庭教育指导服务纳入城乡公共服务体系""普遍建立各级家庭教育指导机构""开展家庭教育指导和宣传实践活动"等措施。

2015 年 10 月,教育部印发《教育部关于加强家庭教育工作的指导意见》(以下简称《指导意见》)。这是教育部独自颁布的第一份家庭教育工作文件。《指导

---

① 骆风、崔振邦:《新中国家庭教育政策发展状况及思考》,《基础教育参考》2017 年第 6 期。

意见》指出"家庭教育工作开展得如何,关系到孩子的终身发展,关系到千家万户的切身利益,关系到国家和民族的未来";进一步明确了家长在家庭教育中的主体责任,"教育孩子是父母或者其他监护人的法定职责",家长应当"依法履行家庭教育职责","不断提升家庭教育水平";充分发挥学校在家庭教育中的重要作用,"各地教育部门要切实加强对行政区域内中小学幼儿园家庭教育工作的指导,推动形成政府主导、部门协作、家长参与、学校组织、社会支持的家庭教育工作格局"。"中小学幼儿园要将家长委员会纳入学校日常管理,制订家长委员会章程,将家庭教育指导服务作为重要任务";加快形成家庭教育社会支持网络,"构建家庭教育社区支持体系,统筹协调各类社会资源单位"。

(三)妇联及其他社会团体颁布的文件

中华全国妇女联合会联合教育部等相关部门出台了一系列关于家庭教育的规划、制度条例。

1. 家庭教育规划

1996年9月,为了贯彻落实《九十年代中国儿童发展规划纲要》中的教育目标,全国妇联、国家教委拟定并印发了《全国家庭教育工作"九五"计划》,全面规划了我国家庭教育的任务、目标、措施,并根据各地情况,按"划三片,分两步走"的原则,以省为单位确定了家庭教育工作的阶段性目标,提出了评估方案和评估指标。

2002年5月,为了巩固"九五"期间的家庭教育成果,落实《中国儿童发展纲要(2001—2010年)》提出的家庭教育目标,全国妇联、教育部拟定并印发了《全国家庭教育"十五"计划》,提出"继续办好各级各类家庭学校""建设家庭教育示范区县"等具体目标。

2007年5月,全国妇联、教育部、中央文明办、民政部、卫生部、国家统计局、国家人口计生委、中国关工委共同制定并实施《全国家庭教育工作"十一五"规划》,首次提出了家庭教育工作的指导思想,提出了内容更加丰富、具体的总体目标,包括宣传、工作机制和构建学校、家庭、社会"三结合"的教育网络等。该规划紧跟社会发展的变化,更加重视特殊群体(如单亲家庭、留守儿童等)的家庭教育,在家庭教育政策上及时反映了社会的发展需求。

2012 年 3 月，为落实《国家中长期教育改革和发展规划纲要（2010—2020年）》《中国儿童发展纲要（2011—2020 年）》提出的相关任务目标，全国妇联、教育部、中央文明办、民政部、卫生部、国家人口计生委、中国关工委七部委联合制定并正式印发《关于指导推进家庭教育的五年规划（2011—2015 年）》，提出了 2011年至 2015 年期间家庭教育的总体目标，并对如何实施做了工作部署。

2016 年 11 月，全国妇联、教育部、中央文明办、民政部、文化部、国家卫生和计划生育委员会、国家新闻出版广电总局、中国科协、中国关心下一代工作委员会共同制定并实施《关于指导推进家庭教育的五年规划（2016—2020 年）》，该《规划》将社会主义核心价值观培养纳入其中，体现出与时俱进、家庭教育与社会发展同步的特点。

2.《家长家庭教育基本行为规范》和《全国家庭教育指导大纲》

全国妇联和国家教委于 1997 年 3 月联合颁布《家长教育行为规范（试行）》，目的是引导家长树立正确的教子观念，掌握科学的教育方法，提高家长的教育水平。《家长教育行为规范》中提到的教育行为是对家长最基本的要求，其主要内容包括家长教育观念、教育态度和教育方法等，具体条文共十条。

2004 年，为贯彻落实中共中央关于进一步加强和改进未成年人思想道德建设精神，指导和推进家庭教育，全国妇联、教育部对《家长教育行为规范》进行了修订、补充、完善，并于 10 月 25 日印发。

2020 年 8 月，全国妇联、教育部联合对 2004 年颁布的《家长教育行为规范》进行了修订完善，颁布《家长家庭教育基本行为规范》，以帮助家长树立正确的家庭教育理念，掌握科学的教育方法，不断提升家庭教育水平，促进儿童健康成长。

2010 年 2 月 8 日，为了深入贯彻落实《中共中央国务院关于进一步加强和改进未成年人思想道德建设的若干意见》和全国未成年人思想道德建设经验交流会议精神，进一步加强家庭教育理论体系建设，规范家庭教育指导内容和要求，提高家庭教育的科学性、针对性、实效性，全国妇联与教育部、中央文明办、民政部、卫生部、国家人口计生委、中国关工委联合印发《全国家庭教育指导大纲》（以下简称《大纲》）。这是我国首份科学系统全面的家庭教育指导性文件。《大纲》分为五部分，包括制定的法律政策依据、适用范围、指导原则、家庭教育的指导内容及要求、保障措施。

2019 年,为了贯彻十八大以来习近平总书记就家庭教育做出的一系列指示精神,强化品德教育在家庭教育中的核心地位,适应新时代家庭教育发展需求,全国妇联、教育部、中央文明办、民政部、文化和旅游部、国家卫生健康委员会、国家广播电视总局、中国科协、中国关工委共同对《全国家庭教育指导大纲》进行了修订,并于当年 5 月印发。修订后的《全国家庭教育指导大纲》突出家庭品德教育功能,重视家庭教育理念指导,提出了"家庭教育重在教育孩子如何做人""家长是家庭教育的责任主体""尊重和保护儿童权利是家庭教育的基础"等 8 个核心理念。《全国家庭教育指导大纲》以"各级各类家庭教育指导机构、相关职能部门、社会团体、宣传媒体和家庭教育指导者,对新婚夫妇、孕妇、18 岁以下儿童家长(父母或其他监护人)开展的家庭教育指导行为"时的重要依据定位,开展家庭教育指导有了可依据的"纲"。

3. 家长学校工作指导意见

1998 年,全国妇联与国家教委联合颁发《全国家长学校工作指导意见(试行)》,对家长学校给予明确界定,指出办好家长学校的具体措施,提出建立家长学校的考核评估制度及评估内容。2004 年 10 月,全国妇联、教育部对《全国家长学校工作指导意见(试行)》进行了补充完善,颁布《关于全国家长学校工作的指导意见》,对家长学校的性质与任务、指导与管理、组织与领导、检查与评估进行了更具操作性的规定。

2011 年 1 月,全国妇联、教育部、中央文明办发布《关于进一步加强家长学校工作的指导意见》,其分为指导思想、主要任务、组织管理、保障措施四部分,就家长学校的任务进行明确界定:面向广大家长宣传党的教育方针、相关法律法规和政策,宣传科学的家庭教育理念、知识和方法,引导家长树立正确的儿童观和育人观;组织开展形式多样的家庭教育实践活动,增进亲子之间的沟通和交流,使家长和儿童在活动中共同成长进步;通过多种形式为家长儿童提供指导和服务,帮助解决家庭教育中的难点问题,提升家长教育培养子女的能力和水平;增进家庭与学校的有效沟通,努力构筑学校、家庭、社区"三结合"的未成年人教育网络,为儿童健康成长营造良好环境。

二、家庭教育政策支持中存在的问题

近几年,我国家庭教育相关政策不断出台。制定政策的目的是解决家庭教育实践中出现的问题,规范、促进家庭教育事业的发展。但是家庭教育政策反映的是政府的愿景,政策制定与颁布只是完成了第一步,政策价值的实现要看其是否为政策对象了解、认同与接纳,是否能够落实到实践中。研究发现,在政策的颁布与落实之间还有着距离,政策有许多需要进一步完善的地方。

(一)家庭教育的责任主体——家长对家庭教育政策法规了解需求未得到满足

本课题组通过问卷的形式了解家长对家庭教育政策法规的知晓情况。调查发现,受访者对家庭教育政策了解意愿强烈。在调查给出的家庭教育相关知识及政策普及、教育技能训练、建立信息交流平台(微信、微博、网站等)、提供课外看护、小饭桌等服务、一对一的咨询辅导、财物帮助,其他等选项中,希望政府在相关知识及政策普及方面提供支持排在了首位。

当下情况是家长对现有的政策法规知晓率不高。在给出的《中华人民共和国未成年人保护法》《家长教育行为规范》《儿童权利公约》《关于进一步健全农村留守儿童和困境儿童关爱服务体系的意见》《全国家庭教育指导大纲》等相关法规文件中,对《中华人民共和国未成年人保护法》知晓率最高(83.5%),其次是《中华人民共和国反家庭暴力法》(51.8%),其他的知晓率均不足30%,与家长关系非常密切的《家长教育行为规范》知晓率为28.5%,《全国家庭教育指导大纲》知晓率14.5%,有11.1%的受访者表示对以上法规政策都不知晓。

进一步分析数据发现,在受访者中,通过互联网(微信、微博、网站等)了解政策法规的比例最高(69.9%),通过书籍、报刊、广播、电视了解家庭教育相关的政策法规的占比69.2%,而在调查中发现,受访者在家庭教育支持上依赖度最高的孩子就读的学校,仅排在了第三位(47.6%),且与前面两个途径在占比上差距较大。通过司法机关和群团组织了解家庭教育相关政策法规占比4.9%,从免费的家庭教育指导服务机构了解家庭教育相关政策法规的占比5.8%,从社区家长学校了解的占比11.8%。分析这些数据可以发现,受访者对于家庭教育政策法规了解更多的是通过主动行为获得,而学校、社区家长学校、免费的家庭教育指导

服务机构在对家长进行家庭教育指导的过程中,对于家庭教育政策法规宣传力度不足。颁布政策而不进行强有力的宣传,政策的功能会大大减弱,同时也不利于通过实践检验、促进政策发展,政策对家庭教育的支持作用得不到发挥。

(二)多部门发文、多部门负责导致家庭教育政策实施效果不佳

当前的中国家庭教育工作实行的是分工负责机制,比较专门的关于家庭教育工作的政策文件一般由多部门联合下发。

《全国家庭教育工作"九五"计划》及《全国家庭教育工作"十五"计划》是由全国妇联和教育部联合印发;《全国家庭教育工作"十一五"规划》则由全国妇联、教育部、中央文明办、民政部、卫生部、国家统计局、国家人口计生委、中国关工委八部委联合颁发;《关于指导推进家庭教育的五年规划(2011—2015 年)》由全国妇联、教育部、中央文明办、民政部、卫生部、国家人口计生委、中国关工委七部委联合印发;《关于指导推进家庭教育的五年规划(2016—2020 年)》则由全国妇联、教育部、中央文明办、民政部、文化部、国家卫生和计划生育委员会、国家新闻出版广电总局、中国科协、中国关心下一代工作委员会九部委共同制定并实施。2019年 5 月印发的《全国家庭教育指导大纲(修订)》,则由全国妇联、教育部、中央文明办、民政部、文化和旅游部、国家卫生健康委员会、国家广播电视总局、中国科学技术协会、中国关心下一代工作委员会九部委联合签发。

这样的政策出台形式,一方面可以理解为政府多部门都参与了家庭教育工作,是对家庭教育工作的重视;另一方面,导致缺少国家层面的统一的家庭教育政策机制,制订政策部门分散,部门间缺少有效的整合协调机制,存在空白地带。

在家庭教育工作方面也规定由多部门负责,责任主体不清。2000 年中共中央办公厅、国务院办公厅发出的《关于适应形势进一步加强和改进中小学德育工作的意见》提出:"切实加强和改善对家庭教育的指导管理。各级党委和政府要关心支持家庭教育,各级教育行政部门要承担组织和指导家庭教育的责任。"

2001 年 5 月颁布的《国务院关于基础教育改革与发展的决定》规定:学校"通过家长访问等多种形式与学生家长建立经常性联系,加强对家庭教育的指导,帮助家长树立正确的教育观念,为子女健康成长营造良好的家庭环境。工会、共青团、妇联等团体要开展丰富多彩的家庭教育活动"。

2019 年 6 月 23 日中共中央国务院印发《关于深化教育教学改革全面提高义务教育质量的意见》,指出"加强社区家长学校、家庭教育指导服务站点建设,为家长提供公益性家庭教育指导服务。充分发挥学校主导作用,密切家校联系"。

此种工作方式看似动员了全社会的力量做好家庭教育工作,但是如果没有专门部门强有力的协调,这种缺乏统一监管与统一规划的多头管理格局会导致部门之间的职责不清,工作推进不力,无法问责,家庭教育政策执行效果不佳。

（三）家庭教育法制化有待加强

回顾政策发展的历程,可以看出家庭教育服务体系不断完善,促使家庭教育工作不断走向规范化、制度化、法制化,越来越清晰地勾勒出家庭教育服务体系的完整网络。

在家庭教育法制化方面,1992 年颁布的《九十年代中国儿童发展规划纲要》提出"制定、完善有关保护儿童权益的专项法律、法规,如优生保健法、家庭教育法、儿童健康管理条例"等。

1996 年印发的《全国家庭教育工作"九五"计划》提出要加强家庭教育法规建设:"在调查研究和借鉴中外法律资料的基础上,加强中国家庭教育的法规建设,条件成熟的地方可制定地方性家庭教育法规,使家庭教育工作纳入法制轨道。"《全国家庭教育工作"十一五"规划》提出"推进有关家庭教育法律法规的完善,使家庭教育工作走上科学化、社会化、法制化轨道"等内容。《关于指导推进家庭教育的五年规划(2011—2015 年)》明确提出"推进家庭教育法律政策完善,促进家庭教育立法取得实质性成果"。《关于指导推进家庭教育的五年规划(2016—2020 年)》提出家庭教育工作的总体目标为加快家庭教育事业法制化、专业化、网络化、社会化建设。

2019 年 6 月 23 日中共中央国务院印发《关于深化教育教学改革全面提高义务教育质量的意见》,指出"加快家庭教育立法"。

家庭教育政策与法规在本质上是一致的,政策是制订法规的依据,法规是政策得到实施的保证,成熟的政策可以转化为法规。但是政策与法规也有其个性。相比较而言,法律具有国家的强制性,对全社会成员都有约束力,而政策不具有国家强制性,只对某部分人有约束力;在作用方面,法律的作用主要表现为国家的强制性作用,而政策的作用主要是指导性作用;执行的方式不同,法律的执行方式是以国家强制力为后盾,要求社会成员必须遵照执行,政策则主要靠组织与宣传,启发人们自觉遵循;法律的稳定程度更高,而教育政策的灵活性更高。我国目前出台的家庭教育方面政策较多,但是专门的法规还迟迟没有出台。需用法律对家庭教育进行规范,使更多的人了解此方面的规定,使相关规定得到更好的实施。

(四)家庭教育指导服务体系建立的保障措施不力

家庭教育政策不仅意味着政府在家庭教育中要承担的责任,同时也是协调国家、社会、市场、家长多方合力的过程,而家庭教育指导服务体系是家庭教育从个人领域走向公共领域的桥梁[1]。从家庭教育政策发展路径来看,我国建立家庭教育指导服务体系的目标是明确的。《中国儿童发展纲要(2011—2020年)》提出:"将家庭教育指导服务纳入城乡公共服务体系。普遍建立各级家庭教育指导机构,90%的城市社区和80%的行政村建立家长学校或家庭教育指导服务点。建立家庭教育从业人员培训和指导服务机构准入等制度,培养合格的专兼职家庭教育工作队伍。加大公共财政对家庭教育指导服务体系建设的投入,鼓励和支持社会力量参与家庭教育工作。"

《全国家庭教育"十一五"规划》明确强调要完善服务体系,巩固和发展各级各类家长学校,大力发展家庭教育指导中心,探索家庭教育指导和服务社会化、市场化运作新模式。家庭教育服务体系的完善将促进家庭教育向规范化、专业化以及社会化的方向发展。《全国家庭教育工作"十五"计划》提出了"逐步建立健全中、小、幼家长学校,社区家庭教育指导与社会家庭教育指导相结合的家庭教育指导工作体系"。在具体目标中提出了"大力发展多元化、多类型、满足不同群体需求的家长学校,规范对家长学校的管理,提高办学质量""加强家庭教育工作队伍建设,开展家庭教育指导者能力培训"。《关于指导推进家庭教育的五年规划(2011—2015年)》提出指导推进家庭教育工作总目标为"构建基本覆盖城乡的家庭教育指导服务体系,推进完善基本的家庭教育公共服务,提升家庭教育科

---

① 廖娟:《21世纪中国家庭教育政策研究》,《基础教育研究》2015年第11期。

学研究和指导服务水平,建立与社会管理创新相适应的家庭教育工作机制,制定完善家庭教育相关法律政策制度,推进家庭教育工作进一步科学化、法制化、社会化"。《关于指导推进家庭教育的五年规划(2016—2020年)》提出到2020年基本建成适应城乡发展、满足家长和儿童需求的家庭教育指导服务体系。

《中共中央关于坚持和完善中国特色社会主义制度、推进国家治理体系和治理能力现代化若干重大问题的决定》指出"要构建覆盖城乡的家庭教育指导服务体系"。其中提出坚持和完善中国特色社会主义制度、推进国家治理体系和治理能力现代化的总体目标是,到中国共产党成立一百年时,在各方面制度更加成熟更加定型上取得明显成效;到2035年,各方面制度更加完善,基本实现国家治理体系和治理能力现代化;到新中国成立一百年时,全面实现国家治理体系和治理能力现代化。家庭教育指导服务体系的建立与完善,已经成为国家治理体系和治理能力的重要内容,此方面的工作状况成为体现国家社会治理体系和治理能力的水平的要素之一。

政策制定的蓝图是美好的、明晰的,要将之实现,完善、有力的保障措施则是家庭教育从文本变为现实的纽带。我国家庭教育政策的保障措施主要包括组织领导、财政支持、监测评估、推广经验四个方面。"十一五"规划已明确要求制定全国家庭教育工作"十一五"规划评估方案,并成立全国家庭教育工作评估领导小组,负责检查评估全国家庭教育工作"十一五"规划的执行情况,制定了《全国家庭教育工作"十一五"规划评估方案》。《全国家庭教育"十二五"规划》要求各地将家庭教育工作监测评估纳入当地未成年人思想道德建设测评指标体系和儿童发展规划监测评估体系,各相关部门将家庭教育工作评估纳入本系统业务工作的督察考核之中。但是对于经费保障、编制设置这些直接影响家庭教育事业发展的关键因素上缺乏明确的规定,没有建立具体的财政保障体系,由此导致相关举措的影响力难以强化与扩大。

《全国家庭教育工作"十一五"规划》提出"建立健全家庭教育工作长效机制,有条件的地方要建立党委政府领导,妇联牵头,有关部门参加的家庭教育工作机构或领导机构,把家庭教育工作经费列入财政预算"。规定是好的,但是"有条件"的地方的提出就意味着不要求所有的地方都做到这一点。"把家庭教育工作经费列入财政预算",比例是多少？列入哪里的财政预算？这些具体问题都没有规定。

《教育部关于加强家庭教育工作的指导意见》指出："各地教育部门要在当地党委、政府的统一领导下，把家庭教育工作列入重要议事日程。积极争取政府统筹安排相关经费，中小学幼儿园要为家庭教育工作提供必要的经费保障。"这里面关于经费的规定，"政府统筹安排相关经费"不是必须，而是"争取"。要求中小学幼儿园为家庭教育提供必要的经费，学校幼儿园是否有能力？因为此项经费的支出占用其他费用是否会影响学校在家庭教育经费上的投入？

《全国家庭教育工作"十二五"规划》要求"各相关单位和学校要设立家庭教育工作专项经费"，《中国儿童发展纲要（2011—2020 年）》提出"加大公共财政对家庭教育指导服务体系建设的投入，鼓励和支持社会力量参与家庭教育工作"，"加大"是多少？"设立家庭教育工作专项经费"，经费的来源是哪里？

总之，从相关规定可以看出，对于家庭教育领导机构的设置及经费来源的提法比较泛泛，有很大的弹性，落实得好与不好很大程度要看相关机构的主观意愿。

三、家庭教育政策发展建议

政府是家庭教育政策、框架和标准的制定者，是最大的资金支持者，是家庭教育服务机构服务质量的管理者与评估者。政府通过制定政策法规支持家庭教育也应当在此方面有所体现。

（一）完善政策法规以保证对家庭教育支持的实现

从法律层面为家庭教育提供保障是家庭教育支持体系中必须具备的内容。对家庭教育社会支持需要法律规范和约束。因此，构建家庭教育政策支持体系需要建立相应的法律制度体系，以保障家庭教育社会支持目标的实现。目前，《中华人民共和国宪法》《中华人民共和国民法典》《中华人民共和国未成年人保护法》等已对家庭教育中父母、政府、学校、社会责任做了规定，但这些规定一方面过于原则性，需要细化并形成具有可操作性的规定，一方面对于未履行责任的处罚措施无力。政策文件大都是指导性、计划性的，缺乏法律法规的强制性因素。

有些国家和地区已经实现利用法律来保障家庭教育政策的实施,加强了家庭事务与社会公共领域的联系,其家庭教育政策的制定与实施可以为我们提供借鉴。例如,日本将家庭教育纳入《教育基本法》,明确了国家对家庭教育的责任,在"家庭教育"条款下规定:国家及地方公共团体应该在尊重家庭教育自主性的前提下,努力为儿童监护人提供学习机会和信息,制定和实施支持家庭的政策①。我国台湾地区于 2003 年出台《家庭教育法》,并在之后多次进行修订,为台湾地区的家庭教育工作提供了依据和保障。

我国应当加快家庭教育立法的步伐,以法律保障家庭教育工作的落实。2010 年国务院颁布的《国家中长期教育改革和发展规划纲要(2010—2020 年)》明确提出要制定家庭教育法律。全国妇联与教育部联合开展家庭教育立法调研工作,将家庭教育立法作为工作要点。2012 年上半年,全国妇联和教育部组织启动全国家庭教育法立法调研工作,并于 2013 年建议将制定《家庭教育促进法》列入国务院 2013 年立法工作计划三档项目。

(二)设立专门机构负责家庭教育工作,保障家庭教育经费

家庭教育工作的实施需要设立责任部门。在此方面,法国实现了跨部门合作以支持父母,通过成立跨部门家庭委员会与跨部门代表团来制定与执行家庭政策②。美国从国家层面出台并推行将家庭教育纳入学校教育系统的政策和支持项目③。

我国台湾地区负责家庭教育工作的最高行政机构是"教育部"终身教育司,成员组成包括终身教育司司长和副司长,以及家庭教育行政人员,另外还聘用了若干名临时人员;地方上的直辖市和县(市)教育局专设家庭教育中心,各地家庭教育中心设主任一名、工作人员人数不等,有的有 5～8 人,有的地方包括专职和

---

① 和建花:《法国、美国和日本家庭教育支持政策考察》,《中华女子学院学报》2014 年第 2 期。

② 和建花:《法国家庭教育政策及其对支持妇女平衡工作家庭的作用》,《妇女研究论丛》2008 年第 6 期。

③ 和建花:《法国、美国和日本家庭教育支持政策考察》,《中华女子学院学报》2014 年第 2 期。

兼职者达到 20 余人①。

日本文部科学省成立了家庭教育支援员会，分析现代家庭教育面临的主要问题，预测了日本家庭教育援助的发展方向，提出了四项基本提议：(1)提供更多的学习机会支持家长自身的成长；(2)制定强化亲子与社区联系的有效措施；(3)构建家庭教育支援网络有效机制；(4)培养儿童和家长的良好生活习惯。上述建议将成为未来日本家庭教育援助政策的重要参考②。在日本文部科学省的引领下，地方政府相继颁布支援家庭教育事业的政策条例，内容包括了家庭教育的目的、家庭教育的基本理念、县市政府应负的责任、基层行政应该形成的联携，以及关于保护者、学校、地区、推进者应尽的责任，政府财政上的支持力度及年度考核等具体内容③。

我国一方面应当设立家庭教育责任机构，专门负责家庭教育工作；另一方面也应当加强对政府部门此项工作的考核，加强各级政府对家庭教育工作重要性的认识及责任意识。家庭教育指导要贯彻公益为先的原则，经费的落实是各项政策得以实施的基础，没有经费的保障，政策中提出的目标就无法实现。在家庭教育经费保障上，应当将家庭教育工作经费纳入政府的财政支出，像保证义务教育经费那样保障家庭教育经费在财政经费中有固定的份额。

(三)建立家庭教育指导者队伍

家庭教育政策要落地，必须有人实施，使政策提出的要求得到落实，必须要有一支家庭教育指导者队伍。政府是家庭教育工作的组织管理者、家庭教育指导服务提供的保障主体以及家庭教育指导服务的重要提供者，应当建立完善家庭教育工作的管理体制和机制，为家庭教育指导服务的开展提供政策、标准、财政、人员、奖励等方面的保障。

20 世纪 80 年代初，美国几个教育事业发达的州率先试行"家庭教育指导师"

---

① 骆风、翁元福：《我国台湾地区家庭教育政策法规及其对大陆的启示》，《学术研究》2017 年第 5 期。
② 田辉：《解读日本家庭教育支援政策》，《中国德育》2017 年第 13 期。
③ 黄文贵、周丹、刘雨婷：《日本家庭教育政策的考察与分析——基于中日比较的视角》，《现代远距离教育》2020 年第 2 期。

这一新职业,开始了培养大批理论精深、技能纯熟、充满爱心、乐于奉献的专业家庭教育工作者的尝试,一时之间,各州争相效仿,家庭教育指导师在美国迅速普及①。

《全国家庭教育工作"十一五"规划》提出"推进现代家庭教育理论体系建设,提高家庭教育指导机构和指导专业化水平","加强家庭教育工作队伍建设,开展家庭教育指导者能力培训"。《中华人民共和国未成年人保护法》规定,"各级人民政府应当将家庭教育指导服务纳入城乡公共服务体系,开展家庭教育知识宣传,鼓励和支持有关人民团体、企业事业单位、社会组织开展家庭教育指导服务"。

家庭教育指导服务体系的建立与运转需要大批的家庭教育指导者支撑。政府应当在此方面吸纳境外经验,培养家庭教育指导专门人才,实行家庭教育指导者职业资格制度,民政、市场监督管理、教育等有关部门应当加强对从事家庭教育服务的机构的规范管理。

总之,社会支持对家庭教育来说是一种外部支持,保护第三人利益和社会公共利益是国家介入私领域的正当理据②,但家庭教育终究是由家长实施的,当社会介入家庭教育时,需要明确其相关边界,坚持"支持"的角色,通过各种方式帮助家庭,使家庭有能力履行自己的职责,防止对家庭教育过度干预,以避免家长逃避家庭教育的主体责任,防止政府承揽了自身无法完成的工作,损害家庭教育及儿童的健康发展。政府应当在政策的制定、资金的提供、服务机构质量的监督和评估等方面发挥自身的作用。

---

① 袁淑英:《美国家庭教育指导师历史沿革述评》,《继续教育研究》2014 年第 8 期。
② 马忆南:《婚姻家庭领域的个人自由与国家干预》,《文化纵横》2011 年第 2 期。

第十一章　学校对家庭教育的支持是学校和家庭双向的需求

核心提示：学校对家庭教育的支持是学校和家庭双向的需求，主要包括为家长提供咨询指导、向家长反馈信息和提供家庭教育替代服务等内容。在学校对家庭教育的支持中，家长学校日益受到家校双方的重视和认可，83.7％的受访家长认为家长会是学校提供的最有帮助的支持方式，传统家访逐渐复苏，其重点从信息告知向解决问题和资源共享转变，网络信息平台在家校沟通和家庭教育指导上独具优势，已经成为家校双方日常沟通的主要途径，校内课后托管受到家长广泛欢迎并在全国各地迅速推广，但是仍然存在思想观念有待更新、政策保障和制度规范缺失、教师的专业水平和指导能力不足、某些支持方式的局限性突出、针对性和有效性不高等问题，未来应当针对这些问题进行相应的改进和完善。

一、概述

（一）学校支持家庭教育的内涵

学校教育、家庭教育和社会教育三者密切联系，共同构成有机统一、三位一体的教育系统，合力推动儿童的成长与发展。苏霍姆林斯基曾经说过："只有学校教育而无家庭教育，或只有家庭教育而无学校教育，都不能完成培养人这一极其细致复杂的任务。"①家庭教育与学校教育紧密相连，又彼此区别。一方面，家庭教育是学校教育的基础，在社会系统的诸要素中，家庭对个体的影响是最大的；同时，家庭教育与学校教育在教育对象以及促进教育对象成长和发展的根本目标上是一致的。另一方面，两者在具体培养目标、教育环境、教育者与受教育

---

① ［苏］苏霍姆林斯基：《给老师的建议》，杜殿坤译，教育科学出版社1984年版，第151页。

者的关系、教育者水平、教育内容、教育方式以及教育过程等方面千差万别①。学校对家庭教育的支持是指为帮助和促进家长更好地履行在家庭教育中的主体责任,学校和教师为家长开展家庭教育提供的咨询指导、反馈沟通和替代服务等。这些支持属于家校合作的重要内容,其目标包括直接目标和间接目标两个方面:直接目标主要是指帮助家长建立现代教育观念,端正对子女的教养态度,掌握科学的教养知识和方法,提高家长的教育素养,增进亲子沟通和交流,营造良好的家庭环境、家校关系和共同育人氛围;间接目标即根本目标,是指以培养儿童良好的思想道德、个性品质为主导,促进儿童健康成长和全面发展②。因此,除了对家长和儿童具有重要作用之外,学校对家庭教育的支持还有助于建立融洽的亲师关系、加强家校合作,对于提高教师的教学效率和质量、促进教师的专业发展和提升学校的办学水平也都具有重要意义。在实践中,学校对家庭教育的支持受到体制政策、行政指令、传统文化、社会观念、学校理念、教师的认识和能力、儿童家庭状况等诸多因素的制约③。

(二)学校支持家庭教育的合理性

在家庭教育中,家长是责任主体,应当依法履行教育孩子的职责,严格遵循孩子的成长规律,不断提升家庭教育水平④,学校的支持对于家长实施家庭教育具有重要作用,支持家庭教育也是学校教育本身的需要,因此,家庭教育的学校支持是学校与家庭双向的需求。

第一,家庭教育离不开学校教育的支持。家庭内在地、固有地具备教育功能,随着社会的发展,家庭越来越重视对子女的教育,这种功能的自觉性不断凸显。虽然家庭教育的部分内容和功能逐渐被学校教育和社会教育取代,但总体

---

① 黄河清:《家校合作导论》,华东师范大学出版社 2008 年版,第 27—33 页。

② 沈建平、韩似萍:《学校对现代家庭教育指导模式的研究》,《上海教育科研》2004 年第 3 期。

③ 李松涛:《家庭教育的社会支持研究》,辽宁师范大学 2014 年博士学位论文,第 83—85 页。

④ 《教育部关于加强家庭教育工作的指导意见》(教基一〔2015〕10 号),载中华人民共和国教育部官方网站 2015 年 10 月 16 日,http://www.moe.gov.cn/srcsite/A06/s7053/201510/t20151020_214366.html。

来看,家庭的教育功能日益受到重视并被强化,由此对家长不断提出新的、更高的要求。但是与此同时,家长的教育能力和素质参差不齐,在教育观念、知识和方法等方面存在不同程度的局限,许多家长对家庭教育缺乏理性认识甚至比较盲目,在家庭教育中面临诸多困惑。家长遇到的教育问题也日趋多样,并且许多问题难以自行解决,必须通过不断学习以提升自身素质和教育水平。从社会整体看,家庭教育处于零散、无序的状态,亟须指导和帮助。学校作为专业的教育机构,与孩子的教育和成长关系最紧密,因此,以学校为依托举办家长学校对家长开展教育和指导,是提高家长的家庭教育能力和水平、促进孩子健康成长的必由之路。

第二,为家庭教育提供支持是学校教育自身发展的要求。虽然工业革命以来,现代教育的成就在一定程度上可以说是学校发展的结果,但不可否认,学校的"过度"发展在一定程度上抑制和掩盖了家庭教育的功能①,家庭教育在现代教育中虽然处于从属地位,但具有不可替代的价值和独特的优势。因此,如果想充分发挥教育的功能、实现教育的目标,学校教育与家庭教育必须相向而行,合作互补,实行整合共育。进一步而言,学校教育要想取得更优化、理想的效果,必须向家庭教育拓展和延伸,而且如前所述,家庭教育存在自身难以克服的问题,因此学校必须承担起支持家庭教育的职责,以提高家庭教育的水平和形成教育的合力②。以家长学校为例,它是学校和家长开展合作的重要桥梁和纽带。通过家长学校这个平台,学校既可以向家长宣传学校的办学理念和办学特色,取得家长对学校教育的理解、信赖和支持,以促进学校教育工作的有效开展,也能够帮助家长更新家庭教育观念,掌握科学的家庭教育知识和方法,营造良好的家庭环境,从而实现学校和家庭对孩子的合育。

第三,学校支持家庭教育具有天然的优势。一方面,学校是专门的教育机构,拥有大量从事教育的专业和专职人员,他们熟知儿童身心特点和教育规律,

---

① 黄河清:《失重的家教——试论家庭教育相关因素的嬗变及家庭教育的困境》,《当代青年研究》2002 年第 3 期。

② 李立忠:《让家长更理解教育——学校家庭教育指导的基本理论与探索》,《文教资料》2008 年 9 月号上旬刊。

具备与时俱进的教育理念和丰富的教育知识、经验,掌握科学的教育方法。另一方面,家长比较认可学校教育的权威性,学校在家长心目中拥有较大的影响力,家长对学校的信任度较高。另外,学校与家庭联系密切,教师通常对学生及其家庭的情况了解得比较全面深入,大多家长也有与教师建立良好关系的意愿,这为双方进行深层次的交流和学校对家长的有效支持提供了基础,使学校成为家庭教育的最佳支持主体。本课题组的调研结果显示,如果孩子出现严重行为问题等情况,选择向孩子就读的学校求助的人最多(占79.1%);在政府相关部门、专业组织等各方面的支持中,受访者最希望得到的是学校的支持(占93.1%)。

(三)学校支持家庭教育的形式与类型

一般而言,从形式上看,学校支持家庭教育的方式和途径主要包括家长学校(包括网上家长学校)、家长会、家访、网络信息平台以及校内托管等。当前各地中小学普遍建立的家长委员会虽然也具备家庭教育指导服务的功能,但其本质上是由本校学生家长代表组成,代表全体家长参与学校民主管理,支持和监督学校做好教育工作的群众性自治组织。

从内容上看,学校对家庭教育的支持主要可以分为以下三种类型:第一,为家长提供咨询指导。学校对家庭教育的指导是指各级学校为提高家长的教育素质,利用自身的权威和优势对本校学生的家长进行的家庭教育理论、内容和方法的指导[1],其中引导家长树立正确的教育观念是核心。这是学校支持家庭教育的主要内容,其方式和途径主要包括家长学校、家长会、家访和网络信息平台等。进一步来看,学校为家庭教育提供的咨询指导还可以分为一对一的指导和集体指导、面对面的指导和非当面的指导、主动寻求的指导和被动接受的指导等。近年来,一对一的、主动寻求的指导越来越多,指导的互动性、针对性和个性化越来越突出。第二,向家长反馈学生信息。从信息传递与人际互动、组织间沟通的关系的角度看,信息反馈和沟通是家校合作与学校为家庭教育提供支持的基础;从家庭教育学校支持的内容和功能上看,信息反馈与沟通是学校对家庭教育的一种重要支持,其方式和途径主要包括网络信息平台、家长会和家访等。第三,为

---

[1] 黄河清:《家校合作导论》,华东师范大学出版社2008年版,第37—38页。

家长提供家庭教育替补服务。这是一种替代性和补充性的支持,主要指学校提供的课后托管。学校托管在家校双方之间产生法律上的契约和委托关系,与上述两类支持在性质、产生原因、作用等方面存在明显区别。

二、我国学校对家庭教育的支持情况

(一)指导家庭教育

1. 家长学校:以提升家长素质为核心

家长学校是宣传普及家庭教育知识,提升家长素质的重要场所,是指导推进家庭教育的主阵地和主渠道[①]。家长学校以提升家长及抚养人的家庭教育素质为直接目的,以提高家庭教育水平为办学宗旨,其对家庭教育的支持主要体现为指导功能。这一点从家长学校的性质、办学指导思想和主要任务[②]上亦可得到印证。从性质上看,家长学校开展的家庭教育指导是一种成人教育、业余教育、非学历教育和继续教育,也具有终身教育、社会教育、师范教育和公民教育的性质[③]。

[①] 《全国妇联 教育部 中央文明办关于进一步加强家长学校工作的指导意见》(妇字〔2011〕2号),载中华人民共和国教育部官方网站2011年1月27日,http://www.moe. gov. cn/jyb_xxgk/moe_1777/moe_1779/201105/t20110516_119729. html。根据本文的研究范围,家长学校主要是指小学和初中举办的家长学校。

[②] 相关文件把家长学校定位为宣传普及家庭教育知识、提升家长素质的重要场所,是指导推进家庭教育的主阵地和主渠道;要求以提升家长素质为核心,宣传普及科学的家庭教育理念、知识和方法,组织开展形式多样的家庭教育实践活动,努力提高家庭教育指导服务水平。其主要任务为:面向广大家长宣传党的教育方针、相关法律法规和政策,宣传科学的家庭教育理念、知识和方法,引导家长树立正确的儿童观和育人观;组织开展形式多样的家庭教育实践活动,增进亲子之间的沟通和交流,使家长和儿童在活动中共同成长进步;通过多种形式为家长儿童提供指导和服务,帮助解决家庭教育中的难点问题,提升家长教育培养子女的能力和水平;增进家庭与学校的有效沟通,努力构筑学校、家庭、社区"三结合"的未成年人教育网络,为儿童健康成长营造良好环境。参见《全国妇联 教育部 中央文明办关于进一步加强家长学校工作的指导意见》(妇字〔2011〕2号),载中华人民共和国教育部官方网站2011年1月27日,http://www. moe. gov. cn/jyb _ xxgk/moe _ 1777/moe _ 1779/201105/t20110516 _ 119729. html。

[③] "新时期家庭教育的特点、理念、方法研究"总课题组办公室:《新时期家庭教育研究》,天津社会科学院出版社2014年版,第22页。

（1）家长学校日益受到家校双方的重视和认可

伴随改革开放和教育事业的发展,家长学校在我国各地陆续成立,国家也越来越重视对家长学校的指导和管理。2016年全国妇联与教育部等联合发布《关于指导推进家庭教育的五年规划(2016—2020年)》,提出要在中小学、幼儿园、中等职业学校普遍建立家长学校,到2020年城市学校建校率达到90%,确保中小学家长学校每学期至少组织1次家庭教育指导和1次家庭教育实践活动。目前我国家长学校发展迅速,形式多样,全国各地的小学和中学都建立了不同层次的家长学校。例如,2015年贵州黔西南州全州90.8%的中小学和幼儿园都建立了家长学校。至2018年,广州市辖区内11个区中除了天河区和南沙区,公办学校建立家长学校的比例均为100%,天河区和南沙区的比例也高于90%;而民办学校建立家长学校的比例,海珠区与天河区约75%,白云区、黄埔区、南沙区超过90%,其他区均为100%[1]。

同时,随着社会和家庭对孩子教育问题的逐渐重视,家长日益认识到家庭教育的重要性,参加家长学校活动的热情和积极性也越来越高,这从家长参加家长学校活动的频率中可见一斑。一项对辽宁锦州3所小学(市区、城乡接合部、乡村小学各一所)260名家长的调查显示,全部参加、经常参加和偶尔参加家长学校活动的家长分别占26.9%、38.5%和32.3%[2],只有2.3%的家长从不参加。一项对深圳市500名中小学生家长的调查显示,所有家长都参加过家长学校的活动,其中426名家长(占85.2%)一直参加,经常参加和不常参加的分别占9.4%和5.4%[3]。

此外,家校双方对家长学校的重视也与他们对家长学校教学效果的认可密切相关。第一,家长学校对家长的思想认识和行为习惯产生了较大影响,促进了

① 万华:《落实与创新:广州家庭教育行政管理现状的调查分析》,《教育导刊》2018年第8期。
② 张春菲:《中小学家长学校有效运行的策略研究——基于锦州市三所学校的调查》,渤海大学2018年硕士学位论文,第27页。
③ 肖红球:《中小学家长学校课程设计研究——以深圳市C学校为例》,深圳大学2018年硕士学位论文,第21页。

家庭育人环境的改善。大多家长参加学习后能够进一步认识到家庭教育的重要意义、自身在孩子成长中的重要作用和在家庭教育中的重大责任，不断规范自己的行为，逐渐提高自身的素养。有调查显示，近九成的班主任赞同"开办家长学校有利于提高家长的自身素质、家教水平、家教质量"（89.5％）、"普通学校开办家长学校，有利于提高家校合作水平"（88.0％）[1]。第二，家长学校有效增强了家长开展家庭教育的能力。家长学校深化了家长对家庭教育目标、理念、原则、内容和特点等的理解和认识，帮助他们基本掌握了正确的家庭教育方式方法。例如，许多家长更加关注孩子的思想、心理和注重对行为习惯的养成，更多与孩子平等地沟通交流，给予孩子信任和鼓励。在本课题组的调查中，70.3％的家长认为参加家长学校的学习很有收获。王晓丽针对辽宁抚顺市区小学进行抽样调查的结果显示，通过参加家长学校的各种学习和培训，分别有 39.4％、48.4％、28.3％的家长表示在教育观念、教育方式和教育心态上有很大的收获；61.0％的家长表示自身的家庭教育水平有很大提升[2]。

（2）教学内容与形式渐趋多样化

一方面，根据办学目的和主要任务，大多数家长学校以宣传法律政策，引导和转变家长观念，传授和交流家庭教育知识、方法和经验等为主要教育内容。有学者对河南、四川等五省 15 所家长学校的调查结果显示，教育内容及其占比从多到少依次为家庭教育知识经验（100％）、提高成绩策略指导（100％）、学生安全纪律（87％）、学生品德培养（80％）、家长教育理念指导（67％）、学生文明礼貌习惯（67％）、家校合作（47％）、主题亲子活动（40％）等[3]。也有一些学校针对不同年级的孩子和不同的家庭状况，在教育内容设计上注重接地气和提高针对性，坚持课程设计为家长所需、因材施教，除了使用统一教材之外，结合本地、本校实

---

[1] 戴育红：《广州市中小学家校合作现状与对策研究——基于班主任问卷》，《教育导刊》2018 年第 15 期。

[2] 王晓丽：《抚顺市市区小学家长学校建设现状分析与对策研究》，沈阳师范大学 2017 年硕士学位论文，第 20—21 页。

[3] "新时期家庭教育的特点、理念、方法研究"总课题组办公室：《新时期家庭教育研究》，天津社会科学院出版社 2014 年版，第 24 页。

际,开发和使用校本甚至班本课程,形成了一定的特色。

另一方面,针对不同的对象,根据不同的内容,为提高实效,各地家长学校采用多种教学和活动形式,如安排本校教师讲课,邀请校外专家开设讲座,组织教师与家长互动交流,邀请家教有方、效果显著的家长分享经验,组织家长和孩子共同参与活动以改善父母与孩子的关系等。除了上述常见的方式之外,各地在实践中还不断探索新的形式,例如,沈阳方凌小学组织家长通过角色扮演掌握家庭教育的技巧①;苏州太仓新区第四小学推出家长体验式培训,采取专家引领下的主动体验、同伴影响下的自觉体验、团队合作下的自信体验策略,引导家长转变观念、明确责任②;西宁市北大街小学定期举办"教学开放月"和"家长体验日"活动,让家长零距离接触学校的教育管理和孩子的学习成长,增强家长的家庭教育责任感③;广东北江中学定期编写家教刊物《北中家教》,供家长自学,深受家长的欢迎;安徽师范大学附属小学组织"为国教子"好家长评选,在学校网站展示优秀家长的经验交流文章,以此提高家长参与孩子教育的积极性和教育意识,帮助家长掌握正确的教育方法④。

(3)网上家长学校方兴未艾

我国第一所网上家长学校(以下简称"网校")2005 年在苏州创建⑤,随后得到迅速推广。在有关部门的要求和部署下,2010 年我国掀起网校的建设高潮。网校是网络信息化时代的产物。由于受到时间和空间的限制,信息传播主要采用单向模式,实体家长学校的教学方式和对家庭教育的支持效果存在一定局限,

---

① 商越:《留守儿童的爸爸说:学校教的办法真管用》,《辽宁日报》2018 年 3 月 26 日,第 6 版。

② 高枫:《家长学校的办学思考与创新——基于太仓市新区第四小学家长体验式培训分析》,《华夏教师》2017 年第 11 期,第 8 页。

③ 杨榕:《丰富家长学校活动 努力形成自身特色》,《青海教育》2017 年第 7—8 期,第 82 页。

④ 彭玉蓉:《致力办好家长学校 形成家校育人合力》,《内蒙古教育》2018 年第 6 期,第 118—119 页。

⑤ 黄贤君:《苏州推出家庭教育课程项目 50 所学校先试点》,载人民网 2015 年 11 月 26 日,http://js. people. com. cn/n/2015/1126/c360307—27188024. html。

而借助互联网技术,家长学校从实体世界延伸到虚拟空间,不仅能向家长提供实时的指导、与家长保持双向互动,而且有利于家长实现自主学习、按需学习,对于提升家长学校的教学效率、改进学校对家庭教育的支持具有重要意义。

目前我国网校的形式多样,举办主体包括各级有关部门、社会公益组织、企业等,例如,苏州网上家长学校隶属苏州市家长学校总校,在其领导下开展工作,由苏州市教育局、苏州市妇联、江苏移动通信有限责任公司苏州分公司、苏州市东大智能系统工程有限公司四方组建;湖南省网上家长学校由湖南省妇联向湖南教育出版社家校共育网授牌建立。根据使用终端的不同,网校包括基于 PC 网站平台和基于手机移动平台两种。值得注意的是,近年来随着媒体的融合发展,各地陆续推出家长学校全媒体平台。例如,2018 年 5 月 3 日,浙江开通"浙江家长学校"全媒体平台,首批 200 多个关于家庭教育的省级优质课程资源在平台免费上线,首批聘请的常驻专家通过创建名师空间、打造名师课程、传播名师理念,更好地与家长互动,及时解答家长疑问。同时,浙江还倡导全省中小学、幼儿园的线下家长学校建立网上家长学校,融通省级平台和本校资源,打造家庭教育校本网络课程,展示优秀家长育子心得,以提升家长的教育能力和水平[1]。

网校开展教学的方式以线上指导咨询为主、线上线下相结合,经过近些年的建设,目前我国网校提供的服务内容与形式比较丰富和完善,保持较高的日均访问量,已经成为不断提高家长素质、促进和支持家庭教育的重要载体。以苏州市网上家长学校为例,其内容大致包括以下几种类型:第一,家校沟通。"家校路路通"板块让家长与教师能够实时、快捷地互动交流,互相反馈孩子在家或在校的情况;该板块的访问量占所有一级栏目访问量的 32%,是家长在网校使用最多的栏目和功能。第二,家长教育。"父母课堂""专家在线(讲座)""家教百花园"等栏目和内容利用专家资源为广大家长提供指导和帮助。我国大部分网校都设立了单独的专家板块,为家长提供家庭教育理念、知识和方法等指导,有的网站还按年龄、年级等对教育内容进行划分,如全国网校按年龄设立家教指导、河南省网校按年级设立家教课堂。第三,咨询。"说句心里话""德育天地""健康顾问"

---

① 蒋亦丰:《浙江发布"数字家校"全媒体平台》,《中国教育报》2018 年 6 月 2 日,第 3 版。

等栏目和内容为家长和学生提供有关教育、学业和心理等方面的咨询服务。第四,亲子教育。"活动专题"等栏目和内容围绕传统节日等主题开展线上线下活动,通过亲子互动加强孩子与家长的情感交流。第五,学生自学。"自主学习"等栏目和内容为中小学生提供学习辅导与帮助,增强学生的自学能力[①]。

2. 家长会:最有帮助的支持方式

根据《实用教育大词典》的定义,家长会是学校同家长联系的一种形式,是学校和家长互通信息,统一思想和认识,共同对学生进行教育的重要形式[②]。在本课题组的调研中,家长认为在教育子女方面,家长会是在学校提供的支持中最有帮助的方式,选择的比例达到83.7%。家长会具有指导家长学习、促进家校共育、构建积极的亲子关系和师生关系等多重功能[③]。与家长学校相比,家长会对家庭教育的指导更具针对性。在家长会上,老师和家长除了交换信息之外,班主任或教师通常会与家长交流有关家庭教育的理念和观点,向家长讲授教育学、心理学等相关知识及科学的教育方法,或者针对具有共性或个别化的问题,对家长开展家庭教育提出建议;家长也会向教师请教和咨询在教育子女中遇到的问题和困惑。

(1)绝大多数家长非常重视家长会

出于对子女教育和成长的重视,绝大部分父母都会亲自参加家长会,如果遇到实在无法脱身的特殊情况,通常也会请祖辈或者其他人代为参加。

在家长会召开的过程中,"教师讲、家长听和记"是常见现象。这也从另一个侧面说明,多数家长只是被动地来"听"家长会,缺乏作为参与主体的主动意识。当然,也有部分家长是家长会的积极参与者。

为了构建更加信任、积极的师生关系和亲子关系,有些学校也邀请学生参与进来,举办教师、家长和学生"三位一体"式的家长会。不少家长认为在举办一些特殊主题的家长会时,如有关考试政策改革或学校改革的家长会,如果请孩子一

---

①　王华平:《网上家长学校的运行状况研究——以苏州市网上家长学校为例》,江苏大学2017年硕士学位论文,第12—19页。

②　王焕勋:《实用教育大词典》,北京师范大学出版社1995年版,第196页。

③　刘迪:《家长会的三重功能及其发挥》,《教学与管理》2019年第2期。

同参加效果会更佳。

(2)专题家长会、体验式家长会渐受青睐

为了增加家长的参与度和家长会的有效性,促进家庭教育和家校合作,许多学校近年来与时俱进,不断探索创新,家长会的内容逐渐丰富和多元化,例如有的学校以"减少学生肥胖率""手机综合征应对""家务劳动习惯养成""正确使用零花钱"为主题,有针对性地举办专题家长会。

威海市第二实验小学为一年级新生家长量身定制"开胃式"家长会,让家长了解学校"个性"。每年8月底,学校邀请即将入学的一年级"新丁"与父母一起走进校园,走进五彩缤纷的特色课程展示区。在老师和学生志愿者的带领下,"新丁"和父母边看边提问,依次走过乐高、科学实验、硬笔、软笔、折纸、不织布、儿童画、版画、软陶机器人、乒乓球等展示区,大家对特色课程成果赞叹不已。接着,孩子们和父母一起走过象征成长与欢迎的红毯,在"亲子签名墙"写下自己的名字——我是一年级小学生啦!不同形式的亲子签名,表达着孩子们和家长的激动与骄傲。之后,孩子们走进一年级教室,找座位坐下来,家长们则和班主任、任课老师坐在一起,聊一聊新生入学后家长们关注的问题和新学期孩子的准备工作。班主任围绕新生习惯培养与家长进行沟通交流,任课老师则针对家长普遍关心的热点问题,如小一"零起点"、学科素养与孩子发展的关联程度、低年级无书面回家作业、如何规范写字等等问题一一作答。

学期中或学期末年级家长会由学校年级家委会与年级组协作、自主安排。各级部结合年段特点,自主选择家长会内容和形式,实时解决家长关心、疑虑的各种问题。经过多年实践,学校形成了特色元旦家长开放日,以"自助式"家长会欢迎家长的到来。例如,四年级家长会以"亲子互动,体验多元课程"为主题,家长和孩子一起体验包括科学、音乐、体育、美术、微机、书法等九门学科在内的学习活动。课程体验特设A、B两个课程套餐,由孩子和父母协商选择最喜欢的课程,亲子重温校园学习生活。家长或与孩子一起参加汉字书写大赛,或与孩子一起体验仰卧起坐,从中感受孩子丰富多彩的课程学习生活,感受亲子一起学习的乐趣,萌生了要和孩子一起学习的愿望。年级"自助式"家长会立足于不同年龄段孩子的差异,家长们参与听课,亲身体验,更加了解孩子的成长规律,每个阶段应该注意哪些问题,需要家长做好哪些配合工作。家长们对此有了更深刻的认识,乐于更新教育理念,与孩子共同成长①。

这种体验式家长会近年来得到日益推广,教师可以根据家长学习和家庭教育的需要,利用体验式心理技术,在团体动力的推动下,围绕教育主题开展体验、成长和学习活动。这种形式有利于家长在互动交流中更新教育理念和教育方式,掌握基本的家庭教育技巧,更能激发其参与教育的热情,是实现学生、家长、教师"三赢"的有益探索②。

(3)效果立竿见影

作为家校交流和合作最常用的一种方式,家长会无论在形成家校教育合力还是在促进家庭教育上都发挥了重要作用。特别是家长开展家庭教育的态度、方法和学生的学习状态,在家长会举行前后大多会有一定的改变。

约94%的参加家长会的家长回家后会与家人讨论商量,共同分析在孩子教育上存在的问题,进而总结和改进自己对待孩子的态度和教育方法③。这个统计结果与一项对包括小学和中学的班主任的调查结果相近。在该调查中,有75.5%的班主任认为家长会的效果好④。而在另一项对小学三、四年级学生的家长的调查中,关于"您认为本学期的家长会对您理解孩子成长所产生的效果",有47.2%的家长选择了"非常有用",48.3%的家长表示"比较有用",可见超过95%的家长比较肯定家长会对于家庭教育的积极作用⑤。

3. 家访:一对一的上门指导

家访是教师对学生家长进行的有教育性质的访问,宣传有关政策和知识、指

① 袁明玉:《威海市第二实验小学:新型家长会增进家校合作》,《中小学德育》2016年第3期。

② 孙佳:《体验式团体教育模式在家长会中的实践》,《江苏教育》2017年第9期。

③ 龚慧:《初中家长会的现状调查与对策研究——以上海市S中学为例》,上海师范大学2019年硕士学位论文,第27—28页。

④ 戴育红:《广州市中小学家校合作现状与对策研究——基于班主任问卷》,《教育导刊》2018年第15期。

⑤ 赖雯雯:《家长会应关注学生的成长需要——基于上海市三区小学三、四年级家长会的调查研究》,华东师范大学2013年硕士学位论文,第32—35页。

导家长开展家庭教育是家访的一项重要任务。教师在家访过程中可以引导家长改变家庭教育理念和改善亲子关系,增强家长的教育责任感,调动家长加强家庭教育的积极性,发现家庭教育中存在的问题,向家长传授家庭教育正确的知识和方法,指导解决家长在教育中遇到的难题,帮助家长反思、总结家教实践,为家长开展家庭教育提供指导和帮助。根据访问对象和内容的不同,家访分为两种主要类型:常规家访和重点家访。前者是对多数学生家庭的普遍访问,因此也称为"普访";后者是为深入了解和有效解决某些具体问题而对部分学生家庭有所侧重的访问。

(1)传统家访复苏

教师家访是我国一项优良的教育传统。但是,随着教师的工作量和学生的学习任务的不断增长,加之经济发展带来的人口流动频繁、工作和生活节奏的加速、家长学校的兴起、家访经费制度的不完善等因素,教师家访的积极性逐渐下降。进入 21 世纪,以计算机、微电子和通信技术为主的信息技术革命让通信日益便捷,教师和学生家长越来越多地使用电话、网络等方式进行交流和开展电子家访,上门入户的面对面交流逐渐减少,传统家访日渐淡出人们的视野,甚至有人认为传统家访已经过时,电子家访将取代传统家访[①]。电子家访是指教师运用现代通信工具和网络交流方式与学生家长联系和交流,共同探讨学生教育、促进学生发展的活动。电子家访操作便捷、形式灵活、互动实时高效,交流具有较强的平等性和针对性,因此在现实中得到普遍运用,对传统家访形成巨大冲击。但是,由于电子家访存在缺乏深度的情感沟通等弊端,代替不了面对面的交流和实地的踏访,因此随着人们对电子家访理性反思的深入,传统家访从衰微中复苏,其价值重新受到教育部门和学校的重视。近年来,教育部和上海、北京、湖北和江西等地出台文件,组织了"千名教师进万家""万名教师大家访"等活动,重新倡导或要求班主任和任课教师进行家访,其他省市也纷纷重拾家访。

有些地方教育部门或学校规定了家访的频次,例如,2005 年深圳南山区教育

---

① 刘洁云:《我国教师家访制度的时代变迁及发展趋势研究》,西北师范大学 2015 年硕士学位论文,第 1—32 页。

局明确要求教师进行家访,各学校陆续制订家访计划。一些学校硬性要求班主任一周至少要对一名学生进行家访,一个学期需完成对班级所有学生的家访①。大多规定家访的学校都要求教师在家访后填写统一的工作记录表,有的还要求拍照存档。在近年来传统家访的回归中,各学校鼓励或要求任课教师以及学校领导都参与到家访中。这样一方面有利于学校和教师树立全员育人的观念,另一方面能够减轻班主任的工作量,扩大家访的覆盖范围,为受访学生和家长提供更加全面的支持。

(2)家访内容转向解决问题和家教指导

在家访中,教师会与家长交流对孩子的期待和看法、家庭教育的理念和方法,如父母在孩子教育上的分工等。一项对某学校1998年和2014年家访制度文本有关家访内容规定的分析显示,16年间教师家访从信息告知型转变为问题解决型和资源共享型,内容要求中增加了对家庭教育情况的了解、协调学生与家长的关系、与家长协调实现对学生的共同教育等。

W学校1998年的教师家访原则是普遍性、主动性、经常性、科学性;2014年的家访原则是目的性、关怀性、情感性、教育性。1998年的家访内容包括向家长反馈学生在校的学习、生活、纪律、思想品德等情况和向家长了解学生的家庭状况、成长环境及在家的思想状况、学习习惯、生活习惯和个性特征等方面;2014年的家访内容包括学生在校实际情况汇报,学生在家实际情况询问,了解学生家庭的结构、经济状况、环境、教育等情况,与家长协调共同教育学生的措施、方法和手段,协调学生与家长的关系,联络教师与学生、学生家长的关系等方面。②

作为课堂的延伸,家访把教育送到家里,把教育理念和教育方法传递给家长,因此能够及时纠正和有效促进家长的家庭教育实践。

因和父母关系紧张,学生刚刚出现厌学和漠视纪律的情况。魏亚丽知晓后,先做了一次家访,和家长分析原因,引导其改变教育理念和方式,多了解孩子需

① 周敏、欧阳四平:《深圳南山区教育局要求老师家访:每学期一次家访》,《羊城晚报》2005年10月20日。
② 刘洁云:《我国教师家访制度的时代变迁及发展趋势研究》,西北师范大学2015年硕士学位论文,第44页。

求,尊重孩子,给孩子表达的机会;她跟刚刚促膝交流,告诉他父母的良苦用心。一有空,魏亚丽就与刚刚和父母沟通,使他们的亲子关系渐渐有了改善。她还邀请刚刚父母到校,参与班级活动,了解孩子优秀一面。后来,刚刚在学校的表现愈发良好,回家也主动干家务,校园趣事成为他们饭后的谈资,一家人和睦相处,其乐融融。刚刚父母欣慰地对魏亚丽说:"孩子交给你们,我们放心!"[1]

(3)家访形式与时俱进

为了使家访更富有成效,有些教师在家访前向学生和家长发放家访预约联系单,请家长填写方便的家访时间和地点。预约家访能够让家长自由选择家访的时间,妥善安排工作和生活,有效解决教师与家长的时间冲突,使家访的地点变得灵活,形式也更加自主。同时,有些教师在预约联系单里设立"家长所问"一栏,家长可填写在家访中希望解决的问题或得到的帮助。教师在回收联系单后可仔细了解家长的需求,在有限的时间里最大限度地满足家长需求、解答家长的困惑,实现送"教育"到家,送"指导"上门[2]。

此外,有些教师采用"同伴互助"的方式,带着学生一起去家访。到达被访家庭后,教师可以根据实际情况决定是否与家长单独交流,如果的确需要孩子离场,其他学生可以起到陪伴孩子的作用。孩子同伴的到来使被访家庭的家长能够更轻松、深入地与教师交流,并且有利于促进学生之间的情谊和互相学习。

暑假过半,我开始考虑家访事宜。由于男孩 Y 一年级下学期状态波动比较大,我想和他家长好好聊一聊,而对于暑假积极阅读课外书的小 A 等几个同学,应该给予鼓励。于是,我和家长约定,逐户接上小 A 等人,带着他们去 Y 家家访。一路上,小 A 等人很激动,我提醒他们在同学家要文明做客。来到小 Y 家,由于近一个月没见面,几个孩子很是开心。我引导他们互相交流暑假作业完成情况,一起做数独游戏、交流阅读的书籍……当他们在小书房尽情阅读时,我与 Y 的父母在客厅深入交流,寻找造成孩子状态不稳定的可能因素,了解家长的困

① 《照亮人生旅途的明灯——记山东省潍坊商业学校教师魏亚丽》,载中国教育新闻网 2020 年 8 月 13 日,http://www.jyb.cn/rmtzcg/xwy/wzxw/202008/t20200813_351141.html.

② 杨志娟:《小小家访预约单,让家访更贴心》,《科学大众(科学教育)》2019 年第 4 期.

惑,也提出我的建议。①

4. 网络信息平台:即时咨询与指导

网络信息平台(以下简称"信息平台")是指为实现学校、教师和家庭及学生之间快捷、实时、有效的交流和合作,基于计算机、互联网、无线通信和移动终端和应用软件等的现代信息化平台,具体包括各类家校通与校讯通、电子邮件、QQ、微信、博客、网页、短信等。需要说明的是,家校双方利用这些平台进行的交流和沟通包含网上家长学校的指导与电子家访②,因此下文主要讨论除网上家长学校以外,在信息平台上家校双方不以家访为目的的联系和学校对家庭教育的支持。

进入 21 世纪以来,以数字技术和网络技术为基础的信息化在世界范围内迅速推进,极大地改变了人们的工作、生活和学习方式,使人与人之间的交流越来越便捷,工作和生活节奏也越来越快。教育作为人类社会生活的重要组成部分,数字化、网络化、信息化也深刻地改变着其内容、形式和成效,信息技术也对家校合作和家庭教育指导产生了深远的影响。当前基于信息平台的家校合作蔚然成风,即时通信工具在许多中小学甚至成为家校联系的主要途径,信息化成为未来家校合作和家庭教育指导发展的必然趋势。

依据展示方式的不同,现有的家校合作信息平台可以分为三种类型:第一,基于电信网络的家校信息系统,以中国移动、电信和联通推出的家校通、校讯通等为代表,主要以电话语音业务、移动网络技术、SMS 技术为基础,将学生的到校与离校状态通过短信告知家长,学生可以与家长通过移动终端进行语音通话,家长与教师也可通过短信相互沟通。第二,基于 WEB 系统的家校信息系统,用户可通过 WEB 页面来发布和获取信息。学校和教师借助 PC 网络把信息发布到

---

① 朱湘妹:《同伴互助,家访尴尬的润滑剂——从"带着学生去家访"想到》,《教学月刊·小学版》2019 年第 3 期。

② 如果把网络信息平台看作一种技术和工具,则它是现实世界的家长学校、家访等家校合作在虚拟空间的延伸,如网上家长学校之于实体家长学校、电子家访之于传统家访;如果从对传统家校合作方式的替代和实际使用情况来看,则网络信息平台是学校支持家庭教育的一种形式和途径,而且日趋重要。

指定的网站上,家长注册、登录网站后可以查看学生的在校情况、校方的通知、教育资源等信息和内容,并可表达自己的看法和展开讨论。第三,基于移动客户端的家校合作平台,以智能手机为显示载体、以手机 APP 为展示形式,与前两种系统相比,具有费用低、实时性和便携性强、功能多元化、展示形式丰富等优势。因此近年来,前两种系统纷纷开放数据接口,为移动 APP 提供数据查询资源,特别是基于微信和 QQ 的信息平台目前积累了大量的用户①。

(1)微信的使用频率独占鳌头,网站和博客成明日黄花

一项对广州市 2000 多名中小学班主任的问卷调查显示,在电话联系、家长会、家长来校、传统家访等家校合作与交流方式中,网络即信息平台的使用率名列前茅,并且普及率和使用强度仍在不断上升,家校双方往往只有在学生出现比较严重的问题时才会采用面对面的交流方式。进一步分析发现,各种形式的信息平台近年来在不同地方甚至不同学校的应用程度有所不同。2015 年至今,虽然教师和家长的选择有些出入,但总体而言,微信(包括微信群和微信公众号)的普及率迅速上升,目前在许多学校占据第一的位置;电话的使用率比较稳定,一直在高位徘徊;QQ 和家校通、校讯通的使用率逐年下降,但目前应用仍比较广泛;短信和电子邮件等使用率较低,并且日益减少。可见,教师和家长对信息平台的应用情况与近年来我国民众日常使用信息平台的情况一致。此外,大多数学校的官方网站主要承担对外宣传的功能,尽管有些学校设立过专门的家校互动板块、栏目或专题论坛,但因使用不便等原因,基本处于闲置甚至空白状态。博客包括个人博客、班级博客、学校博客等,可以上传发布、共享和积累有关家庭教育的信息与资源,在应用之初曾受到教师与家长的推崇,但因使用局限,也逐渐退出家校沟通和家庭教育指导交流的舞台②。

(2)信息平台对家庭教育的指导优势独特

与传统的家校联系和学校对家庭教育的指导方式相比,信息平台具有明显

---

① 吴佳兴:《基于安卓平台的家校合作移动端的设计与实现》,沈阳师范大学 2017 年硕士学位论文,第 5—6 页。

② 戴育红:《广州市中小学家校合作现状与对策研究——基于班主任问卷》,《教育导刊》2018 年第 15 期。

的特点和独特的优势。第一,交流和指导从单向传递向实时互动转变。信息平台让随时随地的交流指导成为可能和常态,提高了家庭教育指导的效率和频率,扩展了指导的范围;同时,信息平台因其便捷性减轻了教师的负担,也因其平等性、"一对一"让教师越来越容易获得和重视来自家长的反馈,增强了指导交流的针对性和实效,并且可能促成教师更多地审视和反思自己的教育理念、行为和效果①。第二,交流和指导的形式多样化,内容更加丰富。信息平台为教师和家长提供了微信、QQ、短信等众多的交流渠道,也提供了文字、语音、图片和视频等多种形式,同时,信息平台开放、互动和共享的特征可以极大丰富平台上的家庭教育相关内容。第三,家长的参与度和接受度显著提高。以上两个方面的优势和作用,加之信息平台的虚拟性及互联网的匿名性,让越来越多的家长产生更加强烈的在信息平台上参与家校合作和寻求、接受家庭教育指导的意愿②。有调查显示,54.21%的家长直接表示通过信息平台,自己在教育子女的理念和方法上学到了很多③。

信息平台的内容大致可分为五种主要类型:①宣传类,如校方对学校理念、特色、办学成绩的介绍和重要活动的新闻等;②通知提示类,如学校有关工作和活动的通知、作业布置、教学计划、近期注意事项等;③信息与意见交流类,如家校双方对某一问题的沟通、对某项工作的讨论与反馈等;④分享类,如校方发布的和家长转发的介绍家庭教育知识、方法的文章等;⑤问候类,如家长和教师之间的相互问候。总体上看,学校网站和家校通、校讯通等平台以第一类和第二类信息为主,而在微信和QQ等即时通信平台上更多的是后四类内容。

借助信息平台,学校和教师可上传和发布各种教育资源,提供家庭教育指导意见、推荐家庭教育方法等,家长也可通过信息平台寻求和接受家庭教育指导与

---

① 陈明龙、傅敏:《家校合作——教师专业成长的新视角》,《教育科学论坛》2010年第4期。

② 王文超:《新媒体环境下影响家校互动成效的因素分析与对策研究——以南京市T中学为例》,南京师范大学2017年硕士学位论文,第17—19页。

③ 张媛媛:《基于网络平台的小学家校合作现状的调查研究》,河北师范大学2019年硕士学位论文,第27页。

帮助、进行亲子沟通。有调查显示,关于学校或教师在信息平台上开展的家庭教育指导,86％的家长认为提供了学习辅导方向的信息,75％的家长认为推荐了有关亲子阅读和家庭教育方面的书籍,71％的家长认为推荐了教育网站及教育专家的信息,36％的家长认为提供了兴趣班方面的信息。可见,在信息平台的家庭教育指导中,学校主要以提升学生成绩和家长的教育理念为出发点[①]。值得注意的是,相对于其他方式,信息平台对于家庭教育的支持在内容上有其独到之处——所有家长都可以成为家庭教育知识的生产与传播主体,与学校一起形成学习共同体,进行家庭教育的知识共建、共享、交流和创新。家长之间家庭教育经验和知识的共享与交流,不仅能够弥补学校单方面家庭教育指导的不足,而且能够生动重现家庭教育情境,将难以说清的亲子关系、父母的教养方式形象地加以外显。这类实践性知识将大大拓宽家庭教育理论的研究场域[②]。

(二)信息反馈与互动交流

1. 信息平台:家校日常沟通的主要途径

信息交流是信息平台首要的、最基本的功能,信息平台是当前家校沟通中使用最频繁的工具,在作业布置与完成、注意事项提醒、一般活动和常规事件通知、学生常见情况反馈等问题上,教师都倾向通过信息平台与家长联系。

(1)信息平台主要用于家校双方的日常信息传递

虽然教师可以利用信息平台为家长进行即时的咨询指导,但实践中信息平台主要用于上述日常信息的沟通。而且虽然家校双方都希望通过平台交流一些先进、科学的教育子女的知识和方法[③],但在实际交流中,双方沟通最多的首先是

---

① 胡晓方:《基于信息平台的家校合作问题研究——以芜湖市 Y 小学的调研为例》,安徽师范大学 2018 年硕士学位论文,第 26 页。

② 郁琴芳:《Web2.0 环境下家校合作的新趋势与新策略》,《上海教育科研》2019 年第 1 期。

③ 孟杰:《新媒体支持下小学家校合作方式的调查研究——以天津市 W 小学为例》,天津大学 2018 年硕士学位论文,第 31 页。

孩子的学业问题[①],其次是孩子的思想行为表现,换言之,信息平台主要以学生的教学安排和班级管理事项为主(见图 11—1),对于家庭教育的指导交流较少。

我与好学生的家长是没有什么联系的,无非说几句表现很好,没什么意义。主要是将表现欠佳学生的在校情况告知家长,使家长能进行及时的教育和纠正。具体怎么教育我们也不好干涉,每个人都有他自己的想法,家长也不是我们的学生,不好说什么的,特别是个别家长有他们自己的想法的。除非个别家长向我咨询孩子这样的情况该怎么解决,我会根据经验或者一些教育理论给家长们分析一下。[②]

另一项调查结果与此结论基本一致。该调查显示,对于"您认为信息平台交流的主要内容包括哪些",在学生的学习成绩、作业、在校表现、在校生活情况、兴趣和特长、个性和性格、学生的作品或活动展示、亲子阅读和家庭教育资料、班级事务公开、其他家长的育儿心得、学校管理制度、儿童的身心发展规律、有关孩子培养的教育理论、教学要求和内容及计划 14 个选项中,家长(教师)的选择比例分别是 100%(100%)、100%(100%)、100%(100%)、100%(15%)、93%(65%)、87%(25%)、82%(100%)、71%(75%)、59%(15%)、51%(10%)、33%(100%)、26%(25%)、17%(25%)、13%(10%)[③]。可见,信息平台在家庭教育指导上发挥了一定功能,但主要用于家校间的信息沟通,家校双方对家庭教育的关注度并不高。放眼信息平台的内容,家庭教育指导交流只占一小部分。这也与本课题组的调研结果相符:统计显示,在对教育子女提供帮助的作用上,家长认为家校信息交流(微信、公众号等)在学校为家庭教育提供支持的各种方式中排名第二,位于家长会之后。信息平台的使用频率虽然很高、在家校联系中非常重要,但与家长会相比缺乏对家庭教育的直接指导和面对面的交流效果,因此家长认为对家

---

① 这也从侧面反映了当前素质教育的目标与应试教育的现实之间的差距。陈君:《网络环境下家校合作现状与改进策略研究——以扬州市 Y 小学为例》,扬州大学 2018 年硕士学位论文,第 19—20 页。

② 林小芬:《基于网络社交工具的小学家校合作研究》,上海师范大学 2017 年硕士学位论文,第 50—51 页。

③ 张媛媛:《基于网络平台的小学家校合作现状的调查研究》,河北师范大学 2019 年硕士学位论文,第 23 页。

图 11-1 某班级 QQ 群聊天的主要内容

庭教育提供的"帮助"不如家长会。

(2)信息平台已经成为家校沟通的主渠道

从理论上讲,某种工具的应用程度与其使用效果或感受密切相关。信息平台的特点与优势使家校沟通更加便利、高效和多样化,弥补和发挥了其他方式没有的某些功能,其效果获得了教师和家长的广泛认可,这也正是信息平台的应用程度近年来超过传统家校联系方式、成为家校沟通的主要途径的原因。

"一定要把孩子的情况拍照给家长看,特别是这种在学校表现不好、打架伤人的事情。这是为了让家长重视起来,不然就我们嘴上说说,家长会觉得我们言过其实。其实拍照片也是为了给孩子们一个威慑,我会把不好的情况实录给家长们看,让家长们好好教育。这样,我们教师与家长一致地对孩子进行引导,效果能更显著。"班主任表示。

班上有一位学生特别爱发脾气,一直以自我为中心,只要有什么不合自己心意,就会大发脾气、撒泼、吼叫。最初的时候家长还不以为然,后来通过班主任和任课老师将他在学校的表现拍成视频传给家长以后,他们意识到自己的孩子已经严重影响到上课的秩序,也惊讶于孩子在学校的表现竟然如此恶劣。此类出乎教师和家长意料的表现情况,若不是实时录播的话,确实难以令人信服。这些都很难以言语表达,说得严重或者不恰当,家长会认为教师夸大其词,如果把真实状况展现在家长面前,那么家长也就能认识到问题的严重性了。果然,父母在收到视频后感到震惊和愧疚,及时向班主任表示歉意,并主动提出与班主任沟通,商量如何一起来"改造这个不听话的孩子"。[1]

绝大多数教师和家长都对基于信息平台的家校合作和家庭教育指导交流方式表示满意,少数不满意者主要是针对信息平台的内容而非平台本身。有调查显示,所有家长都认为信息平台使家校沟通、交流更加及时,83.16%的家长认为信息平台让自己和其他家长交流更密切,74.26%的家长认为自己与教师能更平等地对话和交流,67.75%的家长认为教师更主动地与自己沟通,54.5%的家长认为丰富了家校合作方式且家长和老师交流更加密切。因此,借助信息平台的沟通为家长获得更多的家庭教育支持提供了基础[2]。

2. 家长会:传统家校合作交流的主要方式依然备受欢迎

在我国,家长会是教师与家长交流和沟通使用的最早和最频繁的形式,是适

---

① 林小芬:《基于网络社交工具的小学家校合作研究》,上海师范大学 2017 年硕士学位论文,第 32 页。

② 张媛媛:《基于网络平台的小学家校合作现状的调查研究》,河北师范大学 2019 年硕士学位论文,第 27 页。

合中国国情的沟通学校与家庭的一个有效途径①。作为学校与家长交流的桥梁，家长会这种传统家校合作的形式，在今天仍然受家长欢迎。

（1）家校双方都希望通过家长会充分交流

在今天这样联系和沟通已经网络化、电子化的信息时代，中小学仍然非常重视家长会的工作。一项对广州市2000多名中小学班主任的问卷调查显示，98.6％的班主任表示经常采用"召开家长会"的家校互动沟通方式，其在6种传统方式中位居第三，仅次于"电话联系家长"（99.5％）和"家长来校咨询面谈"（98.7％）②。如前所述，在本课题组的调研中，家长会被家长认为是学校对家庭教育最有帮助的支持方式，究其原因，既是因为在家长会上教师可以为家长提供有关家庭教育的咨询和指导，也是因为家校双方通过家长会可以面对面直接地、比较充分地交换信息和交流想法。当然从信息沟通和家教指导的关系来看，两者是密不可分的，前者是后者的基础，后者是前者的目的之一。

大多学校每学期至少举行一次全体学生家长会，有的学校随着学生年级的增长，家长会的召开频次也有所增加，特别是毕业班家长会的频率通常更高一些。一项对上海市闵行、松江、浦东三区的6所小学的抽样调查显示，中心区域一学期的家长会次数大多为2次，基本能满足家长的需要；偏远区域每学期家长会次数大多为1次，与家长的希望相比频次偏少③。关于家长对于家长会举办频次的期望，另一项调查的结果与此相近：60.92％的家长希望每学期能组织2次家长会，甚至一些家长希望每学期能举行3次及以上家长会④。

在家长会举办时间的选择上，教师习惯于在期中特别是期中考试后举行，以便与家长沟通学生的学习情况和在校表现，同时对下半学期的工作做出安排。根据现实需要，在期末考试结束后、寒暑假开始前，发生突发事件时或举行重大

① 刘秀英：《家长会新模式的行动研究》，《教育科学研究》2010年第7期。
② 戴育红：《广州市中小学家校合作现状与对策研究——基于班主任问卷》，《教育导刊》2018年第15期。
③ 赖雯雯：《家长会应关注学生的成长需要——基于上海市三区小学三、四年级家长会的调查研究》，华东师范大学2013年硕士学位论文，第32—33页。
④ 龚慧：《初中家长会的现状调查与对策研究——以上海市S中学为例》，上海师范大学2019年硕士学位论文，第17—19页。

活动前,以及在开学初,许多学校也会召集学生家长来开会。家长会的时间长度在实践中通常为两小时左右。对此,大部分家长认为与班主任和任课教师的交流时间不太充分,而与学校行政领导交流的时间都比较充足[①]。

(2)学生的学习和表现是沟通的主题

常规家长会的主要内容除了家庭教育指导外通常包括:一方面,班主任和任课教师向家长介绍学校和班级的概况,报告学生近期的学习成绩与在校表现,通报下一阶段的教学安排,并对家长提出希望和建议等;另一方面,家长向教师反馈学生在家的情况,提出自己的想法和建议等。

有调查表明,实践中教师在家长会上讲得最多的是"学生行为习惯及在校表现""家庭教育指导""学生学习成绩"等,其中,第一项和第三项内容也是家长最想了解的。另外家长还迫切想了解"学生心理和身体素质"的相关情况,但并不重视"家庭教育指导"的相关内容[②]。按期望值从高到低排序,家长期望的家长会的内容或形式依次为班主任和家长交流班级情况和学期工作,任课教师介绍学生学习情况和学习经验,专家就某一主题举办讲座,校领导介绍学校情况和近期工作,学生在校学习、生活的展示,家长针对学生普遍遇到的问题开展专题讨论或个案分析,家长的提问和发言,家长代表或学生代表介绍经验,某一主题活动如学生文艺汇演、军训等的讨论和动员[③]。

为了改善家长会的效果,增强家校合作的合力,实践中不少学校不断探索,在家长会的形式上推陈出新,举办茶话会座谈式的家长会、亲子互动式家长会(如组织毕业班的学生和家长一起来到户外开展各种游戏、活动,释放学生和家长的压力,增进亲子之间的情感)等,或者组织家长接待日,由班主任或任课教师与家长面对面进行个别交流和探讨。

---

① 赖雯雯:《家长会应关注学生的成长需要——基于上海市三区小学三、四年级家长会的调查研究》,华东师范大学 2013 年硕士学位论文,第 70 页。
② 龚慧:《初中家长会的现状调查与对策研究——以上海市 S 中学为例》,上海师范大学 2019 年硕士学位论文,第 21—22 页。
③ 赖雯雯:《家长会应关注学生的成长需要——基于上海市三区小学三、四年级家长会的调查研究》,华东师范大学 2013 年硕士学位论文,第 35—37 页。

自初一入学开始,家长们都很关注孩子几个月以来的学习与生活情况,也想更深入了解教师的教育教学理念。特别是笔者所在的学校还是一所全寄宿制学校,家长们心里有一定程度的担心,初次把孩子送到学校后他们能不能适应教师的教学风格? 能不能与同学友好相处? 能不能更好地适应全寄宿学校的管理?所以,家长们更多是带着疑问和"考察"的心态来参加家长会。家长们一看几个月以来自家孩子与教师的相处与融洽情况,二看学校的办学理念与办学思想。因此在期中考试后家长会中,笔者通过班会课课堂展示、解说个人教育理念、家长与老师互动提问等方式,请家长走进课堂、走进寝室和走进食堂,既让家长们看到了孩子们的自主管理与自我教育,真正了解和体验学生在校的学习和生活的真实情况,又能借用这个机会全方位展示学校和教师自我形象……家长会可谓非常成功,让家长们能放心地将孩子放在学校。一次家长会,奠定了家长与教师、家长与学校的信任与交流的基础[①]。

3. 家访:了解学生家庭的同时让父母了解孩子

家访是指教育部门和学校负责人、教师等到学生家中与家长联系和交流,了解学生家庭情况,反馈学生在校表现,解决学生学习、生活或心理等问题,提供家庭教育指导,协调家校力量以共同促进学生成长的活动。作为教师和家长面对面的交流方式之一,除了前述对家庭教育提供的指导和帮助之外,家访更为重要或者说首要的任务是了解学生的家庭情况和在家表现;与此同时,教师在家访中通常都会向家长反映学生的在校情况,让家长更全面地了解自己的孩子或者与家长互相沟通学生需要解决的问题等。

因此,家访是教师与家长沟通交流、融洽感情的有效途径,虽然如前所述,家访的重点开始从信息告知向问题解决和资源共享转变,但向家长反馈学生在校情况依然是家访的重要任务。特别是在电子家访中,家校双方沟通的话题更是以反馈和交流学生情况为主,有调查表明,教师给家长打电话交流的内容从多到少依次是学生的学习成绩、情绪变化与心理发展、作业完成情况、出勤情况、个性与人际交往、家长的家教知识;而家长找教师交流的问题从多到少分别是学习成

---

① 袁成:《家校互动中的开放式家长会》,《教育视界》2016 年第 5 期。

绩、思想品德、身心健康、人际交往、家教知识①。可见在家访中，从家长角度看，谈论最多的内容是孩子的学业，包括学习方法、学习习惯等，其次是交流学生的思想状况、在校表现、行为习惯等其他话题。虽然教师与家长一样，家访的主题主要也是围绕学生的学习成绩，但与家长相比，教师在家访中对学生的思想状况、行为习惯、心理健康、特长爱好等的关注度会更高一些②。由于各地和各学校规定的不同，实践中教师开展家访的对象范围和频次有所差别，但在学校对家访对象没有具体规定时，教师通常会更多地访问后进生、问题生和学优生的家庭，而对中等生的关注较少，家访对象的选择存在两极分化的现象。

　　家不仅是个人生活的私密空间，在我国还有特殊的文化意蕴。教师来到学生家中访问，与家长零距离地交谈，能够让家长体会到教师的真诚与爱心。通过家访，教师可以听到家长更加真实的想法和建议，从而更容易得到家长的理解、信任、支持和达成共识。在本课题组的调查中，72.6%的家长非常希望或比较希望教师家访，其中农村家长较城市家长更希望老师到家访问。另有调查表明，所有的教师和家长都认为家访对家教的支持和学生的成长具有一定作用，其中，大多数的教师和家长认为这种效果明显，分别占 69.2%和 91.4%③。进一步比较电话联系、微信联系、通知家长到校、家长会等家校沟通方式，无论在学生与教师或同学相处出现矛盾时，还是在学生学习遇到困难或成绩退步时，家访的效果都排在第一位或第二位④。

　　(三)学校对家庭教育的替补支持

　　1. 校内托管：学校对家长家庭教育职责的补充与替代

　　学校为家庭教育提供的替补支持主要是课后托管。托管是指学龄儿童放学

① 何彬：《小学电子家访的应用现状调查研究——以兰州市三所小学为例》，西北师范大学 2012 年硕士学位论文，第 31—32 页。
② 徐明霞：《小学教师家访情况调查研究——以枣庄师范附属小学为例》，山东师范大学 2012 年硕士学位论文，第 17 页；闫晓毓：《内蒙古乌海市小学家访现状及问题对策》，内蒙古师范大学 2017 年硕士学位论文，第 11 页。
③ 徐明霞：《小学教师家访情况调查研究——以枣庄师范附属小学为例》，山东师范大学 2012 年硕士学位论文，第 18 页。
④ 梁爽：《家校沟通方式对中学生德育效果的影响》，辽宁师范大学 2015 年硕士学位论文，第 42—44 页。

后或假期内,为方便家长就业或参与其他活动,由学校、社会机构、团体组织或个人等为儿童定期提供课后服务直到家长接走孩子,托管服务的内容包括身体照顾、文娱活动、作业辅导、游戏实践等教育活动安排①。因此,托管班负责看护孩子的安全或照顾孩子的食宿,同时提供学习辅导和习惯培养等服务,承担了父母部分的监护和教育职责,其活动兼具教育和社会服务双重属性,是学校对家庭监护和教育不足的"补救""补充"以及"替代"。

长期以来,我国未成年学生课后照看和教育的责任都由家庭承担。20 世纪90 年代,随着经济发展、社会转型、家庭结构变迁及教育观念的转变,由于学生放学时间早于家长下班时间,课后托管的需求迅速上升,托管班应运而生,并在巨大的市场需求推动下快速发展。但是市场化的托管班野蛮生长以致泛滥,权属混乱,缺乏有效的监管与规范,不仅托管质量没有保障,而且存在各种安全隐患;而公益性的托管班由于政策、资金、场地设施及师资等问题,其质量和发展也不如人意。为此,2017 年教育部颁发《关于做好中小学生课后服务工作的指导意见》,要求中小学校结合实际充分发挥课后服务主渠道作用,并规定了托管的原则、内容、活动形式、管理制度、保障措施等,鼓励学校创新机制和方法,积极探索。不少省市随后根据地方实际出台了相应的政策措施。

从教育经济学的角度来看,学校托管是一种准公共产品,具有公益性特征。第一,由于政策和财政支持不足,学校提供托管服务的动力、能力和水平均有限,导致学校托管在消费上具有竞争性;第二,当前学校托管坚持自愿参与原则,主要采用家校共担费用或免费的形式,因此具有受益的排他性;第三,从儿童利益最大化和儿童福利的角度看,国家和社会有义务为儿童提供安全、良好的学习和生活环境,保障他们的身心健康。

在教育资源发展不平衡的状态下,学校托管除了保障学生课后安全、解决家长的后顾之忧外,通过提供多元化的课程形式和内容,能够拓展和延伸学校教育、强化办学特色和提升办学品质,促进学生健康成长和个性化发展,同时有利于增进家校合作,营造良好的家校关系,进而推动义务教育均衡发展,促进教育

---

① 唐科莉:《欧洲国家"课后托管服务"面面观》,《基础教育参考》2014 年第 21 期。

公平①。从对家庭教育支持的角度看,包括学校托管在内的学生托管是对家庭教育的补充和补缺,与家长学校、家长会等方式对家庭教育的支持主要体现为咨询指导、信息反馈不同,托管班以家长角色直接替代家长承担了家庭教育的职责。从这个意义上看,学生托管的实质是家长把自己应履行的监护职责尤其是家庭教育职责交由受托方承担②。

2. 因地制宜,自主探索:各地的政策与实践

目前,国家对于学校托管只是提出了"政府主导、社会支持、学校组织、学生自愿"的原则和指导性意见,各地在实践中因地制宜,自主探索并形成了不同的模式,比较典型的有以下 4 种。

第一,武汉的自愿有偿模式。武汉、福州等地由政府主导,本着"学生自愿、家长委托、成本收费"的原则,由家长承担学校托管的成本,学校收取少量费用。托管时间由家委会和学校、学生家长协商确定,内容包括组织自习、阅读、做课外作业,开展文体或兴趣小组活动等。收费标准按照成本核算的原则,经物价和教育部门计算得出。学校建立专门的托管账目,专款专用,按时公示收支情况。

第二,北京的政府购买服务模式。政府采用市场化手段,通过补贴激励学校及社会组织提供托管服务。托管遵循"学校组织、学生自愿"的原则,内容涵盖整理作业和艺术、体育、科技等活动,地点包括学校、社区或者少年宫等,参与人员包括老师和社会各界专业人士。通过这种模式,政府可对托管质量、规模和效率形成有效制约,规范托管市场的发展。由于托管经费需要纳入财政预算,目前该模式主要在经济较发达地区如北京、上海、浙江德清等地实施。

第三,南京的弹性放学模式。学校不改变正常放学时间,但学生可以申请"弹性离校",由家校双方共同商定学生具体的离校时间。学校对托管学生进行集中管理,主要以课业辅导、课外阅读、实践类活动和社团活动为主,不进行集体补课和开设兴趣班。广州的延迟放学模式与此类似:从早 7 时至晚 6 时,学校允

---

① 蔡丽娟:《小学生课后校内托管服务的实施困境与协同治理路径研究——基于 W 市四所小学的调查》,华中师范大学 2019 年硕士学位论文,第 29—32 页。

② 葛金国、陶萍萍等:《"托管教育"的内涵、特征与功能》,《教育与管理》2017 年第 8 期。

许学生入校或滞留;课外时间不进行变相补课。这种模式对人力物力资源的投入要求不高,能够满足家长的一般性需求。

第四,青岛的家委会主导、学校配合模式。各学校家委会负责具体组织实施托管工作,学校给予支持配合,提供必要的场所、设施等,双方共同确立有关制度。家长先向本校家委会提出托管申请,经审核通过后签订协议。托管内容包括自主学习、游戏、体育活动、阅读等。托管人员以学生家长为主,包括退休老教师、青年教师、大学生及社会热心人士等志愿者。在该模式中,家长义工的稳定性、专业性难以保障,涉及的资金问题也有待解决①。

3. 作业辅导、特色课程、兴趣活动:不仅仅是"托管"

对于校内托管,各地虽然在经费来源、责任分担和服务覆盖面等方面有所不同,各所学校在具体实施中也有各自的做法和特色,但保护、看管、辅导和教育学生的目标是一致的。

从家校双方的期待和意愿来看,一方面,学校托管是最受学生家长欢迎的托管方式,而对于托管内容,大部分家长希望学校能督促和辅导孩子完成作业、帮助孩子提高阅读或写作水平;不少家长希望学校在课后补习文化课,但这与不得变相集体教学或补课的规定相悖;也有许多家长希望学校不只是单纯地"看孩子",而是能提供更丰富、更优质的教育服务,如开设游戏、书法、实践等特色课程,培养和发展孩子的兴趣爱好与特长,促进其全面发展。另一方面,大部分学校和教师也理解家长的需求,比较支持学校托管,认为学校托管除了保障学生的安全外,还能提高学生的学业水平、促进学生的发展。

从托管时间来看,托管主要是为解决学生放学与家长下班时间的矛盾,因此,学校托管时间一般不含法定节假日和寒暑假;而在上课期间,除了中午的午休和午餐时间外,一般还包括下午放学(通常为3点半或4点)后的1~2小时,基本上到5点半结束。对此,大多家长表示能够解决或缓解"接送难"问题,但也有一些家长希望托管时间可以更长。

---

① 杨进原:《小学"校内托管"实施的困境与出路——基于南昌市红谷滩新区的调查研究》,南昌大学 2018 年硕士学位论文,第 53—55 页。

从托管内容上看,学校托管通常为学生提供午餐和午休服务;下午放学后除了看管自习、辅导作业、组织学生阅读或写作之外,绝大多数学校都会针对不同年级,以班级或社团的形式开设各种兴趣班、益智课,开展文化、体育、科技、艺术等活动,知识性、教育性和兴趣性兼备。与课堂教学相比,课后托管更加突出素质教育和多元、个性发展的理念,当然也有部分学校受设施条件、师资力量、经费等限制或出于安全考虑,以课外作业托管为主,没有开展更多个性化的活动。

在师资配备上,本校在职教师是主力军,包括主科教师与其他科目教师,他们按照轮流值班制度动态参加托管工作;有些学校还聘请家长、大学生志愿者、退休教师以及社区人员等充实师资和管理队伍,或者与专业社会组织、艺术团体合作,邀请科学家、体育明星、艺术家进校园。由于课后托管以学生个性化兴趣发展为重要内容,因此各校体艺、文化、游戏、科技等方面的教师比较紧缺。

对于费用,在采取有偿服务的地方,各学校都仅收取支付水电等成本(这笔费用在许多地方由家校双方分担)和教师补贴所需的费用,加上有些地方政府给予补贴,因此学校托管的收费都比较低,家长都能够接受,认为价格合理、收费规范、性价比较高。另外,部分家长表示愿意支付更高的费用来支持学校托管提高教育质量和服务水平。

学校托管比校外托管具有多种优势,因此这种方式不仅广受欢迎,而且其效果受到了普遍认可和好评。对家长的调查显示,62.1%的家长认为孩子在托管班能按时完成作业,35.2%的家长认为孩子发展了自己的爱好特长,32.1%的家长发现孩子培养了良好的行为习惯,23.8%的家长认为孩子的性格更加开朗活泼,能和同伴友好相处[①]。对小学生的调查显示,与社区托管和社会托管相比,学生认为学校托管的教育内容最理想,教育环境更加优良,教学方式更加科学合理,但值得注意的是,学生的学习积极性和学习快乐感较低[②]。此外,大部分学生认为学校托管班"对学业有帮助、有进步"、让"课后生活变丰富、有趣"、自己"与

---

① 蔡丽娟:《小学生课后校内托管服务的实施困境与协同治理路径研究——基于 W 市四所小学的调查》,华中师范大学 2019 年硕士学位论文,第 38 页。

② 尉迟学军:《小学生课后托管教育研究:现状、问题与对策——以大连市 S 区为例》,辽宁师范大学 2017 年硕士学位论文,第 33—52 页。

同学相伴度过开心时光"[1]。

北航附小区分学生年级、班级、兴趣、性别、运动基础和能力水平,组织开展"课后一小时"体育活动。该活动在上课期间每天举办,每次时间1~2小时之内。学校综合考虑各项目参与人数等多方面的因素(不同水平的小学生下午放学时间不同),将开展"课后一小时"体育活动的时间弹性化,集中于14:35—17:30之间举行,同时采取"兴趣班＋基础班＋提高班＋综合班＋竞赛班"的形式。每个学生每学期最多选择3个项目,从全校学生选择的结果看,学生喜爱的项目多样化与集中化并存。

学校开设了19个体育项目,内容和形式异彩纷呈,基本上满足了不同特长、不同层次、不同兴趣学生的需要,形成在普及和提高的基础上良性发展的局面。其中篮球、足球、排球、体育游戏各4个班;乒乓球、羽毛球、网球、田径、轮滑、跆拳道、拉丁舞、体能训练、花样跳绳各2个班;棒球、健美操、啦啦操、武术、感统训练、国际象棋各1个班。

"课后一小时"体育活动不仅可以减轻学生课业负担、增强身体素质、磨炼意志、提高集体意识与团队协作能力,还可以让学生学到新技能、交到新朋友,反过来也推动了"课后一小时"体育活动的开展。该校任课教师整体学历较高,偏年轻化,授课的项目多与自己的专项一致,注重提升自我且使用多种教学方法进行教学。学生兴趣浓厚,喜爱程度比例总体过半,很乐意继续积极参与。[2]

三、家庭教育学校支持存在的问题与改进措施

(一)家庭教育学校支持存在的问题

1. 思想认识存在偏差,观念习惯有待更新

第一,部分学校和教师尚未正确认识与处理学校教育与家庭教育的关系,仍然强调自己的本职工作只是学校教学,家庭教育是家长的事,因此对家庭教育及指导不够重视。现实中许多家长学校的实际运行状况并不理想,家长学校的价

---

① 卢颖:《小学校内课后托管服务开展情况调查研究——以长春市"蓓蕾计划"为例》,长春师范大学2018年硕士学位论文,第28页。

② 郭巨卿:《北航附小"课后一小时"体育活动开展情况调查研究》,首都体育学院2017年硕士学位论文,第26—46页。

值和影响力没有充分发挥出来,难以满足家长的需求,特别是一些民办学校,家长学校常常流于形式。同时,有的家长认为教育是学校的责任,对家庭教育的重要性和家长的主体责任并不明确。例如,由于家庭矛盾、对孩子教育的重视程度、家长的工作安排、个人性格、私人空间观念等主客观因素,少数家长不太情愿接待教师家访,还有不少家长认为孩子出了问题、犯了错误教师才会找上门来,把家访等同于告状。家长对家访不太配合或理解偏差必然导致学校对家庭教育的支持效果大打折扣。

第二,功利化的教育导向导致学校支持家庭教育以提高学生的学习成绩为中心。例如,有些家长学校的教学内容安排不够科学、系统、全面,甚至把家长学校等同于家长会。实践中,许多家长学校的教学重点在于指导家长如何保护学生人身安全、提高学习成绩等,而忽视从促进学生全面发展的视角对家长给予有效指导。同样,家长会也通常以考试成绩为中心,主题单一。在家长会上,学校和教师更多关注和谈论的是学生的学习成绩,或者从查找学习成绩进步或退步原因的视角去讨论学生的在校表现,较少涉及品德培养、兴趣发展等素质教育的话题,对家庭教育的指导也是以家庭如何协助学校提高学生的学习成绩为出发点和落脚点。

第三,大多家长会仍以教师为中心,有时成为教师特别是班主任的"一言堂"。许多教师习惯甚至喜欢在教室里采用类似课堂教学的形式,从学校领导、年级领导、班主任到任课教师或家长代表,"上面讲、下面听",形式比较刻板,而且会议基本上都是围绕学生学习成绩的提高和学生问题行为的分析这些让人并不轻松的话题,会议时间较长、内容枯燥。

第四,教师和家长的参与仍存在消极现象。一方面,不少家长持有"没有消息就是好消息"的观念,被动等待教师来和自己联系,即使在孩子教育上遇到困扰,也不习惯于通过信息平台求教。另一方面,除班主任及主课教师之外,其他教师的参与度较低。无论是教师还是家长,那些在现实中参与不积极的,在平台上也往往默不作声。除了受应试教育理念的影响外,有些学校视信息平台为双刃剑,既看到其便捷性和超时空性,也担忧应用不当、管控不周引发负面舆论或群体事件。而部分教师顾忌家长过多参与以及由此产生的沟通要求不仅增加自己的工作量,而且可能导致教学和班级事务难以管理。

2. 政策保障和制度规范缺失

第一,学校对家庭教育的支持以学校和教师在思想认识上的重视为基础,同时离不开政府与学校在资金、人力和物力等方面的保障,尤其是需要教师在时间和精力上的大量投入。而在现实中,由于政策的滞后和保障的缺位,家庭教育的学校支持可能难以为继,教师也感到疲于应付或有心无力。

例如,教师平时工作量比较大、时间比较有限,而家访往往要花费大量的时间,因此可能成为教师不小的负担;同时,路途和交通问题是教师家访碰到的另一个困难。无论在时间上还是在经济上,对教师而言,家访的成本都远远高于其他沟通方式,是一项费时费力的工作,政策或物质保障的乏力必然造成教师家访的积极性低于家长的积极性。

又如,我国立法尚未把学校托管纳入国家公共教育体系,缺少学生托管的相关法律规范,没有明确规定学校托管的经费来源、权责划分等。教育部的意见只能提供方向性的指导,地方政策不仅规范性较弱、不够详细,而且配套措施付之阙如。学校托管供需矛盾的产生,归根到底在于对学校开展课后服务的投资供给不足[①]:校内托管需要资金支持,家长缴纳的托管费用只是杯水车薪,但在"规范化办学""义务教育一费制"的政策环境下,学校收取托管费用缺乏依据;我国尚未建立三级政府对学校托管经费的分担机制;部分地方以财政补贴作为经费保障,但有的地方财政投入不足且不稳定,所以目前运行良好的校内托管班大多都是在经济发达地区,对于经济欠发达地区而言,经费缺口是开展学校托管面临的首要问题。这是一些学校的参与意愿和教师的积极性不高的主要原因。实践中,本校教师是实施校内托管的主要力量,他们本身的教学任务已经比较繁重,托管额外增加了工作量,而学校支付的补贴缺乏激励性和吸引力,导致教师参与动力不足。

第二,除了制度的保障,家庭教育学校支持持续有效地开展也离不开制度的

---

① 马莹、曾庆伟:《学校课后服务的功能窄化及其制度突围》,《当代教育科学》2018 年第11 期。

规范。实践中,由于制度的不健全,学校对家庭教育的支持效果不尽如人意。例如,一些学校家访的后续工作不够持续深入,虽然教师在家访后普遍都做相关记录,但有时只限于此,家访的成果只是体现在书面和文本上,教师没有进一步深入分析和充分利用家访获得的信息,有意识、有计划地开展后续工作。又如,国家和各地对学校托管都没有建立监管评价机制,也缺少相应的行业标准,无法对托管的质量、硬件设施、师资、满意度等进行考核监督,导致学校托管缺乏有效的监督,各地、各学校在实践中存在偏差。

3. 教师的专业水平和指导能力不足

第一,家庭教育指导是一项专业性较强的工作,不仅需要具备科学的理念和一定的理论素养,也要求指导者掌握必要的知识、方法和技能。家庭教育、家庭教育指导与学校课堂教学存在明显差别,对于教师而言,要想有效地指导家庭教育,必须不断地学习、实践和总结。实践中,有些家长学校的本校教师缺少获取家庭教育指导相关知识的正规渠道,不具备系统的家庭教育知识和足够的家庭教育指导能力,学校既没有建立本校的家庭教育指导师资队伍,又缺乏外部专业力量的支持,家庭教育指导的能力和水平不能满足家长的需求。

第二,除了家庭教育指导的知识储备和方法技巧外,家长会和家访对教师的组织协调、表达沟通等能力提出了更高的要求。实践中,有些教师不太注重方式方法,有时在家长会上会有意无意地公开通报和点评学生的成绩与表现,直言不讳地指出或批评学生的问题,向家长灌输教育孩子的方法或提出要求、布置任务,致使家长会变成了"告状会""埋怨会""发布会""培训会",导致那些学习成绩不佳的学生的家长参加家长会的意愿不强,甚至对家长会心存排斥和畏惧。在家访中,有些教师交流能力不足造成家访效果欠佳。一些教师缺乏与家长进行面对面沟通交流的历练和能力,面对比自己年纪大的学生家长担心自己反被对方教育,或者性格内向不善表达、不喜与人交往,或者在以往的家访中遭受过挫折,因此内心对家访存在畏惧而远离家访。

第三,由于缺乏足够的兴趣班和社团活动的专业指导教师,部分学校的托管班以室内自习和作业辅导为托管服务的主要内容,或者采用传统的组织模式,开展传统的运动、音乐、绘画等活动,缺少素质教育的服务内容,与学生的多元化、个性化的需求和兴趣爱好结合较少,托管内容和形式过于单一,对学生的吸引力不高。当然,除了师资力量不足之外,思想认识的偏差(有些学校认为托管只要为学生提供安全的场所、督促学生完成作业即可,而部分家长也将校内托管等同于学业辅导,忽视其课外教育功能)和经费支持的欠缺,也是上述问题的重要成因。

4. 某些支持方式在形式或技术上的局限性较突出

第一,部分家长学校的教学形式比较单一,以课堂、讲座为主,缺少吸引力。有些家长一开始听课的意愿比较强烈,但几节课下来,课堂讲授和专题讲座式的教学形式往往使教学效果与预期存在较大落差。

第二,由于网校的虚拟性、互动的非即时性和表达形式主要以文字为主等原因,实践中家长关注、了解网校和参与网校学习的整体程度较低。调查显示,经常关注网校的家长仅占被调查者的 45%,被调查家长中自愿关注网校的仅占23%;仅 14% 的家长了解网校的内容,部分家长把网校仅仅作为一个关注孩子在校情况的平台[1]。同时,教师对网校的使用频率也较低,他们更愿意采取更为适合也更为便捷的 QQ 群、微信群等新媒体开展家校沟通。而在家庭教育中遇到问题时家长更愿意通过与其他父母交流或与孩子的老师沟通解决,很少通过网校求助。在交流方式上,与教师当面交流或电话沟通仍是家长们的优先选择。

第三,信息平台在给家校沟通带来巨大便利的同时,也存在诸多不足和不利。一方面,与电话或当面交流相比,信息平台交流的实时性难以保证。即时交互的通信方式让双方可以实时地沟通信息,同时也让交流主体期待对方能够即时地回应,由此给彼此带来信息接收和回复的压力。特别是对于教师来说,便利的渠道带来沟通需求的增长或者使原来被掩盖的需求得以提出,而且在信息平台上教师与家长是一对多的关系,加上家长和教师工作与休息时间往往是重合的,因此信息平台的交流通常占用教师大量的时间和精力,并且容易发生回复迟延的情况。现实中,由于自己在平台上提出的问题没有得到教师及时、认真的回

---

[1] 王华平:《网上家长学校的运行状况研究——以苏州市网上家长学校为例》,江苏大学 2017 年硕士学位论文,第 21—25 页。

复和反馈,有些家长甚至对信息平台的使用产生抵触情绪。

另一方面,相对于当面交流,信息平台交流的系统性、深度和温度不足。就对话过程而言,信息平台的效率并不比电话或面谈高,更多的是针对眼前需要处理的问题简要地互通情况和交换意见,并不适宜深入分析问题成因、全面探讨处理方法,更遑论对家庭教育的指导和交流。另外,在公共空间如 QQ 群、微信群里,很多教师只是发布通知和布置作业,有些教师在交流时口吻严肃、公事公办,导致信息平台上氛围严肃。

5. 家庭教育指导的针对性和有效性有待提升

第一,许多家长学校教学资源比较匮乏,教学比较笼统,内容不够实用,大道理讲得多,而针对本校或者本地区家长教育的案例和材料少,家长的需求与家长学校提供的信息或资源存在错位或不对称。而网校上的内容质量参差不齐。一些网校虽然设立了有关板块或栏目,但内容简单、粗糙或过时,质量不高。有的专家答疑回答内容过于随意,个人感情色彩强烈,或者理论色彩浓厚,实用性和操作性不强。

第二,一些家长会留给家长互动交流的时间不多,家校双方缺乏足够的双向沟通,尤其缺少个别化、针对性的沟通交流,教师全程掌控话语权,而家长的需求被忽视了,其主体地位被淡化甚至荡然无存,导致对家庭教育的指导效果大打折扣。有学者对近年来传统家访回归后开展的“拉网式”的“大呼隆”家访提出批评,认为这种普访目的不明确、缺乏针对性和有效性,不仅难以实现,而且有形式主义之嫌[1]。

第三,就信息平台拥有的多样化的功能而言,当前家校双方在平台上的交流内容仍显单调,没有充分发挥其强大的教育功能。平台交流内容主要是通知提示类与信息、意见交流类,以及学校的事务和学生的在校表现,不仅对于学生的爱好、思想、人际交往等涉及较少,而且实施家长教育、支持家庭教育的功能也没有得到充分的应用和发挥。

---

[1]　刘士芹、林凡瑞:《呼唤有效家访》,《内蒙古教育》2016 年第 12 期。

（二）家庭教育学校支持的改进措施

1. 转变教育观念，树立科学认识

第一，学校和教师应当进一步重视对家庭教育的支持，明确自身在促进和支持家庭教育中的职责；家长应当充分认识家庭教育的重要性，树立责任主体意识、合作意识，加强家庭教育知识和方法的学习，主动与教师沟通、向教师请教，积极配合学校开展家庭教育，形成家校合力。例如，对于家访，学校应当扩大宣传，让教师和家长充分认识家访的价值，针对刚入职的教师、刚入学的新生及其家长，通过入职培训、家长学校或家长会等途径进行宣传，使他们了解家访对于促进学生发展、家庭教育和家校合作的意义和成效，从而重视和支持家访工作。

第二，强调家庭教育重在教孩子如何做人，以促进学生的健康成长和全面发展为宗旨，注重家庭教育对学生社会化和个性化的促进作用。以家长会为例，除了关注学习成绩外，教师和家长还需关注学生的学习方法和生活习惯的养成，思想意识、人生观和价值观的确立，安全、文明礼仪知识的普及，智力的培养、非智力因素的开发等。为此，学校和班主任需要基于本班学生所处的年龄段和班级的具体情况，围绕促进学生全面发展的目标，制定长期与短期有机结合的教育计划，依此计划有重点、有步骤地组织召开家长会。

第三，教师应转变角色，无论是在学生信息的反馈沟通中还是在家庭教育的咨询指导中，都应当把家长作为平等的教育主体，视家长为学校教育的协作者和学生的共同培育者，摒弃视自己为"教育权威"的身份认知，由"教育者"向"促进者"转变，怀着真诚的心态，努力获得家长的信任、理解和支持，与家长保持密切联系和良性互动，充分尊重并最大限度地发挥家长的主体性和能动性。

2. 健全政策保障和制度规范

第一，政府应当将家庭教育纳入经济社会发展总体规划，加强顶层设计与统筹规划，及时出台相关配套措施。例如，对于家长学校，教育行政部门需要强化指导和管理责任，学校应当完善组织管理与发展保障机制，为家长学校的活动提供必要的经费保障。

第二，重视规范管理和制度建设，建立家庭教育学校支持的长效机制。制度的规定与要求应当全面、合理、可行、有效，既要为实践提供清晰的规则和标准，又要防止在实践中陷入形式主义。例如,应当加快家长学校课程的规范化,加强对家长学校办学质量的督导和评估,将学校安排的家庭教育指导服务计入工作量,促进家长学校的规范化、制度化发展;制定和完善家访工作的相关制度,规定频数时间、经费支持、家访后的记录与跟踪、考核奖惩、交流与培训等内容,为教师开展家访工作提供规范和保障;对于学校托管,应当明确其准公共产品属性、政府的主导性和公共供给责任、供需主体的权利与义务,建立监管考核机制和标准体系,既为学校托管提供充足可靠的经费保障,也为托管的有效供给与供给行为的规范提供法制基础。

3. 提升教师的专业水平,加强学校支持能力建设

学校应当重视对教师在家庭教育理念、理论、知识和方法方面的指导与培训,把家庭教育指导纳入教师岗前培训、在岗培训和骨干培训中,纳入形式多样的教育教学活动中,纳入研究与督导评估中,鼓励和支持教师加强家庭教育理论研究,在加强家长学校师资队伍专业化建设的同时,提升全体教师为家庭教育提供支持的水平。

教师自身平时应有意识地通过阅读、交流、实践等途径全面学习家庭教育知识,系统掌握家庭教育科学理念和方法,提高自身指导家庭教育和支持家长开展家庭教育的能力,积极探索、努力掌握家庭教育指导的科学方法和引导家长有序参与的技巧,增强综合运用各种家庭教育支持形式的能力特别是信息平台的应用能力,提高与家长交流的效率与效果。例如,在家访工作中,教师应当根据实际主动选择恰当的访问时机,事先可与家长联系,了解家长的期待,商量合适的会面时间以及地点;在家访前做好充分的准备,在家访中注意言谈举止,展现专业素养,讲究方法技巧,让交谈重点突出而轻松顺畅,同时重视学生的参与,引导家长科学开展家庭教育,重视孩子的健康成长和全面发展,寻求和尽量达成共识;家访后除了及时详细记录,还应做好分析、反思、改进、反馈、跟进等工作。

针对校内托管师资紧缺,在坚持以学校为主、提高本校在职教师积极性的前提下,学校应合理引入和有效利用校外资源,以合作为补,实现两条腿走路。学校可以探索多元化的托管服务供给路径,与政府部门、社区、高校、工青妇等群团组织、社会服务机构以及企事业单位等建立合作关系,争取社会支持;将校外力

量请进校园,包括学生家长、退休教师、社区及社会公益组织和艺术团体等的工作人员、大学生、民间艺人,经审核后都可以成为托管教师或志愿者,形成师资力量的有力补充和多元化的师资队伍。

4. 改进家庭教育支持的内容和形式

第一,丰富家长学校的指导形式,灵活安排教学方式。指导者应当遵循成人学习的特点、习惯和规律来开展教学,更多采用叙事教育、诊断指导、经验分享、个案辅导、情感体验和亲子活动等多样化的教学方式,重视家长的主体意识和互动交流。

第二,凸显家长的主体性。重视家长会中讨论和交流的开展,切勿让家长会成为教师的"一言堂";在议程安排上留出更多的时间让家长说说孩子在家的表现、家长在家庭教育中遇到的问题等;通过多种形式,面对面地解答家长在家庭教育中的困惑,或者邀请学生家长总结经验、与其他家长交流,调动家长的积极性,达到踊跃互动和互相启发的效果。此外,多数家长为了参加家长会都不得不向工作单位请假,教师可以利用网络,以班级为单位建立论坛或微信群等,在网上开展交流和指导。

第三,充分开发利用信息平台支持家庭教育的功能。升级信息平台的硬件设施,开发、宣传和推广信息平台的强大功能,及时更新信息内容和充实包括家庭教育在内的各种资源,引导家长提升素养,最大限度地利用信息平台的优势;同时挖掘和利用家长资源,发挥家长的优势和积极性,组织家长互动和资源共享,引导家长在辅导孩子学习、实施家庭教育等方面进行互助,鼓励家长共同为班级建设和孩子成长贡献力量。

第四,提升学校托管的服务品质。在指导思想上,校内托管应重视激发学生的兴趣爱好和主观能动性,培养良好的习惯;强化学生的独立自主能力,拓宽视野,学会多角度思考和解决问题;增强动手能力、创新能力和社交表达能力;提升思想道德水平,树立正确的人生观,培养积极向上的精神,增强自信心和本土意识。在托管内容上,应基于学生的兴趣和需求灵活设计,除了涵盖文化、艺术、体育、娱乐、科技等领域外,还可以开展心理健康教育、社会志愿服务、思维训练、安全演习、社交礼仪普及、烹饪与自理能力训练等①。在托管形式上,可将课后作业辅导转变为形式多样的活动,如举办学习小组活动,组织学优生和学困生交流学习方法和技巧,实现全体学生的快乐学习和互助共进;开展课外实践活动,让学生参加社会生产劳动;邀请家长参与,开设亲子课堂。此外,考虑到不同家庭的需求差异,借鉴南京经验,建立弹性离校制度,根据家长下班时间不同或特殊情况提供弹性延时服务。

5. 强化家庭教育指导的针对性和实效性

第一,家长学校应当深入了解家长的具体需求,根据家长的个体差异,开展有针对性的指导。可以在课前、课中和课后通过发放问卷或与家长直接交流的方式,了解家长在家庭教育上的实际需要和困惑,这样才能有的放矢地确定并及时调整教学目标和教学内容;同时应当考虑家长不同的身份、职业、受教育程度、兴趣、经历、文化背景、动机等,从家长的不同需求入手,尊重家长本身的经验,开展分类和分层次指导,为其提供具备实用性和操作性的具体思路和方法。

第二,家长会应当以问题为导向,对症下药。教师在家长会前应当做好充分的准备,根据本班学生的实际情况,调查和整理学生家长最关心的问题,在此基础上确定一到两个主题,保证家长会主题鲜明、内容集中,能够解决实际问题,力戒泛泛而谈。

第三,除了注重主题和内容的针对性与问题导向,从形式上看,教师在家庭教育指导和交流中应当尽量为家长提供更多一对一、点对点、面对面的指导和帮助,通过减少参加者的数量增加家校双方的互动的机会与时间;重视引导家长树立科学的家庭教育理念、反思与改变不正确的习惯和思维,使家长既学会积极有效地寻求帮助,又能够自己想办法解决自己孩子的问题,促进家长自身的成长与进步。

---

① 黄婧:《小学生课后在校托管服务的实施现状研究——以 H 市三所小学为例》,湖北师范大学 2017 年硕士学位论文,第 23—24 页。

第十二章　社区支持应成为家庭教育社会支持的主要方式

核心提示：本章对义务教育阶段家庭教育的社区支持形式及内容进行总结。在现今城市中，社区对家庭教育的支持主要存在服务型支持、课程型支持、活动型支持、介入型支持等方式。家庭教育社区支持存在的主要问题有：在政府主导并且以体制式管理的社区中，社区对家庭教育的支持形式有限，存在行政化现象；专业社工及社会组织开展的深度服务不足，针对家庭教育开展的专业服务和普惠性支持还处于初级发展阶段；等等。根据现有问题，我们提出解决政策制定及约束层面、社区课程及宣传改进层面、家庭内部调整的建议。

家庭、学校、社会是教育的三驾马车。在社会飞速发展的今天，这三驾马车的配合运作让教育的未来产生诸多可能。传统的、以学校为主导的教育方式仍为主流，但家庭教育与社会教育的重要性逐步显现，家庭教育受到高度重视[①]。随着社会加速发展，家庭结构、家庭功能的变迁，学校的部分教育功能剥离、转接到社区，社会力量不断进驻社区，或与家庭教育形成合力，或与学校教育进行功能衔接，为家庭教育的深远发展提供保障。

一、问题的提出和研究意义

家庭是初级社会群体，家庭成员在家庭中主要以血缘实现家庭成员的身份。当家庭成员走出家庭，其拥有的临近的社会身份是主要由地缘决定的其所处社区（或长期居住地）的社区成员。对家长和子女而言，通过社区力量获得优质教

---

① 《攻坚克难 狠抓落实 推动新时代教育实现新发展新跨越——2019 年全国教育工作会议召开》，http://www. moe. gov. cn/jyb_xwfb/gzdt_gzdt/moe_1485/201901/t20190118_367390. html。

育服务及对家庭发展的支持,既是教育观念的拓展,也是对教育可能性的开发;对社区而言,如何发展自身对家庭教育的支持、扶助功能,是建立、完善服务型政府需要重点探索的问题。

(一)问题的提出

1. 社区逐步成为支持家庭教育发展的重要力量

第一,伴随市场经济的发展,中国社会加剧转型,很多家庭成员为改善生活条件、提高生活质量等离开家庭原所在地,来到相对发达的城市进行新的生活建设,失去了以"地缘+血缘"为基础的强有力的家庭支持系统,家庭成员长久以来形成的精神基础及物质基础被削弱。当一个家庭的生活是以生存为前提时,家长相对容易忽视子女的教育问题。

第二,家长获取教育资源的能力有限。改革开放以来,中国经济得到极大发展,但在社会急剧转型的过程中,中国社会也出现了较多的社会冲突,产生了社会矛盾。有研究表明,社会不平等和阶层分化已经成为加剧教育不平等和家长焦虑的重要因素①,天价学区房、教育支出不断提高给现代家庭带来沉重负担。为了让子女得到优质教育,家长愿倾全家之力获得教育资源,但由于在为家庭成员提供支持方面,家庭背景仍然具有优越性②,家庭背景普通或较差的家庭的内部支持力量对家庭教育(尤其是教育投资等)的支持作用很有限,社区及其所在片区的学校共同发力可以部分弥补由于社会发展导致的社会分层带来的家庭差异。

2. 家庭结构及功能的变迁对社区支持提出需求

家庭作为社会初级社会组织逐步呈现"小"的趋势。这里的"小"有两层含义:

第一,家庭结构逐渐简单。可以看到在城市中,几代同堂、拥有复杂家庭关

---

① 吴愈晓:《社会分层视野下的中国教育公平:宏观趋势与微观机制》,《南京师大学报(社会科学版)》2020年第4期。
② [美]丹尼尔·贝尔著:《后工业社会(简明版)》,彭强编译,科学普及出版社1985年版,第108页。

系的群族逐渐减小,家庭更多呈现只有"父母子"的形式,即社会结构的基本三角①状态成为城市社区的主要家庭形态。第六次人口普查的数据显示,城市家庭人口户数主要为三口户,平均每个家庭户的人口为 3.10 人,比 2000 年人口普查的 3.44 人减少 0.34 人,家庭户规模继续缩小②。家庭结构的简化意味着家庭在遇到困难时,能够求助的地缘关系较近的亲属关系网相对疏离、松散,此时,其所处社区给予家庭支持尤显重要。

第二,在城市社区中,主干式家庭逐渐减少。传统的主干式家庭的维系,需要具备两个条件,一是夫方父系的家庭制度,二是多子女的生育③。这两个条件在目前中国城市中都较难同时具备。夫方父系的家庭制度强调以父、以夫为重的教养模式,在现在的城市家庭中,教养更突出以双系(父母双方)并存或并重,或是教养制度、方式由母方起决定性作用的形态,多子女的家庭结构在城市中也较难实现。在现代中国城市,以父方或是母方为家庭主干旁生分支家庭的家庭模式,已经逐步被小家庭形态替代。可以这样形容,原来的家族大树的根系联结正在弱化或消失,家庭已成为单独的树苗扎根于城市,这就意味着家庭的健康成长与其所在的土壤——社区的建设程度及社区文化的发展等密切相关。

3. 现代教育理念与传统教育经验碰撞,需要第三方进行调节

第一,集体价值与个体价值存在分歧。现代社会在经济、文化、科技等领域飞速发展,其重要表现之一是个体能力的凸显。人们通过使用现代先进工具及技术等可以实现以往需要依赖于集体才可达成的目的或结果,这种便利和能力促进了个体对自身能力的肯定,但另一方面也可能让个人对自己的能力评估有误,个体认为脱离集体也同样可以生活,产生个体价值至上的现象。并且集体主义在现代又有被异化的现象,部分人认为强调集体主义是对个体权利及自由的抨击和压制,这种观点在家庭教育领域也有所显现,如一些家长盲目相信某个教

---

① 费孝通:《乡土中国》,北京大学出版社 2004 年版,第 163 页。

② 《第六次全国人口普查主要数据发布》,http://www.stats.gov.cn/ztjc/zdtjgz/zgrk-pc/dlcrkpc/dcrkpcyw/201104/t20110428_69407.htm。

③ 沈崇麟:《家,在时代中变化:家庭关系已由血缘延伸到姻缘》,《人民日报》2010 年 7 月 29 日第 6 版。

育秘籍、教育成功人士的个体经验,对学校教育采取全面质疑的态度。

第二,传统的家庭教育理念与现代家庭教育理念在家庭中碰撞。教育是一种自上至下的传递关系。在多子女社会,学校、家庭都是以少数成人面对多个儿童的"少—多"关系,而在现在的城市家庭人员关系中这种情况是倒转的,即成人与儿童的关系呈现"多—一/二"的关系,而"多"的家长群体中,又分为一对父母/一对父母+一对长辈/一对父母+一位长辈的情况。后两种教养关系在实际教育过程中形成了现代家庭建设观念与传统家庭建设观念的组合。在这种组合中,由于时代烙印、社会环境的改变、价值观的变迁会造成教育观念上的冲突与磨合,并且这种多方教养的方式又可能与受教育主体——子女的成长观念形成交锋。此时,当事人很可能囿于矛盾中无法脱离家庭矛盾及心理波动。综合以上两点,需要社区的调节、辅导的价值中立的力量应对家庭教育问题。

4. 网络对教育的改变深入城市社区及家庭

网络带给教育革新式的变化。家长、儿童获得教育的途径不再依赖于传统的在场①空间,当其在网络中实现隐匿身份的缺场身份时,教育效果同样能够实现。这既是一种进步,同样也存在隐患。首先,网络社会强调个人价值,在拓展教育者思路的同时,易形成教育者的个人价值本位为重的情况。如微博和微信有一项相同的功能是"能够根据自身喜好选择关注对象",即如果我不认同你的观点,可以通过技术力量屏蔽某类群体或某个人的信息。这意味着教育者在处于虚拟环境时,对教育信息有可能是按喜好选择,而不是通过理性分析获得。网络看似拓宽了人们获得信息的渠道,但在某种意义上,选择的自由也是对思考的某种制约。其次,对知识的任意选择可能导致价值认同方面的偏差。社会存在决定社会意识,人们有可能会将在网络中看到的"社会"认为是大部分人所处的生存环境或者认为网络上的才是真实的社会情况,这对家庭教育的主体形成理性的思考构成一定的挑战。

在这种形势下,社区可凸显在网络社会的作用。由于中国城市社区大部分是政府主导,具备行政机构的性质,因此其在网络社会中的身份是虚拟空间的传

---

① 刘少杰:《网络化时代社会认同的深刻变迁》,《中国人民大学学报》2014 年第 5 期。

统在场者,即他们"'脚踏实地'地进入了网络空间,即他们以真实的身份,在特定环境中为了追求现实的利益目标而展开了网络交往"①。社区在网络社会中起到了联结传统在场者(政府/学校等)与虚拟缺场者(网络另一端的某个家庭的家长/子女)的中介作用,其对政府/学校传达信息的补充解释、行动,以及对互联网教育信息的进一步筛选、解读,能够在一定程度上推动家庭、学校、社会三方的教育工作。

(二)家庭教育社区支持的研究意义

第一,理论研究意义。我国对社区支持进行研究的时间不短,但是关注度始终不高。在中国知网以知网节关键词方式对"社区支持"及"社会支持"进行搜索,"社区支持"的关注度指数的主题频次尽管在 1990 年前就存在,但直到 2015年仍然没有超过 80。近几年的频次起伏不定,但均处于 40~60 的范围,与"社会支持"关注度指数的主题频次在近五年内皆处于 1500 并连年增长的情况相比显然过低。社区支持是建立完善的社会支持体系的重要部分,社区支持研究如果成为短板,将会制约社会支持系统研究水平的发展。

第二,完善家庭教育服务是现代社区建设的重要任务。在当下中国城市中,社区与家庭的关系既紧密又松散。紧密的关系一般存在于有特殊需求的家庭中。如对"社区支持"的知网节的相关词和相似词进行统计发现,社区支持与社区养老、少数民族、流动人口、农业发展等经济、社会问题有较为紧密的联系,而家庭教育则是社区支持的"非首要任务"。对社区工作站负责人进行的访谈也证实了这点:"可以说没有社区就没有什么家庭教育工作。"家庭是社会发展、社会成员进行社会化的原点,将问题解决在家庭和社区内,提高家长的教育素质,减少社会问题的产生,社区既具有优势又肩负责任,故"加强对家庭教育工作的支持,通过家委会、家长学校、家长课堂、购买服务等形式,形成政府、家庭、学校、社会联动的家庭教育工作体系"②,成为现代社区建设的重要任务。

---

① 刘少杰:《网络化时代社会认同的深刻变迁》,《中国人民大学学报》2014 年第 5 期。
② 《落实 落实 再落实——在 2019 年全国教育工作会议上的讲话》,载中华人民共和国教育部网站 2019 年 1 月 30 日,http://www.moe.gov.cn/jyb_xwfb/moe_176/201901/t20190129_368518.html。

链接1:加快形成家庭教育社会支持网络①

构建家庭教育社区支持体系。各地教育部门和中小学幼儿园要与相关部门密切配合,推动建立街道、社区(村)家庭教育指导机构,利用节假日和业余时间开展工作,每年至少组织2次家庭教育指导和2次家庭教育实践活动,将街道、社区(村)家庭教育指导服务纳入社区教育体系。有条件的中小学幼儿园可以派教师到街道、社区(村)挂职,为家长提供公益性家庭教育指导服务。

第三,促进家庭教育与社区教育融合,进一步拓宽教育支持系统的范围。21世纪,教育不再是人的阶段性发展任务,公民需要建立"终身教育"的观念并付诸实践。因此,倡导家庭教育、强化社区教育也成为现代社会长效发展的目标。社区作为知识社会、学习社会、信息社会的社会基础,将在未来的社会发展中发挥更为积极的作用②。这就要求家庭、学校、社区及至社会整体达成较为完善、有序的教育支持系统。

(三)家庭教育社区支持:多种关系的共同建构

社区支持是现代社会发展过程中必然遇到的问题。家庭教育的社区支持存在很多交叉关系,当家庭教育的地缘背景置于社区,家庭教育背景范围和主客体皆会产生变化。故需对相关因素进行辨析,进一步明确研究的内容及范围。

1. 社区

社区是社会学的基础概念之一,这一概念的正式提出见于滕尼斯的《共同体与社会》,指由同质群体组成的关系紧密、互助的共同体③,后经费孝通等学者引入中国,认为社区是"一个有地域为基础的人群"④。后续相关研究界定社区为"进行一定的社会活动、具有某种互动关系和共同文化维系力的人类群体及其活动区域"⑤。社区的相关界定表明其特征:在地缘特征上,强调社区具有邻近的地

---

① 《教育部关于加强家庭教育工作的指导意见》,教基一〔2015〕10号,2015年10月16日发布。

② 厉以贤:《让教育走入社区》,《中国远程教育》2003年第4期。

③ 〔德〕滕尼斯:《共同体与社会》,林荣远译,商务印书馆1999年版,第45页。

④ 费孝通:《略谈中国的社会学》,《高等教育研究》1993年第4期。

⑤ 郑杭生:《社会学概论新修》,中国人民大学出版社2003年版,第272页。

域特点,相对较为紧密的居住关系,在价值情感上则强调了社区居民有相似的特征、爱好、教育理念等。我国政策文件中首次出现社区的界定是 2000 年《民政部关于在全国推进城市社区建设的意见》。文件明确指出"社区是聚居在一定地域范围内的人们所组成的社会生活共同体"[①],由此可知,社区群体不仅拥有相似的地缘特征,并且其居民具有类似的价值理念和生活追求。此外,本研究中的社区还强调了其管理功能,故社区还是经过社区体制改革后做了规模调整的居民委员会辖区,以城市社区居委会服务和管理范围为基本单元的民众共同生活的区域[②],并在此基础上形成了"城市—市辖区—所在街道—所在社区—居住小区—居住家庭—家庭成员"的管理层序。故在本研究中,社区是指在一定的城市辖区范围内,通过街道管理、居委会管理及社区自治等方式,具有不同的价值理念和生活追求的家庭及个人组成的社会生活共同体。

2. 社区支持与社会支持

社会支持的概念源自社会支持理论,是指一定社会网络运用一定的物质和精神手段对社会弱者进行无偿帮助的一种选择性社会行为。社会支持的社会性、选择性和无偿性共同构成了其本质特征[③]。此外,可通过对社区支持网的界定进行理解:社区支持以地缘为基础,指由家庭与社区内的其他个人或者社会组织所构成的支持网络,它可提供对情感交流、社会接纳、融合的支持,通过营造一种宽松的社区氛围,帮助个体与家庭融入社会[④]。根据以上界定,对于家庭而言,社会支持和社区支持解决的不仅是家庭的经济困难或生存困难,更重视社会成员思想观念方面的改善,以促进家庭成员融入社会,这就把社区支持与社会福利、社会救助区别开。

---

① 《民政部关于在全国推进城市社区建设的意见》,中办发〔2000〕23 号,2000 年 11 月 19 日发布。

② 王宇:《社会主义核心价值观的社区培育研究》,东北师范大学博士学位论文,2019 年第 16 页。

③ 陈成文、潘泽泉:《论社会支持的社会学意义》,《湖南师范大学社会科学学报》2000 年第 6 期。

④ 倪赤丹:《社会支持理论:社会工作研究的新"范式"》,《广东工业大学学报社会科学版》2013 年第 3 期。

对家庭来说,社会支持和社区支持的区别在于社区支持强调家庭和个人的社会化及个人成长的重要性,重视环境氛围、区域文化对个体的价值观念的影响、思想观念转变的作用,而社会支持强调通过改善、提高公民整体的思想水平而达到建设社会文化,形成良好的社会价值观的目的。从这个层面上看,社会支持与社区支持是一种共同发展、互相支持的关系。由于社会支持是普遍主义的[①],当一个家庭在社区中受到较好的文化教育,得到一定的心理支持时,家长及子女的个人素质就会有所改善和提高。良好的区域文化助力对于社会文化的建设,促进优良的社会价值、公民意识形成,稳固社会支持具有基础性帮助作用。

3. 社区支持与家庭教育

目前,对于家庭教育社区支持的定义研究较少,较为明确的定义如下:家庭教育的社区支持指社区出于保护家庭中的孩子、教育孩子、为孩子的成长创造良好的家庭教育环境的目的,为家庭教育子女的活动提供的服务和指导,包括为家庭提供教育资源,对孩子教养行为的规范和监督控制[②]。此定义与家庭教育的狭义定义相符,即从组织层面强调成年人对儿童的教育影响。但由以上的辨析可知,当把家庭教育置于社区层面时,其内涵有所延展,由于社区教育是一种终身教育,社区中的家庭教育工作的主体是家庭,而不是家长群体或儿童群体,其目标也就变为家长和儿童共同学习、共同成长。并且,家庭教育的特性也发生了改变,家庭教育不再仅仅是为了完成教育、教养义务,而是使家长在社区组织的领导、帮助下,完善教育者角色,强调家长的主动性和实践性。从社区层面来说,对家庭教育的支持不仅是一项工作,也是社区建设及形成良好社区文化的必要条件,从这个意义上讲,社区与家庭是共生、共建的关系。因此,本次研究将家庭教育的社区支持定义为社区根据相关政策和社区具体情况,以统一组织或自治等途径,有计划地为社区内的家长或家庭提供家庭教育相关的基础服务、互动机会及专业指导,以协助家长提高家庭教育水平,实现社区发展、家庭发展、儿童发展等相关目标的教育服务行动。如图 12—1。

---

① 李松涛:《家庭教育的社会支持研究》,辽宁师范大学 2014 年博士学位论文。
② 陈颖:《家庭教育的社会支持研究》,重庆师范大学 2012 年硕士学位论文。

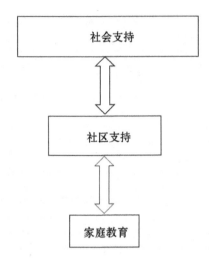

图 12—1　家庭教育的社区支持

图12—1明确了实现家庭教育社区支持的主体、客体及各个要素之间的关系,并且强调家庭教育的重要性——家庭处于社会系统的末端,但也是社会发展的原点,对家庭提供科学的支持和引导,是社会支持体系完善和发展的基点。社区作为社会和家庭的中间层,在某种程度上是居民对社会的参照系,起到联结社会和家庭的作用。当众多社会功能和政府职能逐步分配到社区,并在家庭教育和家庭建设中发挥作用,其对家庭建设、社区建设、社会建设的发展的意义愈发重要。

(四)本次研究的中心议题

本次研究的主体设定为义务教育阶段的城市家庭,将社区对家庭教育的支持行为限定于纯公共产品,即由政府、学校、社区主导,由国家提供经费,分析现有典型的家庭教育社区支持方式及内容,总结现有社区对家庭教育支持的问题及原因,并试图提出相应问题的建设性改进意见。

二、城市家庭教育社区支持的主要类型及内容

社区对家庭提供支持的内容丰富,形式多样。有的研究者从家庭的需求出发,将社区对家庭教育的支持类型分为物质支持、情感支持和信息支持。在实际的支持方式中,这几类支持会综合使用,形成混合型支持①。这个分类较为宽泛,可以应用于多种社区教育内容,家庭教育有其自身发展的特点,因此需要进一步针对目前开展的家庭教育社区支持活动进行梳理,强化家庭教育的基础地位,进一步细分家庭教育的社区支持内容。本研究将家庭教育的社区支持分为基础服务型支持、课程型支持、活动型支持、介入型支持、家长自治进行阐述。

(一)基础服务型支持

服务型支持是社区对家庭教育支持的基础,在此支持类型中,社区对家庭提供的支持维持了家庭的正常生活秩序,保证了儿童在义务教育阶段的基本发展需求。在这类支持中,社区工作人员会按照社区已有的规章制度或对社区提出要求的教育规章制度,对辖区内的家庭提供服务。

1. 提供设备、场地的物质支持

社区开展家庭教育活动需要一系列资金、物质和场地的支持,这是社区支持中最基本的内容,是保证社区活动开展的先决条件。由于社区支持具有的无偿性、平等性特点,有条件的社区会开辟专门的房间、配备电教设备等,为学校进社区或家长开展活动等提供免费服务。社区打造良好的空间领域和服务领域,让有儿童的家庭能够获得安全、卫生的居住条件,儿童能够借助社区提供的物质、设备与同伴玩耍,获得一定的医疗服务,实现儿童友好型社区的部分目标②。

2. 成立家庭教育指导服务站

自《国家中长期教育改革和发展规划纲要(2010—2020 年)》颁布实施,家庭教育在社区得到一定发展。在 2016 年颁布的《家庭教育五年规划(2016—2020年)》中,明确将建立家庭教育指导服务站点要求提上日程。家庭教育分管部门众多,妇联、民政、教育、人口计生、关工委等部门都可以对社区家庭教育进行指导和管理,家庭教育指导服务站任命专职人员,结合多部门要求开展工作,形成社区家庭教育支持网络。全国妇联于 2016 年完成的《指导推进家庭教育的五年

① 李松涛:《家庭教育的社会支持研究》,辽宁师范大学 2014 年博士学位论文。
② 汤婷:《社会工作参与儿童友好社区构建研究》,安徽大学 2020 年硕士学位论文,第 11页。

规划终期评估总报告(2011—2015年)》指出,"十二五"期间,我国家长学校建设持续稳步发展态势,全国共建有城乡社区家长学校和家庭教育指导服务站点359656个,建设率为59.7%,有志愿者队伍的为49%,经常(每学期至少1次)开展指导活动的有46.5%。如海宁市马桥街道在马桥中心小学成立了"家庭教育指导服务站",指导服务站由来自全街道3所学校、2所幼儿园以及街道妇联的13位专业人员组成。或以某分管部门为主体领导模式,扩展原有部门的服务职能,形成符合新发展的家庭教育体系。如上海市长宁区通过构建"区—街—居"三级联动家庭教育指导网络,发挥长宁九街一镇"家庭文明建设指导服务中心"的作用,承担街镇内家庭教育指导服务的职能;为完善原有的居民区妇联家庭教育指导站建设,长宁区妇联成立古北市民中心、《小主人报》等家庭教育服务基地,推动建立家庭教育特色的"家庭志愿服务工作室",构建了妇联系统家庭教育指导服务网络[①]。社区家庭教育指导服务站的建立,是推进家庭教育基础建设的重要举措,使家长获得正规、系统的家庭教育社区服务成为可能。

链接2:《关于指导推进家庭教育的五年规划(2016—2020年)》对家庭教育指导服务站的要求[②]

进一步拓展家庭教育指导服务阵地。继续巩固发展学校、家庭、社区相衔接的指导服务网络,城市社区、学校建立家庭教育指导服务站点或家长学校的比率达到90%,农村社区(村)、学校建立家庭教育指导服务站点或家长学校的比率达到80%。深入挖掘家庭教育公共文化服务资源,大力拓展新媒体服务阵地,搭建基本覆盖城乡的信息共享服务平台。

3. 开展校外托餐、托管服务

现代家长工作繁忙,本课题组调研显示,有60.3%的家长全职上班,从事自由职业的家长为22.3%,全职在家的家长为13.4%,大部分家长的工作时间与

---

① 《上海市长宁区打造家庭教育指导服务新模式》,http://news.eastday.com/eastday/13news/auto/news/china/20160727/u7ai5873717.html。

② 《全国妇联 教育部 中央文明办 民政部 文化部 国家卫生计生委 国家新闻出版广电总局 中国科协 中国关工委关于印发〈关于指导推进家庭教育的五年规划 2016—2020年〉的通知》,妇字〔2016〕39号,2016年11月14日发布。

学校的作息时间有冲突,加之以学校和街道承办的小饭桌以及课后班也逐渐从学校和社区职能中剥离,出现"三点半"现象①,故在一段时间内以私人或企业、机构名义举办的小饭桌和托管班不断涌现,甚至出现以托代教的托管班,成为另一种类型的课外班,收取高额费用,加重家长负担。

小饭桌和托管班看似只是满足家庭的基本需求,实际托餐和托管服务包含了重要的儿童教育责任,除了满足儿童的生存需求,托管、托餐服务还内含更高层次的安全需求。社区作为联结家庭和学校的重要中介,通过开展托管、托餐服务,为家庭提供必要的保障和支持。近两年,对于小饭桌和托管班的监管已逐渐到位,如潍坊市出台《关于进一步加强学生小饭桌食品安全监督管理工作的通知》及《诸城市校外托管机构管理办法》,对全市学生小饭桌进行了专项整治,依申请经过审核确定 104 家"学生小饭桌"符合登记备案要求,并发放《学生小饭桌餐饮服务登记表》,要求其悬挂于经营场所醒目位置。家长可以通过社区网站或政府网站对小饭桌的名称、地址、负责人、联系方式、核定最大就餐人数、学生来源进行查询。

由于小饭桌和托管班一般都设立于学校附近的社区中,政策的出台为社区人员实施监管提供了依据。如咸阳市小饭桌经营及从业人员必须每年进行健康体检,取得健康合格证明后才能上岗。一旦发生食物中毒或疑似食物中毒事故,经营者应立即报告其所在地的街道办事处(乡镇政府),并如实提供就餐相关情况。如果违反暂行办法,监管部门将根据相关规定予以处理;构成犯罪的依法追究刑事责任②,社区将在这项事关家庭基本利益的事务中起到重要作用。除规范固定的托餐托管场所,社区和餐饮企业通过实施公益项目,以购买餐券的形式为家长上下班时间不固定、无法保障儿童正常用餐的家庭提供支持,如广州市的"爱心待餐"项目。

4. 建立社区家长学校

在社区设立家长学校是社区支持家庭教育较为重要的方式,投入力度较大,

---

① 《课外培训、托管班乱象、三点半难题如何解? 两会教育新声音》,载未来网 2018 年 3 月 4 日,http://news.sina.com.cn/o/2018—03—04/doc-ifyrztfz7877287.shtml。

② 《开小饭桌要登记备案》,http://news.ifeng.com/a/20160202/47325805_0.shtml。

相对效果也较好。据全国妇联《指导推进家庭教育的五年规划终期评估总报告(2011—2015 年)》数据统计,"十一五"期间,建立城市社区家长学校或家庭教育指导服务站点 71157 个,建设率为 81.1%,各级社区已经初步具备协同各相关部门推进家庭教育的基本条件。全国 31 个省区市共建立幼儿园、中小学、中等职业技术学校家长学校约 33 万余所,建校率达到 76%,建立手机、网络等线上家长学校 2.4 万所,乡(镇)、村家长学校 21 万所,省市县三级家庭教育指导中心约 5000 所,街道、社区家长学校(家庭教育指导服务点)4.8 万所,基本形成了覆盖全国的 5 级工作网络[1]。

在具体的支持工作中,主要有开展培训讲座、家庭相关活动,研发家庭教育相关知识传播材料等形式。如截至 2016 年,北京市西城区共开设 15 所社区家长学校,培训人数 8000 余人;成立了社区家庭教育研究中心,建立了专家库;举办西城区社区家长学校大型公益讲堂及系列课程"卓越妈妈"班,推出"智慧人生""新父母 心成长"等系列课程,关注家庭教育中的热点问题,仅"隔代教育"便细分为隔代应该教什么、隔代教育的禁忌、老人如何建立家庭教育价值观等系列课程,受到家长的欢迎;发布《西城区社区家长学校活动手册》。仅 2015 年下半年,社区家长学校开课多达 200 节,受众人群为 0 岁到 18 岁儿童、青少年的家长[2]。

链接 3:关于社区创建家长学校的相关要求[3]

街道、社区(村)家长学校校长、家庭教育指导机构负责人由主管妇联工作的领导兼任,与街道、社区(村)工作人员、志愿者、家长代表等人员共同组成管理委员会,负责家长学校、家庭教育指导机构的日常管理。街道、社区(村)家长学校或家庭教育指导机构可依托妇女之家、基层文化活动中心(站)、党员活动室等场所,利用节假日和课余时间开展工作,每年至少组织 2 次家长指导、2 次家庭教育

---

[1] 赵东花:《在全国家庭教育工作会议上的工作报告》,《中国妇运》2012 年第 11 期。
[2] 张洁:《以社区家长学校构建家庭教育新格局——西城区社区家庭教育工作的创新和实践》,《社区教育》2016 年第 1 期。
[3] 《全国妇联 教育部 中央文明办关于进一步加强家长学校工作的指导意见》,妇字〔2011〕2 号,2011 年 1 月 27 日发布。

实践活动。社区(村)家长学校要结合家长需求,充分利用农村党员干部现代远程教育网络等资源,宣传家庭教育知识,提供个性化、多元化的指导服务。要建立稳定的师资队伍、志愿服务队伍及专家指导队伍,有条件的地方可由政府购买公益岗,开展家庭教育指导服务。

5. 社区教育议会/社区教育理事会

社区教育议会和社区教育理事会是服务型支持中较为先进的类型,在一定程度上实现了"大教育"的愿景。在这种形式中,家庭、学校、社区代表共同对辖区内的教育事项进行决策,与家访、调研相比,社区教育议会/社区教育理事会的职能的专业性更加突出,家庭参与的话语权也更大。社区代表既是理事会的协调者又是社区教育的代言人,家庭也不再是"唯学校为导向"的受教育群体,诸方代表作为学校教育、社区教育、家庭教育的直接实践者,提出工作、生活中的困难和建议,通过进行制度化的讨论规则进行高效互动,提出有利于多方发展的解决方案,告别以往言之无物的漫谈,集中力量解决主要矛盾。最为重要的是将科学、民主的教育思维引入到各方教育者中,为提高教育者素质和教育质量发挥重要作用。

如上海市新杨中学在"家长学校、社区理事会"的基础上,形成了以课题为引领、以制度为保障、以项目为支撑的"社区听证会"。"社区听证会"由"社区干部代表、共建单位代表、教师代表、家长代表、校友代表、学生代表"共同参与,意在营造多方力量对学校发展"主动关心、大力支持、积极参与"的良好氛围,最终使"学生收获成长、家庭收获成功、学校收获发展"。其制定了"六项制度",即例会制度、提案制度、交流制度、评价制度、反馈制度、流程制度;制定了"四项原则",即"着眼发展"的目的性原则、"提供榜样"的示范性原则、"鼓励参与"的主体性原则和"共同提高"的互动性原则,以此保障"社区听证会"的科学运作。

(二)课程型支持

组织家庭教育课程的学习是社区对家庭教育提供的最普遍、最受家长认可的家庭教育社区支持内容之一①。教育部等九部门联合发布的《关于进一步推进社区教育发展的意见》也对社区教育课程内容的方向做出明确规定："广泛开展公民素养、诚信教育、人文艺术、科学技术、职业技能、早期教育、运动健身、养生保健、生活休闲等教育活动,提升居民生活品质,推动生活方式向发展型、现代型、服务型转变。"②社区家庭的文化背景不同,家长的受教育程度参差不齐,社区通过开展普惠性课程向家长传递正确的家庭教育理念,有助于提高辖区内家长的教育平均水平。通过对多个社区的社区课程进行比较和总结,社区对家长进行家庭教育培训的课程主要集中在生活、智育、德育和亲子关系几类。

1. 生活类课程

生活类课程通常包括以下内容:生活技能类课程、家庭生活常识课程及少年儿童身心发展课程。生活技能类课程和家庭生活常识类主要通过传授家长实际生活技巧及实操方法,使家长能够将课程学习的知识和技能应用于生活,改善家庭生活质量。这也是社区较为擅长提供的支持内容,因与实际生活紧密相关,故容易获取教育素材,寻找到适合的教师。每个地区都有其不同的生活特色及生活习惯,此类课程结合本地社区特色与普惠性质的生活技能,让家长在获得知识的同时体验到生活乐趣。如邀请社区中擅长烹饪、编织等生活能手为社区家长授课,邀请计算机专业人员为社区家长提供新媒体应用知识等。少年儿童身心发展课程则意在使家长了解、掌握子女的发展规律,如青春期子女的身心发展特征等。

2. 智育类课程

本次研究在对家长的访谈中发现智育类课程是家长较为关注的社区授课内容。有的家长在访谈中反映:"我自身的文化程度不高,现在小学的英语都要求家长诵读和听写,我根本不认识,只能去买点读机给孩子听写,希望社区能够办一些辅导孩子学习成长方面的课程。"由于家长学习辅导类课程是由学校主导进

---

① 毕军梅、陈虹:《社区家庭教育指导服务实效性研究——以内蒙古呼和浩特市为例》,《前沿》2015年第9期。

② 《教育部等九部门关于进一步推进社区教育发展的意见》,教职成〔2016〕4号,2016年6月28日发布。

行的,社区对于中小学生课程学习并非专业辅导组织,故社区对家长进行学习类辅导课程较多是以引导家长科学、理性地认识学习的重要性,如何通过家庭激发孩子的学习动力、学习兴趣等为出发点。如上海市徐汇区为家长安排的"孩子学习能力的引导及开发"以及"有效教学与教学艺术"系列课程等即是从家庭和家长的角度出发,从教育规律、教学特点等方面为家长提供在家庭中开展智育的思路。

3. 德育类课程

德育类课程是社区进行家庭教育课程支持的重点。家庭教育的主要任务就是对儿童进行做人的教育,社区打造德育课程,实际是结合学校和家长的德育需求开展的支持工作。当儿童进入学校后,需要遵守各项规章制度,形成对自身的外在约束,学校通过一定的德育养成途径发展其道德水平。但是当儿童回到家,家长作为其生活中的德育参照系,对其产生巨大的道德影响。近年学校一再强调家长需要重视自身德育建设,避免"5+2=0"现象的出现,即是对家庭提出道德建设的要求。而具有优秀道德传统的社区及社区成员对社区内家庭的道德约束力很高,通过社区进行家庭教育的道德培训效果明显。比如上海市长桥街道家长学校举办的"我们的经典和家庭教育"讲座,邀请中国诗经学会会员、国学新知理事对老子的《道德经》进行分析,以传统国学为主线,结合现代教育思想和青少年发展心理学理念,以及学习策略、教育技巧,引导家长们思考人生问题,解决亲子沟通障碍,更好地帮助孩子学习进步,促进家庭和谐发展,使家长们把握好家庭教育的基本原则,使辖区内150多名家长认识到"家长立德,行不言之教"的重要性。

4. 亲子关系类课程

亲子关系类课程是与德育类课程并重的社区教育课程支持内容。但亲子关系课程与德育课程有内在区别。德育课程内隐了自上至下的教育顺序、社会秩序及普适价值观念,而亲子关系类课程强调了互动以及人格上的平等,家长需要将与孩子的关系放置到平等的位置上,并且授课方式多样、灵活,突出互动性和启发性。如广州市善导社会工作服务中心针对社区流动儿童缺乏家长陪伴、受到暴力管教造成的心理创伤,与木棉剧团共同研发了互动教育剧场作品《五年级的交叉点》,通过剧场互动活动,吸引家长参与,以戏剧呈现生活的方式让家长和子女坐到一起,共同探讨家庭内部沟通问题、子女管教问题,力图改善亲子关系。此项目通过研发、实验和巡演,在广州五个流动人口社区进行服务,获得了家长和社区服务组织的高度认同。互动性亲子课程与一对多的授课式的亲子课程结合,共同为社区内家庭的亲子关系发展提供了有效的支持。

(三)活动型支持

社区有众多生活资源,开展家庭活动具备优势。首先,社区更容易得到活动材料,实施服务型支持;其次,社区可以结合课程支持内容,将课堂知识、讲座内容设计为实践活动;再次,社区能够较为准确地定位社区居民的心理需要、文化需求,进而设计出符合本社区生态环境、社区文化价值的活动。

1. 主题型社区活动

社区中大型的家庭参与活动一般以文体表演、生活能力展示等为基本内容,以促进社区居民互动,打破因现代城市带来的居住壁垒和情感壁垒造成的关系生疏,提高社区居民的归属感。如以江苏江阴新桥镇"绿园社区"为例,为增进邻里友好,绿园社区开展了独具特色的"睦邻节"活动。"睦邻节"期间,社区居民自编自演的文艺晚会、家庭厨艺交流会、家庭趣味运动会等8~10个活动相继开展,通过广场文艺展示社区居民精神新面貌,以各类家庭竞赛活动显现群众参与度,以社区群众喜闻乐见的多种文化形式塑造社区新形象。这种通过发动社区居民充分参与的文化活动,既丰富了集中居住社区的文化生活,同时又有助于"新移民"在共同的活动过程中增进彼此间的了解、沟通和信任①。

近年来,社区的家庭教育支持活动支持也由原来的单项、独立式活动逐渐扩展为复合式、常态化活动。社区工作人员和居民在不断摸索和磨合中,逐渐探索自己社区的特色和模式,把零散活动逐步归类,提升综合服务品质,形成社区支持家庭教育的平台和阵地。如2018年以来,成都市妇联依托全市4500余个妇女之家和3821个儿童之家提供"社区家庭日"服务,覆盖全市4344个社区/村。社区家庭日实现家庭自选家庭服务菜单,每个月一主题,每个月一活动,以需求

---

① 叶继红:《集中居住区移民社会网络的变迁与重构》,《社会科学》2012年第11期。

为导向制定相关社区服务项目。如在家庭教育方面,针对不同社区居民需求,提供了养育和教育不同方向的社区服务支持:有 0—3 岁的托管、儿童职业体验等"儿童套餐",有家庭教育讲座类的"父母套餐",有阅读或运动会的"家庭套餐";等等。此外,社区也逐步拓宽活动范围,与周边单位合作,开展主题性社会实践活动。如上海市儿童医院社工部与周边社区合作,让孩子进入医院进行职业体验,了解医护的工作状态、病房构造、医疗仪器等,引导孩子对医护工作产生兴趣,正确认识医疗环境,比如医院会根据儿童需求,特别设计针对中小学阶段学生的参观式职业体验项目,并教授其基本急救知识等,拓展了家庭教育的内容[①]。

2. 家长沙龙

家长沙龙是社区为教育服务提供的专业支持活动,其内容多根据社区家长学校的要求开展。家长沙龙一般选取家长关注的教育问题进行讨论,搭建家长沟通、交流、分享家庭教育经验的平台,通常会在学校或社区的某个固定时间、固定地点进行活动,每次沙龙会有一个主题,并且轮流分配家长或文教人员主持。

链接 4:某社区家庭教育沙龙规则[②]

目的:为了搭建一个实验校区家长们沟通、交流、分享家庭教育经验的平台,教育议事会定期举办家庭教育沙龙。

场地:学校、社区的会议室、阶梯教室等。

时间:定期每月 18 日,1、2、8 月放假暂停,总共 9 次。

组织:教育议事会组织协调部出面排班,上网公布,并在每月沙龙的前几天在学校门口发出通知。

参加者:至少由班主任 2 名和教育议事会成员 2 名组成。

班主任是具体的会务召集人、组织者和沟通人;主持人由教育议事会成员和班主任协商产生;家长自愿参加。

议题:调研部、提案部等负责采集提供,或者主持召集人议定。

---

① 《上海市儿童医院构建"四叶草"医务社工服务模式,患儿、家长、志愿者、医护人员全覆盖》,http://sh.eastday.com/m/20180605/u1a13962093.html。

② 叶正波:《教育议事会:一个微观教育管理体制的变革》,华东师范大学博士后研究工作报告,2006 年 6 月。

规则：本着"尊重、沟通、提高"的原则，共同遵守：请在教育沙龙上积极发表自己的观点；请仔细倾听别人的发言和观点；请尊重每个发言人的人格；请委婉地反对别人的观点，提倡说"我的观点是这样的……"，不提倡说"我反对""这是错误的"；其他应该遵守的法律、法规。

3. 校社活动

学校和社区合作是现在社区开展针对儿童教育的重要类型，对于家长而言，学校和社区共同举办活动是家庭和家长进行课外学习的"双保险"。首先，活动有据可依。学校和社区联合办活动完成了家长学校或社区学校的行政任务；其次，在学校师资和社区物资的保证下，活动一般能够按照一定规则、制度有序进行；最后，活动内容基本能够做到解决一定的学生问题，为家长提供接触教师的机会，也让教师了解学生成长的生态环境，增进教师对学生的了解。校社活动与家长沙龙有所区别：校社活动面对的是更为广泛的学生家庭，或可说校社活动是带有普惠性质的交流活动，而家长沙龙是小范围、专题性较强的讨论活动；校社活动以交流、获得信息为主，家长沙龙则侧重于提高教育能力、进行思想风暴。

较为典型的校社活动如社区与学校联合，教师进入社区进行大规模家访。如太仓市良辅中学组织全体行政人员和教师分组走进社区，举办集中家访月活动。全体行政人员和教师由校长亲自带领，分成5组，走进了南郊社区、利民社区、群星社区、东仓社区。学校领导从学校近年来发展、规划和教育、教学的发展，取得的成绩方面向家长做了介绍；班主任针对班级的具体成效及存在问题与家长进行了沟通；请资深教师就学科要求、家庭教育的注意点进行了探讨；最后各位教师针对具体的学生情况和存在的家庭问题与家长进行交流。家长踊跃参与、积极发言，为学校的学生教育工作提供了第一手资料，也为学校的未来发展提出了宝贵的建议[1]。当社区作为中间人，为家长和学校提供共育的条件，会激发家长的教育潜能，提高学校对家庭教育的重视程度。

（四）介入型支持

介入型支持是近年在中国社区出现并开始初步发展的社区支持类型。在传

---

[1] 《太仓市良辅中学：集中家访月活动之走进社区、家校合作》，http://njzx. news. tcedu. com. cn/col/col4409/index. html。

统社区中,也一直存在介入型支持的雏形。如某个家庭出现了成员内部无法调解的关系问题等,居委会工作人员会介入家庭事件,作为中间人进行纠纷处理。这种调解方式在一段时间内为家庭的建设和家庭关系的缓解提供了支持,但这种支持方式在现代社会存在一定局限。首先,这种形式较多存在于以往群居式的生活条件中,如大杂院、筒子楼等,家庭问题、家庭关系较容易暴露,但现在相对封闭、个体式的居住环境让这类问题不易显现,较强的人口流动性也让这种支持方式实施的可能性变小。其次,传统的调解方式对调解人与被调解家庭的关系要求较高。被调解家庭需要与调解人长期接触、产生信任才能取得一定调解效果。最后,调解效果专业性有待考察。传统的调解模式更强调"情面",工作人员缺乏专业的心理引导方法和社会工作方法的支持。

近年来,中国在对家庭进行专业介入支持的主要对象是困境儿童及其家庭。困境儿童指因家庭贫困导致生活、就医、就学等困难的儿童,因自身残疾导致康复、照料、护理和社会融入等困难的儿童,以及因家庭监护缺失或监护不当遭受虐待、遗弃、意外伤害、不法侵害等导致人身安全受到威胁或侵害的儿童[1],他们可能会面临父母离异、父/母死亡、贫困、本人与家长分居、本人残疾、寄养、父母残疾、父母服刑在押或强制戒毒[2],孤儿等困难的家庭情况[3]。当家庭陷入困境,家庭的社会功能有所缺失,社会支持网络不健全,儿童的生活有时难以得到保护的现实困境,并且会较大概率出现关系困境[4]。社区专业介入型支持在改善现实困境和关系困境中取得一定进展。专业社工介入后,通过专业的社会工作流程对家庭进行评估、访谈,再针对家庭进行方案设计,确定适宜的支持方法,通过个案工作、小组工作、社区工作的基本方法,运用到实际的介入支持工作中。

---

① 《国务院关于加强困境儿童保障工作的意见》,国发〔2016〕36号,2016年6月16日发布。

② 尚晓援、虞婕:《建构"困境儿童"的概念体系》,《社会福利(理论版)》2014年第6期。

③ 杜亚松、唐慧琴、包玉娟、王玉薇、郑惟庄:《十类特殊家庭子女心理卫生状况的研究》,《中国心理卫生杂志》2002年第1期。

④ 孙静、孙新兰:《城市困境儿童家庭新特征及心理关爱策略探索》,《少年儿童研究》2020年第1期。

1. 提供改善现实困境的专业介入服务

第一，提供经济支持。政府为困境儿童和困难家庭提供经济帮扶是民生工作的长效工程，对困难家庭提供低保、医疗等服务，让困境儿童享有政策规定的相关教育福利等，保证儿童的基本福利。如上海市对监护缺失或不当的儿童提供每月 1900 元的基础生活费[①]。

第二，提供日常生活服务的介入支持。如北京市协作者社会工作发展中心进行的困境流动儿童救助服务即是在社区层面对家庭的支持服务，专业社工会针对社区中的困境流动儿童的家长忙于生计导致忽视儿童的情况，提供了"童缘"课后托管的服务型支持；并且由专职社会工作者和志愿者定期开展儿童成长小组活动，提供课程型支持和活动型支持。

第三，提供生存环境改善的介入支持。此类支持行动注重将社会工作的相关方法运用在支持行动中，如北京市协作者社会工作发展中心在家庭能力提升方面开展了大量工作，对困难家庭的家长进行能力建设，采取搭建社区内不同家庭间的交流互助的平台，鼓励不同家庭间进行分享、互助，提高家庭的生存能力。同时，通过调动不同的资源，为困境流动人口家庭提供其在健康、法律等方面的能力建设，改善困境流动人口家庭的生存状况[②]。

2. 提供改善关系困境的专业介入服务

第一，修复家庭创伤，提高家庭抗逆力[③]。在美、英、日等国家，专业社工介入家庭问题进行家庭修复、心理治疗等发展水平已经较成熟[④]，中国社区在此领域也有了一定探索。本次研究对某从事心理咨询的 NGO 组织（简称 QH）进行了调研和访谈。QH 通过购买政府社区服务项目，以社区心理工作室的方式为社

① 华怡佼：《社会组织参与服务城市困境儿童的现状与对策——以上海市为例》，《少年儿童研究》2020 年第 9 期。

② 李涛：《社会支持系统下困境流动儿童救助服务中的专业社会力量参与研究——以"协作者"为例的行动研究》，http://www.facilitator.org.cn/jycd/jycd0/jycd03/。

③ 华怡佼：《社会组织参与服务城市困境儿童的现状与对策——以上海市为例》，《少年儿童研究》2020 年第 9 期。

④ 凌泱：《兰州市 M 社区未成年人家庭教育的社区支持研究》，西北师范大学 2018 年硕士学位论文，第 7 页。

区居民提供心理支持。当 QH 进驻社区后,实地为社区居民提供了服务型、活动型、课程型支持,从心理学角度宣传心理健康对生活的重要作用,并且在进驻社区一段时间后,与社区居民达成了一定的信任,开始进行介入式家庭治疗。

除了专业社工的小组工作等方法,QH 发挥心理学专业优势,采用沙盘治疗,以家庭系统排列工作坊的形式深入参与家庭互动,寻找矛盾关系背后的心理根源,并且与社区活动结合,解决家庭成员之间的问题以及家庭成员个人心理问题。这种探索类似于与西方国家在社区开展的家庭治疗模式。心理工作者通过观察案主原生家庭及真实的成长环境,在家庭中对家庭成员的关系做出更为准确的判断,寻找现有创伤发生的源头,实现精准的介入支持。

链接 4:家庭或小组治疗的指导方案①

一开始便了解成员的个人身份认同、家庭、社区、文化和宗教联系。

邀请他们分享自己的危机经验。对最近发生的(以及持续中的)危机、丧失、困境或他们所遭受的不公正状况表示理解和同情。

挖掘并强化他们可见的资源和优势,或可利用的耐力和应对努力。

帮助他们赋予意义、掌控局势。将焦点从他们所遭遇的事情上转移到他们能做的努力上(从无奈和受伤害,到积极主动与赋权),从无法承受转向采取积极的措施,朝着复原与重建生活的方向前进。

辨识抗逆力的来源,挖掘他们生活中的重要关系人(联系之前曾提及的关系人),使其在复原过程中,成为他们的救命绳。

辨识他们自己的小家庭或原生家庭在遭遇逆境时,会去求助的个人、关系和灵性资源,并了解这些资源现在能够提供怎样的帮助。

第二,针对重点关注群体提供教育介入支持。在国外一些国家中,专业社工服务已成为公民成长、教育方面的重要推手。如美国在针对高风险青少年而设立的"大哥哥大姐姐"项目就是通过专业社工对高风险青少年进行榜样重塑而开展的专业介入项目,对家庭的安定和困境青少年的健康成长起到良好支持作用。

---

① ［美］Froma Wslsh 著,朱眉华译:《家庭抗逆力》,华东理工大学出版社 2013 年版,第316 页。

链接5：大哥哥大姐姐项目①

在亲属和社区中多寻求帮助，包括角色模范、生活导师和其他良师益友是非常重要的，对高风险的青少年来说尤其如此。当家长无法提供正面的影响时，就需要在亲属和社区网络中培养其他的生活导师。像"大哥哥大姐姐"的项目已被证实可以预防高风险的城市儿童误入歧途：参与此项目的青少年较少会加入帮派、酗酒或者吸毒，而且他们在学校的表现也更好。这类关系的关键是花时间相处、参与家务劳动和做有意义的工作，也开展一些有趣的活动。类似"大哥哥大姐姐"的项目能够给青少年一些关爱、正面的榜样，让他们可以敬仰、学习，并从中获得鼓励和启发。

3. "专业学科工作者+社工精准介入"的社区支持工作

困境儿童和困难家庭有较多类型，其面临的问题及其成因具体而复杂，涉及多个专业领域。近年中国一些社区试点了"专业学科工作者+社工精准介入"支持的模式，并取得了一定成果，出现了如医疗社工、法律社工等新型社工角色，丰富了社工支持的模式，为困境儿童和困难家庭提供了精准化、专业化的支持。如上海市儿童医院构建了"四叶草"医务社工服务模式，形成了患儿成长支持、家长成长支持、志愿者成长支持、医护工作人员成长支持的四大医务社工服务体系②，以专业志愿者策划、执行各项活动，并以普通志愿者为补充，建立了信息支持、情感支持、归属支持、社会支持四大支持系统，帮助患儿康复，疗愈家庭创伤，建立患儿社交平台，医院社工部还与普陀区青少年中心合作，开展同龄儿童互助活动，如让少先队大队长担任"快乐使者"角色，在医院外学习魔术，为住院的患儿表演。

此外，专业学科工作者精准介入社工支持在近年开始了标准化探索。《未成年人司法社会工作服务国家标准》的试行即是在未成年人司法社会工作方面，运用社会工作理念和方法，与高校等科研机构形成合力，为涉案未成年人提供专业

---

① ［美］Froma Wslsh 著，朱眉华译：《家庭抗逆力》，华东理工大学出版社 2013 年版，第 109 页。

② 《上海市儿童医院构建"四叶草"医务社工服务模式，患儿、家长、志愿者、医护人员全覆盖》，http://sh. eastday. com/m/20180605/u1a13962093. html。

服务工作的重要举措①,并开展了多地试点工作。如江苏省宿迁市检察院联合未成年人司法社会服务中心,研发了未成年人司法服务中心云平台;浙江省杭州市萧山区检察院全体未检干警与全区 380 余名律师、社工、心理咨询师入驻团省委"亲青帮"平台;河南省新乡市检察院牵头建立小荷未成年人权益保护联席会议、联络员制度、"小荷工作室",通过"你申请、我派单、他执行"的三方服务方式,开展专业社工精准介入支持服务。

（五）家长自治

在家庭教育社区支持的类型中,家长自治既能够称为社区支持的类型之一,也可以算作社区支持家庭教育工作的成果。家长自治实际融入了社区支持、学校支持、家庭支持等多种支持类型,但其目的都比较明确,即为了加强家庭之间的联系以及家长自身教育水平提高而开展的群体性活动。

1. 家长自助学习

伴随互联网科技的发展,电子技术为社区开展家庭工作提供了便利。社区对家庭教育提供支持的最终目的是实现家庭自助,使每一个家庭及其成员能够获得自我成长的能力。因此,鼓励家长进行自我教育将成为未来社区支持发展的方向。在这个趋势下出现了较多的家长自学方式,如上海徐汇区创建徐汇终身学习网,开设电子学分银行。社区居民通过对网络课程进行学习,积攒学分,并且能够通过学分进行生活用品兑换。在现阶段,尽管社区居民自学还处于正强化阶段,需要进行一定的物质鼓励和精神支持,但当勤于学习成为一个社区的风气及社区成员追求的人生目标时,其对社区文化环境、社区风气将产生深远影响,对家庭教育的发展有重要意义。

2. 社区家长自办活动

社区家长自办活动实际是社区对家庭教育支持的重要目标,当家庭能够重视自己的家长身份并且实行家长的权利,自发运用以上阐述的支持类型,并且得到持续性的反馈和指导时,社区对于家长的支持达到了互助阶段。

---

① 《〈未成年人司法社会工作服务国家标准〉启动试行》,载《中国青年报》2020 年 8 月 23 日,https://baijiahao.baidu.com/s? id=16758299669110794411&wfr=spider&for=pc。

链接6：一位家长通过社区支持开展自治的案例①

事情进展：场地定下来了

3月28日在小区会议室举行了街道鲁冰花家庭教育志愿者座谈会，区妇联和街道妇联主席都来了，附近4个社区的居委主任、妇代会主任，家庭教育志愿者20多人一起座谈。4个社区的代表先后向领导们介绍了街道鲁冰花项目的推进情况，并对当前鲁冰花项目的落地提出了各自的意见和建议；作为小区的志愿者代表，我介绍了我们的初步设想，得到区妇联领导和街道妇联领导的鼓励，支持我们小区作为试点小区来探索社区家庭教育的模式。

和街道居委会已说好了，按我们的时间会把钥匙借给我。场地就是我们开会时的会议室，挺大一间的，估计有60～70平米。

4月份家长沙龙及儿童读书会正在准备中，时间还没定下来。主要考虑优悠那边有几家上半个月都没空，她们只能20号来参加活动。

家长沙龙这边正在准备主题，4月的主题选择的是："家有磨蹭孩怎么办"和"怎么和孩子说性骚扰"。"家有磨蹭孩怎么办"，家庭教育协会学习组已经帮忙做好案例和自我评价表，一会上图给大家看看，大家帮忙参谋参谋。

先把活动办起来再说，提醒自己不要忘记初衷：创造机会让孩子们一起玩，同时家长有机会交流提高自己。不要流于形式了。

社区家长沙龙和亲子读书会

热心妈妈把活动通知了老师，学校大喇叭里推荐了，周五（4月19日）本小区的适龄孩子来了大半，面对50～60个孩子及其家长我有点儿不知所措。我们拿着"小蜜蜂"，嗓子都喊哑了也镇不住，还好二（五）班的毅毅妈挺身而出，在她主持下活动顺利进行。周六活动她也来帮忙，交流中得知她早就知道小花生，还认识小花生的创始人。小花生网友能人多……

周五家长沙龙说实在没达到预期的效果，家长们基本没地方坐只能沿墙边站着。准备好的案例和对照式菜单也不够发，也没时间多交流了。

周六的活动人少了很多，但也有20个孩子参加。优悠妈主持的，让大家了

①　小花生网月月妈770博客：http://www.xiaohuasheng.cn/blog/4490209397744423

解下墨香小筑的模式,会后家长们主要就读书会的形式、主题等沟通了下。后面大家私下交流,都表示希望能和班里或小区的朋友们组建读书会,规模要控制在10～15人。

学校老师很支持我们的活动,第一周活动两天都有老师来看,鼓励我们,也提出了建议。街道妇联翁主席也很支持,让助理把邮箱给了我,让我们把活动的照片传给她。今早我去居委会沟通,和小区的孙书记提了大家的想法,她同意把场地借给我们,人数也建议我们要控制好,安全第一。

除家长沙龙之外,家长利用社区资源开发了多种教育渠道。家庭成员共同参与的社区亲子活动以及社区主题夏令营成为家长利用社区资源进行自我管理,丰富家庭教育内容的常见形式。社区是居民生活的重要场所和情感联结的纽带,其本身也是社区的重要资源,从这一视角出发,广东桂城街道林岳社区项目以公共空间改造为切入点,以亲子家庭为主体活动对象,开展"种植"和"墙绘"两个主题社区夏令营,联动社区大学生团体、社区青少年及社区志愿者团体共同参与到社区公共墙体的修复、美化的活动中,在此过程中儿童和家庭互相交换社区发展故事,家庭对社区的事务及发展有了更多了解,家长对自身拥有的社区治理能力也有了初步认识[1]。

3. 家长联合社工开展自助服务

居民参与社区治理是社区发展的重要目标[2],在社工人员不足、社会组织支持力量尚待开发的情况下,发动社区居民自治力量,开展自助服务,培养社区建设人才是社区提供支持服务的有效途径。社区居民能够更精准地反映需求,经过专业社工引导后,能够针对"痛点"开展有效的社区自助服务。如武汉汉阳区琴断口街七里晴川社区和辖区社会组织从2019年起,联手指导成立妈妈志愿团,以孵化志愿者的模式来引导居民参与社区治理,开发家长自治能力,进行自

---

[1]　《桂城林岳社区:居民齐参与,社区变"靓"了》,https://baijiahao.baidu.com/s? id=16767076238845176 51&wfr=spider&for=pc。

[2]　罗燕:《让居民担当社区治理主角——专访民政部基层政权和社区建设司司长陈越良》,《民生周刊》2018年第11期。

助服务[①],解决了子女放学无人接送、托管难等问题,家长自助服务也为社区建设带来新生力量,强化居民对社区事务的参与意识,提高了家庭对社区的认同度和归属感。

三、家庭教育社区支持存在的问题

社区在家庭教育工作方面获得了诸多成果,但由于社会转型的客观存在,在此过程中必然会产生较多问题。当工作权力更多地被下放到街道和社区,在制度设计、管理、资金、人员调动、实际服务等方面都存在需要改进、整合、提升的空间。在本次调研中,笔者对与家庭教育社区支持相关的部门工作人员及家长进行访谈,将社区中家庭教育工作的突出问题进行总结。需要解释的是,文中所说的"街道"是指中国城市街道行政管理区的代名词,实际应称为行政街道。它长期以来担负了某些社会分配、社会协调、社会控制的职能,从而使辖区内居民在日常生活中对其有较多的依赖,因此街道实际上是中国所独有的都市小社区[②]。

（一）政策层面

1. 对家庭教育重视不足,政策制定疲于应付热点问题

尽管政策有实施要求,但实际上家庭教育在社区工作中呈现"多头分管、管理内容有重复又有空白"的局面。在对民政局具体进行政策制定的工作人员进行访谈时,该工作人员反映确实存在政策架构缺陷的问题,很多部门都有权力分管社区中的家庭教育工作,现行架构不利于家庭教育社区支持相关工作的开展和推广。

在民政部的架构上,有基层政权和社区建设司,有社会组织管理局,也就是说管社区和管理社会组织的不是一个系统,整合做得不好。有重合但又有分离,有的事情双方都管,有的都不管,存在政策监管空白。

从顶层设计来看,整个架构和评价体系设计还是有需要改进的地方,或者说是倡导的价值观需要改进。现在的工作中很多人不敢正视利益,其实也就是不

---

① 《这个社区家长们抱团互助接孩子放学》,载于《武汉晚报》2020 年 9 月 3 日,http://dy. 163. com/article/FLIVVGQG0514TTK0. html。

② 黎熙元主编:《现代社区概论》,中山大学出版社 1998 年版,第 127 页。

强调实效与工作结合。干部晋升靠上层评价,不注重底层评价,评价上有假、大、空现象的存在。今天民政部这个是热点,我们就做,领导天天出台文件、写汇报,为什么呢?要成绩,要让上面领导看到成绩,所以有些文件是为了迎合领导的想法完成的,在实际社区的土壤中会什么样,实施成果是什么样也没人关心。一年一个计划,一年几个文件,领导一换都打水漂。(×市×区民政局社区建设科科员 L)

访谈中强调的政府管理功能重合与空白现象并存,工作较难推进的总体状态在社区层面也有所印证,一位社工服务站前站长 J 也表示:

以我之前所在的社区来看,根本没有什么家庭教育的工作,就是宣传部有个学习型家庭,文教有寒暑假活动,计生有点儿亲子活动,团委和妇联有时候会有一些活动。没有专门负责家庭教育的。这一块也没有专门的经费,都是用的社区的公益金。

而专业社工与居委会和街道的关系也处于相对模糊状态,并没有整合到位。专业社工 T 表示:

我们是社工服务站,居委会的人也会考社工证,我们归属于社工委管,居委会归街道管。我们平时很忙的,有很多上面派下来的工作需要落实,并不会只把家庭教育放在第一位,社区里的其他所有工作也需要我们去完成。

2. 政府购买服务处于发展阶段,需求大但缺乏专业规划

政府购买公共服务是指政府通过公开招标、定向委托、邀标等形式将原本由自身承担的公共服务转交给社会组织、企事业单位履行,以提高公共服务供给的质量和财政资金的使用效率,改善社会治理结构,满足公众的多元化、个性化需求。政府购买公共服务在我国发展的时间还不长,立法健全、准入机制、招标模式等都处于探索前进阶段,当这项利民政策落实到社区时,也产生了更多的具体问题。

首先,出现社区有心承接却无力承担的局面。民政局的一位工作人员解释:

政府购买服务是民政部这两年再强调的一个政策理念,像上海和周边地区是在社区设置专门岗位,只有社工师才能任职,进而带动整个社区开展服务。

社工 T 也表示,社区如果需要跟其他单位合作办活动,一般而言都会联合周

边企业开展项目：

因为购买服务项目其实是对参与的组织有要求的，只能是由民政局注册的那种社会组织才能参加，像公司是不可能批准参加的，所以他们如果跟我们组织活动，我们这边也不能出钱，毕竟没有给这些公司这部分资金。

其次，基层社工站能够参与政府公共服务购买项目，并且具备进驻社区的优势，但实际上社区将社会购买服务当成了一项需要完成的工作或任务。最后，在整个执行过程中的监督评估相对而言也缺乏力度。

想进入中国的社区，没有政府是很难的，社区的架构决定了社区工作人员工作的局限，社区工作往往是大锅烩，又要应对政府指派的任务，心力不是很专注于社区服务，或者说不是行政指派任务上的工作。再说工作的评价体系。由于社区居委会实际领导者的行政身份，决定了评价体系实际上不在社区居民而在政府，他们必然对非行政要求的这种自选项目不那么看重。（×市×区民政局社区建设科科员 L）

关于社区购买服务是这样的，街道每年都会让我们报项目，然后街道再从中挑选几个，再请专家过来评审。如果过了评审就能批钱来办，评委有时候是来给社区做讲座的老师。购买服务的项目做完了会有人来做评估，评估方式有很多，比如有一次我们做了一个项目，然后来了两个大学生过来看了我们做的东西的材料，然后就结束了。评估标准不严格，我们购买服务申请的不多，因为我们也不愿意做这个事情，很麻烦。政府购买服务项目是需要我们自己去想要做什么的，我们也没那么多精力。我们服务站一共四个人，再加上四个协管员，我们服务站已经算是人比较多的了，即便如此也没有专门的人来做社会购买服务项目这一块，任务都平摊到各个社区服务站上。如果没有牵头人，我们申请项目的积极性也不高，现在我们这边社区都是没有社工站的站长，社工站实际也是由居委会主任做直接领导，居委会主任也兼任社工站的站长。以前有站长的时候这些工作都是站长的。（社工 T）

（二）执行层面：专业基础薄弱，实务培训欠缺

1. 社区依赖政府管理，存在行政化、机关化现象

社区在开展工作过程中，需要进行大量的自治管理工作。在实际工作中，社

区仍沿用一直以来的行政架构,这种科层制化的体制能够保证社区服务任务完成的水平,但也限制了社区自治的发展水平。很多社区仍然存在依赖上级部门拨款、下达指令之后去完成任务的现象,呈现机关化和行政化的特点,对于家庭教育工作也存在"政策下达后再开展"的被动管理现象。

现在政府特别注重社区,服务、工程都要进社区。正常来说,按照现在的行政架构,社区不属于一级人民政府,是自治组织。社区的工作人员也是民选出来的,不是行政指派工作人员。民政部门设置社区建设科,其中的一项职能就是从理论上指导社区建设,而不是替社区去做,所以严格意义上来讲,对社区的实际工作也称不上管理。

但在现实中,至少北方的社区承担着政府的职能,居委会和党委的实际领导者,也就是居委会主任和社区书记绝大部分是机关工作人员下派,很多政府的职能工作任务最终都是指派社区来做,社区实际上承担了很多行政职能,正常以我们出台的政策为例,是引导社区去关爱一些困难家庭,资金由政府来出,同时还鼓励社区自己有一定的操作空间去发展社区业务,实际上由于社区的实际架构,所有的事情的推进都需要请示上一级的政府部门,资金的审批发放也是由政府管理,好多社区更是推一步走一步,不推就原地倒退。

社区对家庭的扶持,实际上还是政府行为的延伸,不是社区自主做的服务。如果说在社区层面是不是有这样的政策,还是有的。但是实际上如果严格说社区自己想做,自己有能力做的,应该不是这样,因为所有的行动离不开政府的资金及管理。这是北方的情况。南方的有些做法跟我们不同,他们好多把服务职能抽离政府,政府只做行政管理。比如说广州他们就是通过社工来推进工作,他们社区更加加强行政化了,社区的服务功能全部交给社工站,成立类似家庭服务中心的工作站。政府每年给一定经费,对服务站的需要、提供的服务内容提出要求,年底有第三方机构验收评估,平时怎么做,日常管理和活动,政府部门不再参与。(×市×区民政局社区建设科科员L)

平时我们服务站就是负责办理准生证、老年证,等等,居委会负责组织活动,我们有时候也跟居委会一起承办活动,不组织活动,组织功能主要归居委会管理。资金都是财政拨款。我们走的是居委会的经费。社会组织是政府购买的,是街道跟他们联系,我们也可以申报这个政府购买的经费,然后街道也会对社区服务有一定的要求,会预先设定一些项目。(社工 T)

2. 人员组成:缺乏专业的社区工作人员

社会工作专业自 20 世纪 80 年代恢复后,逐渐得到社会认可,但在学科培养与实务培养之间仍存在一定差距。社区工作需要深入社区和居民,开展长时间的田野研究,社区的家庭教育工作也是如此。现今社区很多干部和工作人员都是"半路出家",缺乏专业的社区工作实务知识,对个案工作、小组工作、团体工作等专业的社会工作方法没有深入了解和实践,相关专业培养的学生初入基层社区或进入街道部门、居委会后,往往忙于事务性任务,而忽略了专业社工实务的发展。

现在社区各项工作,包括家庭工作都有的一个问题就是人的自身问题。政府除了安置转业军人,对军人家属也有安置。过去参军的话,军人晋升对高学历没有要求,军人家属好多也是学历不高的女性,有些可能原来是工人、家庭妇女等。当然这不代表全部,现在年轻军人家属的学历水平素质能力也是越来越高了。但是当这样一批人转业、复员来到政府后,大部分是被安置在街道的,而且他们都有行政编制,而街道又把他们安置在社区,除非是想重点发展的社区,那几个大学生还得留给领导写材料。这算是一个视角吧。我想说的就是除了社区实际领导者的工作评价体系外,他们的自身素质,有很多在政府工作体系中也不高,把视角不新的、不才的人放到社区去,那么社会组织进社区,实际需要这些人的支持推介,才能开展好服务,现在的困难就是可想而知的了。(区民政局社区建设科科员 L)

3. 缺乏专业研究人员进行田野研究,社区家庭教育工作深层研究空间尚待弥补

除了管理层面的人员问题,社区研究的田野工作也没有得到良好发展。科研院校的社工专业研究者能够长时间进驻社区、参与家庭工作的人员数量有限,并且社区接待的研究者的层次也有限,社区一般会成为科研院校实习基地,当实习生进驻社区后,由于对业务不熟悉,也无法深入参与社区工作,对研究成果的形成也就有所限制。另外一种情况是社会组织通过购买服务进驻社区,专业的

社区工作人员往往会由于行政原因或社区群众对其认知度不够,其支持服务的职能很有限。

很少有研究者进入社区,以前曾经有过学社会专业的大学生过来实习,现在也基本没有了。他们过来也就是帮忙,让他们办什么就办什么,而且我们并不能随便接这种大学的研究团体,只有街道给安排了才可以过来。有的社区会有义工组织来帮助社区进行活动,我们顶多找找周边的亲子乐园的公司或者企业来帮我们办活动,这也是帮助他们进行宣传了。(社工 T)

在与 NGO 组织 QH 的志愿者进行访谈中得知,自从心理咨询室进驻社区后,开办的家庭活动有时会受制于社区领导的意愿,有时专业的咨询师会对领导下达的"参考式意见"产生疑惑,认为与自身的专业服务意愿有所偏离,但又有较多顾虑:

我们很担心社区不支持我们的工作,这样我们就是想帮助家庭也没办法进入,我们也不敢得罪社区的人。想纯粹地进行服务挺难的。

而且社会组织和社区的社会工作者之间也存在一定罅隙,彼此间联动不足。在有专业社会组织进驻的社区中,有社工表示:

我们跟他们(专业社会组织的工作人员)不一样,基本没什么交集,也基本没有人去做他们组织的心理咨询,原来我们也有过专门做婚姻与家庭的心理咨询师,但因为没人来,提供这个服务的组织到后来也就不来了。

4. 社区工作人员待遇偏低,缺乏工作动力

社区工作难度大、时间长、头绪多是事实,家庭教育的社区工作也是如此。获得一个家庭的信任很难,需要付出巨大的精力,但是与此同时,专业社工的待遇成为其发展的瓶颈。社工 P 回顾自己刚刚参加工作时(2012 年)的情景:

当时觉得自己工资要是能上 2000 元就好了。

这种情况在现在也并没有得到过多改善:

社区方面政府其实每年都给很多钱的,也要求,也有很多设施,只是实际使用情况不理想,原因之一就是激励机制问题,社区不是根据社工完成的项目进行激励,而是让社区工作人员都去考社工师的证,然后根据级别每个月多发一到两百元。即使是这样,大家也都会去考,毕竟整体待遇比较一般。

我个人认为广州的模式会好一些,实际上政府购买服务做得好的地方也是在广东,比如深圳的社工驻社区就做得比较好,比北方专业很多。社区既然逃脱不了一些行政职能,那就让社区去做行政职能,把服务职能放手给社会组织。社工组织作为一种社会组织,它的评价体系就是能否开展好服务,而不是完成上级任务,这样划分清晰之后,社工必定会全心全意推进服务,而不是像现在的社区一样三心二意甚至不愿意去做服务这块内容。

(三)实施效果方面:宣传力度小,以学校指令带动工作、活动形式化

1. 社区对家庭教育工作宣传力度小、自身能动性不好

宣传工作是社区工作在实施中重要的方式,通过进行展示宣传或面对面宣传,社区工作者可以调动社区居民参与社区建设的积极性,让社区居民认识到社区工作的重要性。社区中较为重视老年人和特殊家庭的社区工作,对于一般家庭的社区工作宣传力度和实施程度都不够。社区甚至成为配合学校工作的机构,并未发挥自身能动性。在这一点上,负责计生工作的社工 T 深有感触:

(学校的)老师会跟学生说,放假后去社区报到、上课,然后盖章回来。平时的日子里孩子基本不来,周末孩子放假,但我们也会放假。家长平时也很少问我们服务站这些信息,而且这些也不归我们管。也基本没有在校的孩子家长过来向我们寻求帮助,我觉得人家都还是更喜欢花钱去做培训吧,可能觉得更专业吧。

我觉得社区的家庭活动中问题最大的可能是时间问题。因为孩子除了寒暑假是没有时间来社区参加活动的,平时都去参加各种课外班了。我们搞的活动要是没有人来,也就没有继续弄下去的意义了。就像以前我们有小饭桌,但也是请快餐公司来给送餐到各家各户那种形式。也是没什么人来,坚持了一阵之后就取消了。

而且如果学校没要求,社区自己可能就不太搞活动,除了六一儿童节有统一的活动,而且还是偏重年龄较小的孩子。而且家长也会在那天放假,这才是活动能搞起来最重要的因素。而且其实我们搞活动并不专业,都是自己在想,确实缺乏专业指导。而且我们组织了活动,做完了也就完了,并没有人来评估。

关于学校与社区联合办活动这一点,社工 T 说明了现在常有的一种现象:

我们附近没有学校,所以就没有社区与学校一起办活动的情况。在学校与社区合作这点上,首先需要社区的辖区里有学校,这些活动才能开展,不然跨社区是没法搞活动的,也没有这些资源。如果非要搞活动,也只能我们自己搞,但我们能力有限,能做的活动也就是带领孩子画画、读书等。实际上社区能为孩子和家庭做的活动也就是集中在寒暑假期间,平时他们都上学,是顾不上社区的。

2. 活动形式化

由于社区的家庭活动形式分散、时间分散、受地域限制较多、人员组成参差不齐,家庭教育没有成为单独的立项进驻社区,而是以一种"共生"方式与其他的社区活动混淆存在,流于形式难以避免。

家庭活动都是居委会文教科在组织,寒暑假孩子必须去上居委会组织的讲座和课程,参加结束才可以盖章。然后孩子回到学校后才能够完成社会实践表上的任务,才能取得学分。活动一般是读书、做手工、画画,有的会按照学校下达的要求比如总结家风家训,这个活动每个口(指分管部门)有每个口的要求,也有社会中心要求组织的活动,也有组织部要求的活动等。然后都凑在一起搞一个活动,寒暑假活动主要是文教科在负责,但是哪个部门需要搞什么活动了,就大家一起凑起来做一个,比如文明礼仪、文明使者。比如去年暑假'学长征精神,做红色传人'活动期间,我们请一个老师来举行讲座,请老党员讲红军故事并且组织唱红歌,等等。(社工 T)

四、完善思路

(一)政府层面:政策完善、权力转换、严格考核制度

1. 积极开展家庭教育的社区支持政策研究

现阶段,我国社区工作的相关政策更偏重于社保、优抚、福利等基础保障工作,对于家庭教育的倾斜力度有限。在近两年出台的关于家庭教育的文献有所增多,但基本处于顶层设计阶段,对于如何具体开展落实社区的家庭教育支持工作还没有出台规定细则,需要进一步对服务、课程、活动、专业介入这几个主要的家庭教育支持类型进行统筹规划和细节落实。

2. 政府权力转换,调整社区管理定位

在社区发展过程中,社会组织以及社区专业工作者是社区建设的重要发展

力量,如何使其能够充分发挥专业力量进行社区建设,政府需充分考虑自身权力转换问题,对有资质、公信力以及良好社会服务能力的社会组织进行赋权,让"社会组织管理社会组织",政府进行督导及监管,将行政与专业工作进一步剥离。这种转变已经出现:2015年,为推进首都社会组织管理制度改革,加快政府职能转变,北京市民政局将公益一类事业单位"北京市社会组织发展服务中心"委托北京市协作者社会工作发展中心作为第三方社会化运营。北京协作者成为市级支持性平台,将与专业社会工作、社区支持的功能从政府部门脱离出来进行专门服务,建立了集为社会组织进行培训、资源分享以及涵盖引导登机及组织年检等为一体的社会工作建设平台,开启了北京乃至全国的社会组织创新管理之路,同时也开启了政府与社会组织建立全新的合作关系之路[1]。

3. 严格考核,建立家长参与社区家庭教育考核制度

儿童进行九年义务教育是权利同样也是公民义务,家长同样需要进行成长及教育,对于家长的教育不能以"孩子出了事之后再硬性要求家长进行亲职教育"为思路,而是应该从孩子出生后对家长的继续教育进行同步考核,如可以设立家庭信用积分等,将家庭教育与家庭成员信用评价体系挂钩,将家长参与继续教育作为考核指标之一;将家长参与家庭教育学分与孩子的课外实践结合考评等,保证家长接受教育的时间和质量,形成社区教育监管制度。对社区专业工作人员而言,对项目的考评不可流于形式,要在加强自身专业工作培训的基础上,提高社会工作师的准入制度和含金量,对社会工作人员进行实务的阶段性评审。家庭教育、社区教育都是专业性较高的社会工作领域,但也是社区建设的核心内容,因为社区服务、社区卫生、社区治安、社区文化建设的活动更能直接地促进社区居民生活质量的改善[2]。

---

[1] 北京市社会组织公共服务平台,http://www.bjsstb.gov.cn/wssb/wssb/xxfb/show-Bulltetin.do?id=59458&dictionid=864&websitId=100&netTypeId=2。

[2] 王思斌:《体制改革中的城市社区建设的理论分析》,《北京大学学报(哲学社会科学版)》2000年第5期。

（二）社区层面：人员更新、课程设计转型、"互联网+"模式的运用

1. 大力引进专业社会工作者及家庭教育专业组织

当前社区发展成为社会发展的重要推动力,建设好社区,增强地区局部力量有利于社会支持系统的整合和完善。社区工作和教育工作做的都是"人"的工作,在这个前提下,引进什么样的人和队伍在一定程度上决定了当地社区教育的水平,因此,街道、社区、相关院校及社会组织应保持积极联系,在社区建立家庭教育类科研基地,社区以更为优惠、便利的条件争取政府资源的支持,不断引入专业工作者。此外,不断加强居民自治的能力。当前,社区家长自办活动还受到很多限制,并且受制于自身的教育资源和教育能力水平,活动处于起步阶段,活动规模相对较小并且探讨的问题较少,可进一步借鉴西方发达国家的家长自治组织的做法,加强与社区专业社会工作者、相关社会组织工作人员、社区志愿者的合作与学习等,得到进一步发展,社区也需持续提供相关支持性服务,让家庭教育在良好的社区支持环境中发展直至独立。

2. 社区课程及活动设计进一步转型、完善

在本次研究的过程中,深感社区开办教育事业的不易。中国社区教育并不完善,中国社区学校在社会上被认可的程度也较为有限,在某种意义上确实成为了"老年大学"和"职业教育学院",完整的家庭教育课程体系较少进入社区教育的体系中。但空白也就意味着空间,家庭教育近年一直处于发展期,相比于社会上鱼龙混杂的机构培训,社区开展家庭教育更有权威性和主导意义,而其缺少的是合理的课程规划、活动设计及稳定的师资力量。社区可依托于专业院校及社工组织进行科学布局,针对本社区居民家庭教育的现状、优势和问题,联合打造社区家庭教育课程,为社区居民长远发展谋取先机。

3. 将"互联网+"运用到家庭教育的社区支持工作中

在近期发布的社区教育的政策中,着重提到利用大数据、云计算等信息技术,推动"互联网+教育"发展,促进优质教育资源共建共享[①],鼓励运用新媒体、

---

① 《教育部关于加强家庭教育工作的指导意见》,教基一〔2015〕10 号,2015 年 10 月 16 日发布。

新技术辅助开展绩效评价①等运用现有互联网成果提升社区教育质量的思路。在实际工作中也需要不断对社区成员进行互联网技术的提高,如有一些青年人较多的社区,社工师利用微信公众号、微博和直播平台建立网上青年居民社区,通过互联网突破时间、地域的限制,组织开展社区美食节、社区运动会等需要多人助力的项目。家庭教育同样可以借鉴这一模式,将服务、课程、活动、专业社工介入咨询预约等纳入到互联网平台,这样既避免了社区居民因工作繁忙等无暇参与社区活动,也保证社区居民参与活动的积极性。

(三)家庭层面:观念转换、与子女共同参与社区生活

1. 转变观念

现代生活快速、多变,很多社区家庭认为社区只是居住所在地的名称,但有形的人口和地理空间仅仅构成了社区之“名”,只有注入了无形的“社区精神”才能使社区实至名归②。社区无论是在体制、权力还是责任上很难对家长产生约束力,因此在政府层面对家长进行管理后,家长需要配合社区工作,主动寻求社区的帮助,转变“社区无用”的观念,当然这些都是以社区自身改变为前提的。

2. 让子女带领家长走进社区

米德曾将时代划分为前喻文化时代、同喻文化时代和后喻文化时代③,在社区家庭教育的工作中,充分体现了这三种文化时代特征共存的现象。在现阶段,子女是参与社区教育的主要成员,家长则需要让孩子带领自己走进社区,与授课老师进行交流,并在家庭中对课业中教授的技能进行演练和复习,在下一次课程中家长可以向教师反馈,在这种共同学习的过程中不断增加自身与社区的黏度,提高家庭与社区共同发展的意识。

---

① 《关于通过政府购买服务支持社会组织培育发展的指导意见》,财综〔2015〕54号,2016年12月1日发布。
② 王冬梅:《从小区到社区——社区“精神共同体”的意义重塑》,《学术月刊》2013年第7期。
③ 金坚:《前喻文化·同喻文化·后喻文化——M·米德〈文化和宗奉〉述评》,《上海青少年研究》1986年第10期。

第十三章 新媒体的使用降低了
家庭教育社会支持的时间和人力成本

——以微信公众号为例

核心提示:微信公众号是由腾讯公司开发,为个人、企业和组织提供业务服务、用户管理的信息服务平台,大多与手机绑定。手机作为网民主要上网终端的趋势进一步明显,各大媒体纷纷入驻微信公众平台,自媒体的发展方兴未艾。作为微信用户的家长,可以通过新媒体的内容运营获取家庭教育相关资讯,形成自己的家庭教育知识构架。微信公众号的出现和普及使用为家庭教育社会支持提供了新思路。需要注意的是:微信公众号在提供支持的同时也存在弊端和需要改善之处。家庭教育网络支持不能取代其他现实的家庭教育社会支持方式,虚拟和现实的支持载体各有其发挥作用的空间,并存与互补是其发展趋势。

一、微信公众号是家庭教育社会支持的重要组成部分

（一）微信与微信公众号

网络新媒体出现之前,电视、电台、报刊等传统媒体是家长获取教育资讯、了解教育政策的重要渠道,是家庭教育社会支持的重要组成部分。但是传统媒介对家庭教育的支持存在不足,例如发布的权威机构和专业人士对教育问题的意见往往是滞后的、平面化的,发言是受到限制的,难以适应家长在新形势下的需求。随着信息技术的发展,越来越多的教育类新媒体涌现出来,它们以时效性强、便于阅读、篇幅不受限、内容来源广泛和多样等特点,对传统媒体的传播力形成冲击。新媒体的发展赋予家庭教育社会支持新的内容,教育类微信公众号成为人们了解教育信息的最主要窗口。

随着自媒体时代的到来,新媒体的使用率呈逐年递增的趋势。传统媒介因

其传播效率低、受众少、互动性差等一些不可避免的劣势，已经不能满足受众对多元化、个性化信息的需求。

手机的智能化使得更多的交流手段被开发出来，微信就是目前非常受欢迎的手机软件之一。微信是腾讯公司为手机终端客户打造的一款免费即时网络通信产品，于2011年1月推出。2020年1月9日，微信发布了2019年微信数据报告。从发布的报告来看，2019年微信月活跃账户达到了11.5亿人，微信成为中国用户量最大的App(应用程序)①，使用微信逐渐成为当代人际沟通的新模式。

除了个人微信，外还有一个非常强大的信息传播平台即微信公众平台。微信公众号就是由腾讯公司开发的为个人、企业和组织提供业务服务、用户管理能力的一种全新信息服务平台，大多与手机绑定。个人通过对公众号的关注，就可以成为该公众号的粉丝，能及时得到公众号主办方发布的各种信息，从而获取各种便利。

微信公众平台内容广泛，涉及政治、经济、教育、商业、生活等方面，对社会的影响力不断增强，成为政府机构和各社会组织投入大量资源进行交流对话的重要平台。

微信公众号的丰富性、广阔性、及时性和便捷性对于家庭教育指导来说，无疑是一种新的体验。家长可以运用这种方式获得家庭教育指导，使家庭教育指导更具有科学性和合理性。网络技术的时效性促进了新的家庭教育理念的有效传播，使家长能够学习到新的家庭教育理论并运用到自己的家庭教育中。微信公众平台传播信息效率高、交流简易。通过微信公众号将新的家庭教育理念与方法传播给家长，使得家长的教育观念得到丰富、教育素质得以提高。

(二)微信公众号成为家庭教育社会支持的重要组成部分

自媒体的兴起让普通受众有机会成为新闻传播者，与传统媒体互补，为普通受众提供了自我表达的平台，使许多个体的观点能够大众化传播。微信公众号

---

① 《2019年中国微信小程序全年交易额、微信月活跃用户规模、网民拥有微信号数量、微信支付男女性别占比及各品类活跃小程序情况》，载于中国产业信息网，2020年6月11日。

因其点对点传播、匿名互动、高用户黏度等特点,为家庭教育的推广带来了新选择。教育工作者纷纷开始接触、了解微信公众平台并尝试将微信公众平台与教育结合,以期找到教育工作的创新点。种种迹象显示,家庭教育微信公众号利用新媒体平台传播家庭教育,取得了较好的传播效果。

越来越多的家长认识到子女的教育仅靠学校单方面的力量是难以完成的,需要社会各方面的力量与家庭通力合作。近几年的无线通信技术和无线通信设备(智能手机、平板电脑等)的出现与发展,为社会、学校与家庭之间进行网络合作提供了硬件条件,现代信息技术的飞速发展为家庭教育得到社会支持带来了新的契机。作为微信用户的家长,通过手机微信为自己开掘了巨大的家庭教育知识宝库,他们通过对家庭教育的新闻报道和分析文章的不断链接,形成自己有关家庭教育问题的知识构架。

本课题组的问卷调查显示,45.0%的受访者关注了1~2个家庭教育方面的公众号,24.9%关注了3~4个,10.1%关注了5个及以上家庭教育方面的公众号。

1. 家庭教育需要社会支持

访谈1:

访谈对象:上海何女士,全职妈妈,女儿读小学五年级,儿子即将"幼升小"。

我关注了一些家庭教育类的微信公众号。我关注的微信公众号有"小花生",还有偏向体制外出国留学的"外滩教育"。有的微信公众号免费提供电子版的图书资源,这类公众号很受我们家长欢迎。总的来说感觉现有的微信公众号质量不是很高,关注时间越长越觉得有用的东西少。感觉不是很有新意,或者是提供的方法不对路。因为我自己通过各种渠道对家庭教育方面的信息了解还是比较多的,所以对微信公众号不是很满意。如果是对教育了解不多的家长,可能微信上的一些文章还是会有帮助的。

我认为个性化教育需要,不被外界影响也非常重要,每个孩子都不一样,所以家长对微信公众号上的文章介绍的方法不要机械地照搬。

我目前所在的孩子班级的家长微信群还可以。也可能是我们微信群的家长比较同质,所以不会有太多的困扰,相对比较平和,不会出现那种家长之间的论争，或是用一些没有营养的信息、图片刷屏等现象。

因为自己的儿子马上要面临上小学的问题，所以我加过上海一个幼升小的群。在群里发现与我儿子同龄的孩子，有的已经掌握了汉字1700个、英语单词好几百。如果家长没有定力，在这样的群里肯定会焦虑的。

上海有一个小学生的奥数排行榜是民间自己排的，他们有一个群。没拿过奖的孩子都没有资格进他们的群。好像是每年的获奖成绩对应不同分值，然后按总分排，每个年级都有"一哥""一姐"。有一个爸爸在他的微信公众号上有篇文章——《牛娃内参：为什么自家娃总是打酱油的？》，他曾经转给我看。文章写道："我们经常自嘲，为什么牛娃总是别人家的娃？很少有牛娃来分享自己是如何学的，我们所看到的也永远是'拿奖＋名校录取'的表象……留给我们的也永远只是各种羡慕，顺便自责一下自家娃没天赋……

上海奥数目前国内第一，那上海的"奥牛"是如何学习奥数的呢？周末正好和一个"奥牛"妈妈聊到这个问题。她给出了一组牛娃的学习数据，于是，小伙伴们彻底被震惊了：现在的行情是至少每天刷2小时的题，公办校的娃4点放学一直刷题刷到10点半，一天刷5小时以上……每天没2小时、每周没25小时以上的投入很难出成绩，入围可以，拿奖看运气。而周一至周五每天2小时至10小时，周末每天要7.5小时，这是奥数"牛娃"标配的时间。

我们班的奥数老师就说我们班不刻苦，没几个娃刷到11点的。前几天听一个"金刚牛"家长分享：除了天赋异禀，"金刚牛"平时每天刷题刷4小时，周末每天刷题10小时，每周40小时投入是必须的。"牛娃"人前风光，人后都是汗水。没有天资，没有巨大的付出，凭什么出成绩？

看到这样的微信公众号文章，我自己感觉很可怕。感觉孩子在学习上的竞争太激烈了，家长要很理智才能不被这样的情绪左右。

2. 以微信公众号为代表的自媒体为家庭教育社会支持提供了新思路

尽管家长会面临一些共通的教育困惑，但是家庭教育困境的形成原因、表现形式、发生阶段、压力大小在不同家庭间存在差异。因此家长在寻求深度支持时，又有不同的个性化需求。本次课题组在对网络支持的调查中发现，教育类的微信公众号的发展逐步成为支持家庭教育的新途径，解决了家长的部分家庭教育问题。

　　家庭教育不仅是一种知识,更是一种技能。家庭教育技能和其他现代社会生产技能一样,随着社会发展不断更新,家长需要通过学习才能掌握。家庭教育社会支持为家长掌握必要的教育技能提供了条件,使家长通过社会互助更加有效地解决个体家庭遇到的教育问题。

　　长此以来,我国的家庭教育研究机构主要以大学和科研院所为主,还有一些自发成立的民间家庭教育研究组织。受中国学校和研究机构体制的限制,其研究成果无论是在理论还是实践上都很难为家长所了解,影响了相关研究成果的推广和应用。

　　当下,媒体在公众生活中的作用日益重要,自媒体的出现预示着新传播时代的到来,互联网的飞速发展,为人们提供了新的生活和工作方式,互联网成为个体与外部世界联系的新媒介。2003 年 7 月,美国新闻学会媒体中心发布了由肖恩·鲍曼和克里斯·威尔斯撰写的全球首份自媒体专题报告《自媒体:大众将如何塑造未来的新闻和信息》,其中对自媒体进行了初步定义:"自媒体是大众借助数字化、信息化技术,与全球信息及知识系统连接后所展现出来的大众如何提供、分享他们自身的信息、新闻的渠道和方式。"[①]目前国内大多数用户熟悉的自媒体平台类型包括博客、微博、微信、贴吧、论坛社区、App、短视频网站、直播平台等。

　　互联网打通了个人与传媒之间的界限,任何人在网络上都可以建立自己的展示空间。互联网作为人际交往工具的优势在于它的平等性、便捷性、个人性。网络首先面对的就是个体,而个体背后是一个个家庭。伴随着这一即时交流工具的广为使用,信息的传播也获得了新的途径,家庭教育信息就是备受家长关注的内容。

　　在家庭教育社会支持领域,互联网的应用便于家长获取更加多样化的信息,同时还可以扩大家长的信息选择自由度和增加人际互动频率。与社会整体发展

---

　　① 李菁:《新媒体时代少儿期刊微信公众号的发展现状与对策》,《传播与版权》2019 年第 7 期。

趋势一样,家庭教育领域同样也涌现出了一批数量庞大的自媒体创办者,微信就是目前最广泛、用户最多的自媒体平台。众多在家庭教育领域具有影响力的个人,在开设的微信公众号上,用专业、务实的精神提供家庭教育问题的解决方案,为众多家长接纳、吸收。

二、家庭教育类微信公众号的成分构成

按照运营主体来划分,自媒体可以分为机构类自媒体和个人自媒体。网络媒体的传播主体分为两类,即组织和个体。与家庭教育相关的微信公众号大致可分为以下几类。

(一)政府教育机构和传统教育媒体推出的微信公众号

许多官方机构都曾建立过教育网站。如中国家庭教育网是由中国家庭教育学会创建的网站,网站包含了许多家庭教育知识的介绍,家长通过登录网站不仅可以学习相关内容,还可以与在线专家交流。这类网站通常需要登录电脑才能浏览、交流,在智能手机普及的当下,这类网站在使用上有一定的局限性。

随着微信公众号影响力的不断提升,传统教育媒体纷纷注册微信公众号,形成了"官媒微信"。目前权威媒体大都已经开通了微信公众号,取得了非常显著的传播效果。这些微信公众号每天为订阅用户推送一条或若干条消息,推送的消息有的是该媒体自己发布的新闻报道,有的是转载其他平台的新闻。如《中国教师报》《中国教育报》《上海教育》都是资深的传统教育媒体,目前都开发了自己的微信公众号。这些"官方"申办的微信公众号能够与教育管理者、教师、家长实时互动,提供最前沿、有用的教育资讯。如《少年儿童研究》是由团中央主管、中国青少年研究中心等单位主办的国家级教育刊物,曾于 2015 年推出微信公众号"少年儿童研究",开发初期定位为:为中小学家长解答在家教方面遇到的问题,介绍前沿家教观念和新的家教研究成果。微信公众号推出以后,许多家长在后台留言,咨询家教问题。微信公众号经营者根据家长疑问,选择有代表性的问题予以解答并作为文章在微信公众号中推送。

除了传统媒体外,一些隶属于政府的教育机构也利用新兴媒体开展教育工作。据 2016 年 3 月 26 日《苏州日报》报道:

苏州市中小学家庭教育课程项目是今年市政府实事工程,今年的投入超千万元,将惠及全市 86.2 万名学生家庭。为了把这一实事做好,市教育局倾力打造了微信公众号和线上学习 App,努力帮助苏州父母都成为智慧型家长,伴随孩子幸福成长。

据介绍,"苏州父母"旨在帮助家长利用科学方法树立正确的教育理念,以国际视野更好地引导孩子健康发展,打造具有苏州特色的家庭教育课程品牌。该 App 包括"父母学习""考考问问""活动专区""林老师咨询""志愿者服务"等服务功能,是整合学校和社会的教育资源,传播家庭教育新理念的家庭教育指导平台。

"苏州市中小学家庭教育"微信公众号力求把最先进的家庭教育知识送进每一个学生家庭。该微信公众号分三大栏目:家教专栏设家长课堂、微视频和专家团三个子栏目,围绕成长陪伴、学习指导、父母学习、书籍推荐、教育动态等五大主题,分享干货内容,并以简短实用的小视频,便于家庭获取优质前沿的教育资讯,同时还聘请专家不定期发表优质文章;"教育连线"设咨询台、大讲堂、推荐区三个子栏目;"精心推荐"则集中了各种热门的素材①。

由此可见,无论是隶属国家的教育机构还是传统媒体,都意识到了微信公众号可以成为为家长服务的最新方式。

(二)企业推出的教育微信公众号

在众多的教育类微信公众号中,由企业开通的微信公众号占很大的比例。这些企业大多带有营利性质,利用微信公众号推出课程、举办各种讲座、成立家长俱乐部等。这类微信公众号推送的家庭教育相关内容,各种线上、线下活动构成了家庭教育社会支持的重要部分。"少年商学院""外滩教育""新东方家庭教育"等微信公众号都在家长中有一定的知名度和赞誉度。

如新东方家庭教育研究与指导中心本着服务社会、回馈社会的理念,通过开展一系列高品质的家庭教育公益活动,宣传先进的家庭教育理念和方法,有效推动了中国家庭教育事业的发展,其微信公众号"新东方家庭教育"除了进行企业

---

① 姚喜新:《我市推出中小学家庭教育微信公众号和线上学习 App》,《苏州日报》2016年 3 月 26 日。

项目宣传外,还会推送原创或转载的家庭教育相关文章。如在"精华好文"板块,读者可以看到水平比较高的家庭教育指导类文章。教育企业微信公众号推送的文章不仅能够提升企业形象,也为家庭教育提供了资讯方面的社会支持。

（三）个人微信公众号

随着自媒体的普及,个人微信公众号已然成为微信公众号的主要运营类型之一。微信公众号为普通人创办自媒体提供了技术支持和平台支持。个人只要提出申请并在线上办理相关手续,即可获取、运营个人微信公众号。

根据个人运营微信公众号的价值追求,可对其做如下分类:第一类是个人价值类。这类原创作者运营微信公众号多出自个人兴趣,以自我展示为主要目的。第二类是社会价值类。这种类型的微信公众号经常发送一些具有教育指导意义的学习型内容,以实现自我展示及帮助他人的目的。家庭教育类的微信公众号大多属于这种类型。第三类是经济价值类。一些公众号原创作者在关注者达到一定规模后,除了实现个人和社会价值以外,还能将内容转化为经济价值,这类公众号会出售课程或者开设微店等。

家庭教育领域个人公众号的运营者很多本身就是家长。他们有的在教育子女的过程中有所领悟,用公众号传授亲身经历的教育经验;有的具有教育学、心理学等学科背景,结合自身经历和学术理论现身说法;也有的运营者是在微博、博客等互联网媒体早期形式中拥有一些关注者的家长,现在运用更便捷的微信公众号与关注者进行互动。

三、家庭教育类微信公众号的主要内容

微信公众号在家庭教育方面给家长提供多方面的内容支持,主要集中在情感性支持和信息支持这两个方面。

（一）传递先进的、符合时代发展的教育理念

互联网打破空间距离,使世界各地不同文化背景下的家庭教育理念进入中国家长的视野,微信公众号利用网络优势,汇集、挑选、归纳出的先进教育理念,为家长提供了多种教育内容支持。

《中国教育报》曾经转载了一篇名为《爸爸怎么成了中国孩子的奢侈品?》的文章,其中写道:

每当提到教育孩子,很多人会理所当然地以为这是妈妈的责任。在现实生活中,总会听到很多妈妈们抱怨,生了孩子好像对男人的改变不大,负点儿责任的爸爸可能更卖力地赚钱了,但是对其他的业余生活,几乎没有影响。

这篇并非原创的转载文章提到许多家庭都要面对的父教缺失问题,有数万的阅读量,产生了广泛的影响。

微信公众号"外滩教育"曾经发表过田李蓓写的文章——《你的孩子是"陀螺儿童"吗? 透支童年实际是一种错位教育》。在文章中,作者对家长的"错位教育"进行反思,并提出让孩子自主从容地成长为"完整的人",应是父母的目标所在[①],为家长提供了育儿理念的更多视角。

(二)提供多元的教育方法

从微信公众号里面学习教育孩子的方法是众多家长最实际的选择,也是微信公众号提供社会支持最直接、最受家长欢迎的一部分。这些方法大概包括以下内容。

1. 学科学习指导以及教育信息和教育资源

当下很多非营利的教育机构或组织也在运营微信服务号或者订阅号,例如中国教育在线、中国教育报社、中国教育技术协会等,只需要关注这些公众号就可以免费获得教育信息或者教育资源。有些公众号即使管理者没有登录后台,也可以在"消息自动回复"中设置自动回复内容,当用户咨询信息时会收到此消息。"关键词自动回复"设置也很简单,添加关键词,再写入对应的回复内容即可。当用户向公众号发送的内容触发某个关键词时,会收到预先设置好的回复内容,这个功能可以让用户实现自助查询,许多与家庭教育有关的信息和资源都能快速获取,让家长能够便捷、高效地获取信息支持。

2. 帮助孩子发展兴趣爱好,丰富孩子课余生活

市场上各类培训机构数不胜数,自媒体市场也同样如此。除去各科教学,其

---

① 田李蓓:《你的孩子是"陀螺儿童"吗? 透支童年实际是一种错位教育》,载微信公众号"外滩教育"2017 年 1 月 18 日,https://mp. weixin. qq. com/s? __biz＝MzkwN-jAyMzkxOQ＝＝&mid＝2247534588&idx＝1&sn＝916352ae4c817b810bb610fa34a4635a&source＝41♯wechat_redirect。

他一些美术、音乐、舞蹈、播音主持等专业人士或机构开设的能力提升类自媒体节目均受到较多关注。仅就钢琴培训一项,就有"钢琴课堂""钢琴名师""睿卡奥尔夫音乐"等公众号受到众多家长关注,如微信公众号"钢琴课堂"里几乎每篇文章阅读量均过万。许多微信公众号还提供视频和电子书下载,方便家长领取。

3. 促进家校合作

在传统的家校合作过程中,由于家长和教师沟通的时间有限,一般只能简单交流学生的情况。而在网络支持下,家长和教师可以长时间或者利用碎片时间进行在线沟通,微信发送、接收消息的即时性以及信息表达形式的多样性,使得教师、学生和家长可以在微信上加深了解,尤其是微信公众平台支持视频这一信息格式,为教师尝试翻转课堂教学提供了可能性。因为学校经常开展各种活动或者教师间的研讨会等,学校每天都会群发一条图文消息,及时向家长汇报每天的工作内容及安排。有的学校深度开发微信公众号的教育支持功能,将其打造为集家校合作、教务管理、在线学习、在线招生等为一体的综合性平台。

(三)分享家庭教育经验

相比专业人士偏理论、偏抽象的指导方式,很多自媒体用户将自己教育孩子过程中积累的经验、发现的素材总结成文,或者录制成音视频节目进行分享。

微信公众号"罗玲的空间"有很多文章就是公众号运营者罗玲在养育孩子时发现问题,进而研究相关教育理论,获得具有指导性的结论,并在自己的公众号中推送。比如她有一篇文章专门谈内向的孩子,很多父母对自己孩子性格不是很满意,其中就包括孩子内向。对此罗玲这样写道:

研究表明,人们确实在气质上有内向外向之别,并且这种差别多是先天的,内向外向的人在思考方式、能量获取方式等等方面有明显的不同。

在女儿身上,我也看到很多内向孩子的优势。比如,内向的孩子观察力强,想象力丰富,并且能独自玩更久;内向的孩子思想有深度;内向的孩子记忆力好——她现在仍记得好多一两岁时的事情;内向的孩子自律能力强;内向孩子更专注、学东西掌握得更好、更喜欢钻研;内向的孩子情商更好,表现出来就是更懂事、更善于合作……

可见,内向外向都不是优缺点,只是不同气质类型而已。

　　了解孩子的气质特征,有利于家长更有针对性地教养,但我们不要因为这些而给孩子设置过多的定势,给孩子的潜力封顶。内向的人同样可以从事需要交往和出头露面的工作,同样可以应付复杂的要求速度的任务。孩子的性格是在先天的基础上,随着后天经历而不断变化修正的,包括孩子大脑里的神经回路,都是根据所遭遇的事情而不断形成新的快捷路径。所以,任何气质类型的孩子,都有无限的潜力,家长要帮助孩子敞开通向世界的大门,而不是因此而把世界变小变窄。

　　如果家长也有此方面的教养困惑和焦虑,看了这样一篇有理有据的文章可能会得到些许宽慰。这也是此类微信公众号的存在价值:让家长得到可操作方法支持和心理支持。

　　(四)提供教育咨询支持

　　向专业人士进行教育子女方面的咨询是家长获得社会支持的重要方面。面对面咨询和电话咨询曾经是家教类咨询的主要方式。但由于经济、时间、精力、距离等原因,这些咨询方式对有些家庭来说并不合适。互联网的发展为网上咨询提供了便利,而微信公众号开办的咨询服务为家长答疑解惑提供了新的可能,尤其是一些不需要深入剖析和解答的简单问题,网上的简要回答更符合家长的预期。

　　"苏州市中小学家庭教育"微信公众号开设有"林老师答疑"板块,内容涉及学习、生活、心理等方面,用简短的语言回答家长遇到的各种问题。对一些比较复杂的、很难快速回答的问题,平台也给家长提供了咨询电话。电话咨询与微信公众号咨询二者结合,互为补充。

　　如有家长问:我家孩子上小班,五岁多,写字写得太快,写得不好,错了还不肯改,怎么办?

　　林老师团队回答:在少年儿童的学习动机中,兴趣应占很大比重,家长要善于捕捉并及时"助热"。在日常生活中,家长可以培养孩子对汉字的兴趣,让孩子先认字,说完整的话,逐步过渡到写字。孩子拿筷子是训练执笔的好方法,让孩子感到好玩,不要让孩子感觉到写字压力很大。当然,家长要知道汉字的正确笔顺,按笔顺教写,否则教错了到小学再改就麻烦了。幼儿园时期,孩子学写字要循序渐进,量不在多,把字编成童话、儿歌,多夸奖肯定孩子写得好的地方,孩子会比较容易接受。您的孩子在读小班,写字不用那么着急,很多幼儿园到大班会教孩子写字,即便不教,也没关系,等他上了小学再写也不迟。到一定的年龄,孩子自然会有书写的需求,他们常常会拿一支笔、一张纸,假装写字,这个时候再顺势而为教他写字就好了。

很多具有共性的问题是家长在教育孩子的过程中经常会遇到的,微信公众号提供的咨询类支持使家长的问题有快捷的渠道得到解答,家长就能用正确的方法去尝试解决。

四、家庭教育类微信公众号的成效、问题及发展建议

微信公众号对家庭教育的支持有正向效应,也产生了一些问题。在厘清相关问题的基础上,对家庭教育微信公众号的发展进一步提出建议。

(一)家庭教育类微信公众号取得的成效

1. 帮助家长拓宽了教育渠道

作为新兴的媒体,微信公众号增加了社会支持的运行渠道。面对面互动曾经是家庭教育社会支持的主要形式,参加教育讲座、现场咨询也是被普遍认可的支持形式。当家长遇到教育困惑时,可以选择多种求助方式——阅读报刊书籍寻求答案、到有关部门咨询教育或心理专家,现在则还可以借助互联网寻求帮助。

微信公众号的出现扩大了家庭教育社会支持的覆盖面。以往家庭教育的社会支持更多来自针对家长的各种讲座、报告,家庭教育讲座的专家和学者深入社区、学校,参加活动的家长数量十分有限,阅读微信公众号可以不受时间、场地影响,家长随时随地可以利用空闲时间在移动端浏览相关信息,社会支持的覆盖面得到大幅扩展。

家庭教育微信公众号的运行有利于提高社会支持的运行效率。多种媒体的介入使家庭教育社会支持效率明显加快,家庭教育知识的传播速度得到提升,同时也有助于家长对相关知识进行多方印证。微信公众号的使用缩短了支持请求与支持主体之间的时间间隔,家长用一部手机就可以获取便捷的支持内容,与其他社会支持方式相比,有效降低了时间和人力成本。

2. 弥补了传统媒体的不足

相对于面对面的家庭教育讲座、报告、咨询，媒体的运用会大幅提高社会支持的服务半径。报刊、广播、电视等传统媒体，都是由组织机构定期或不定期向受众传播信息或提供交流平台的载体，传播方式为一对多的放射性模式。与传统媒体不同，网络媒体是基于信息技术构建的传播平台，不严格遵循"一对多"的传播模式，而是多种模式相混合的网状传播，既有"一对多"传播模式，也有"多对一"和"多对多"传播样式。从受众的角度看，网络媒体的信息量极大，信息传播速度也很快，选择的自由度也大。

微信公众号给每个人都提供了发声渠道，家庭教育领域也是如此，家长可以找到自己期待的支持，也容易有感情上的共鸣。信息支持对于很多家长来说是一种教育启蒙，良好的信息支持可以使他们掌握一定的家庭教育知识和技能，从而减少家庭教育中的困惑，促进子女健康成长。

访谈2：

访谈对象：安徽合肥郑老师，女儿读小学二年级。

我平时对微信公众号关注的还是比较多的，比如，我关注了一个微信公众号叫"孩子帮"，还有一个叫"二年级"。另外还有"中国青少年教育"，以及与新华书店相关的微信公众号。我从微信公众号上获得了一些好的教育孩子的方法。这些微信公众号里边有阶段性的学习方法，也有关于孩子心理问题的一些主题性的文章。

家长如何教育孩子的相关文章内容很丰富，也很全面。我自己如果需要什么样的东西，那么打开微信公众号就可以查找到相关内容。一方面可以用关键字来搜索相关内容，另一方面可以根据时间节点挑选推送。比如在放寒假的时候，相关的微信公众号就会推送一些如何让孩子过好寒假，在寒假里如何养成一些好习惯，在寒假里家长如何培养孩子的一些学习能力，寒假里可以阅读哪些有意义的书籍等文章。

现在的家长基本上都会有各种各样的微信群，关注各种微信公众号。我认为传统的媒体跟微信的区别在于：传统媒体从视觉来说感觉很舒适，报刊材料也易于保存。电子媒体呢，传播速度很快，更新得也很快，最初给人的感觉耳目一新,很有吸引力。但是看得时间长了,就会有"乱花渐欲迷人眼"的感觉,感觉太花哨,内容也杂。很多东西就只相互之间的转载,缺乏原创性,缺乏自己的独特的新颖的东西。

微信公众号信息量很大,搜寻起来也很方便,因为微信公众号给我们提供的平台也很多。报纸杂志只是用一些文字的形式。而微信公众号除了有文章,还可以进行语音对话,还有一些视频,就由平面的变成了立体的,多种形式进行展示,会让人感到很有意思。另外有的微信公众号还会推荐一些活动,实操性的东西会更多一些。

我们对微信公众号这种日新月异的发展变化,感觉还是很新奇的。但是我们还是希望做教育有一些本真的东西,所以相对而言,微信公众号感觉略有些浮躁。另外,我们阅读微信公众号肯定要用手机。但是经常看手机的话,可能对孩子就会有一些负面影响。家长的注意力更多的是在手机上,而不是在孩子那里。看微信公众号的文章的时候很难静下心来,不像是看一本书,或者是看一本杂志上的文章那样。而且看书也好,看杂志也好,实际上是对孩子做了一个很好的示范。但是家长总是看手机的话,可能起的就不是一个特别好的作用。

家长关注公众号上的文章以后,能够不再沉迷手机,而是能够更多地关注孩子,这样就两全其美了。手机对人的生活改变还是很大的,所以父母还是要注意,不要经常拿着手机,对孩子会有一些不好的影响。比如我对孩子说我在手机上搜一些相关的教育信息,孩子也会说:"啊,那我也找一找学习资料,我去网上搜一搜跟课文相关的内容。"但是搜着搜着就容易偏离主旨,因为网上可以搜索出来的东西太多了。其他东西的吸引有的时候可能会超过了需要的东西的吸引。因为在搜索的时候,有一些关键词会关联一些图片、视频,等等。缺乏自控力的时候,大人和孩子都是很难把握的。尤其是有些标题、视频或是图片很有视觉冲击力。所以关注微信公众号也好,上网查阅学习内容也好,还要有一定的自控能力。

3. 给家长提供了个性化帮助

我国家庭教育社会支持一向比较偏重群体,以占家庭教育社会支持活动比例最高的讲座为例,新闻中往往对讲座的对象用"全区家长""全年级家长"等群体性名词表述,讲座内容也是带有普遍性的家长关心的问题。报纸杂志刊发的文章也大都顾及普遍性,研究者研究的也多是教育规律的发生发展。即使有个性化的研究,其成果也很难运用到具体的家庭当中。在对家长进行的指导中,家长学校一般都依托于中小学,其开展指导活动习惯于采用班级上课的形式,把家长看作整体,注重自上而下、一对多的宣讲,忽视家长之间、家庭之间的巨大差异,忽视了家长的独特需求。

事实上家庭可谓千差万别、面貌各异,每个家庭拥有的资源、面对的问题、生活的状态都与其他家庭存在着差异,而这些差异决定每个家庭都存在着不同程度的个性化教育需求,显然以家长群体为支持对象的活动形式难以满足家庭教育的个性化需求,这是家庭教育社会支持亟待解决的问题。中国家庭教育学会、全国妇联儿童工作部、中国儿童中心于 2013 年 9 月 15 日公布的《我国家庭教育指导服务现状调查报告》指出:"从现实和理想的指导服务情况来看,一些现行的指导服务渠道、内容、形式已经不能满足家长的需要。如,从指导服务渠道看,社会专业机构能够提供给家长的服务尚不多,家长对学校的期望率下降而对社会专业指导机构期望率上升;从指导服务内容看,家长接受'个别特殊问题'指导的比例最低,但家长对这一指导内容的期望率明显上升;对'家庭访问'和'个别咨询'的指导形式的期望率也大幅度提升。"[①]不同家庭在教育诉求上存在一定差异,导致其所需的社会支持复杂多样。微信公众号可以提供个性化的帮助。家长可以根据自己孩子的年龄、性别、爱好甚至特殊问题找到相应的信息。

4. 为家长提供了信息交换和经验分享的平台,提供了情感支持

家庭教育社会支持主体即社会支持的提供者,主要包括政府组织、社会组织和个人。尤其在现代城市,个人或家庭的亲属不像传统社会聚集生活,互联网为父母提供了更多的社会经验,获取的教育信息更加多样化,扩展了家长施教行为的选择空间。除了信息支持,情感支持也是虚拟社区的重要价值所在。遭遇教育困惑的家长可以获得心理上的安慰、情绪上的分担与精神上的陪伴,当家长知

---

① 常红:《〈我国家庭教育指导服务现状调查报告〉发布》,载人民网 2013 年 9 月 15 日 http://politics. people. com. cn/n/2013/0915/c1001−22926323. html。

道自己家庭面临的教育困惑在很多家庭中都会存在时,其教育焦虑感会得到一定平复。

(二)微信公众号发展中存在的问题

尽管微信公众号对家庭的社会支持提供了很大帮助,但不可避免地也存在弊端,这些弊端和其优势互为两面,同时并存。

1. 推送的文章良莠不齐

互联网是一种能够实现多种功能的便捷工具,它提供的家庭教育知识与报刊、图书相比缺少系统性和完整性,也缺乏深入性。微信的交流功能是人际互动的进一步发展,但微信的使用者对发布的信息的权威性、科学性并不需要负责,这也导致了部分虚假信息的传播。子女教育观念与方法的虚假信息会误导一些人的教育行为。另外,一些组织或个人利用微信做广告宣传,其中不乏夸大和虚假的成分。网络并不具备传统媒体严格的审核机制,所以各种信息的可信度与权威性也随之降低,造成了良莠不齐的信息呈现状态。第一,信息的真实度和准确性有待考证。一些微信公众号为了获取高点击量,会在信息标题上通过夸张的描绘来"夺人眼球"。如某微信公众号推送的信息标题《只需 30 秒就足以改变孩子的一生,你确定不看?》。第二,信息"软文"化。一些微信公众号(尤其是企业类微信公众号)将育儿信息与商业推广捆绑制作成"软文",或者先对受众进行育儿观念的"洗脑",再利用用户黏性进行商品销售。以上两个问题说明信息的科学性和正确性都需要鉴定,如果家长盲目相信,可能会对家庭教育实践产生误导。

2. 推送的家庭教育知识碎片化,社会支持效果表面化

一般来讲,用整本书谈家庭教育,或者用一篇文章谈家庭教育,需要设计严谨的结构和思路,阅读的过程也是读者付出努力进行消化和吸收的过程。自媒体对家庭教育的认识往往经不起推敲,介入的支持效果具有表面化倾向。

另外,微信公众号转载文章很多,原创内容匮乏,这就使得很多微信公众号看上去页面丰富、图文并茂,实际却缺乏新的思想、独到的内容。家庭教育类公众号面临的最大问题就是内容雷同、优质原创极度匮乏、内容真实性难以辨别。比如微信公众号的关注者会从许多不同的微信号中发现标题大同小异的文章:

"优秀的孩子是这样培养的""一定要让孩子知道的 20 个小故事""培养孩子的 81 个好习惯""不自信对孩子的 4 大危害""不打不骂的 10 大管教妙法"等。这类文章对最初关注家庭教育的家长有些吸引力,但随着家长的关注逐步增加,对家庭教育有了更多的了解,这类文章就不再受欢迎。

访谈 3:

访谈对象:河南安阳郭老师,大队辅导员,女儿读小学五年级。

我自己觉得在微信公众号上看教育孩子的文章,和平时看报刊文章、书籍所获得的东西差距还是挺大的。微信公众号发的某些文章看起来很有道理,但是在操作的时候,就觉得它的内容不够深入。感觉微信公众号里边的一些文章属于概念性的、框架型的,是快餐型的、临时性的。看起来好像很新鲜,但是回味起来的时候就会觉得缺少一些东西,没有延续性、没有深度。缺乏让人思考的东西,更不会像书一样会引人反复推敲。我们看了书之后可以把相关的篇章经常推敲,和别人进行反复讨论或者推荐给别人,同时还可以了解到一些相关的内容或者后续的东西。微信公众号推送东西的速度太快了,相关的内容也很多,所以看完以后很快就会把文章内容遗忘。当然这一方面是由微信公众号本身的特点决定的,也和我们如何运用它有关系。有的时候遇到某些问题,查找微信公众号确实很快捷、方便,马上就会查到相关的内容。

我的微信公众号关注有几种来源,有时是在朋友圈看到某个人发了一篇文章或者活动,由此就会关联到相应的微信公众号;还有就是家长之间的或者朋友圈里的互相推荐比较多。有的时候在杂志上就会看到杂志自己的官方微信公众号,如果对这个杂志比较感兴趣,看到之后会加进去,毕竟文章变成电子版后是很容易携带的,所以就会进一步关注。

3. 推送的部分文章权威性不足,公信力存疑

人人都能发声发言,这是自媒体与生俱来的优势。与传统媒体经过记者、编辑专业加工的学院式的新闻报道相比,很多自媒体的报道虽然相对角度更有贴近性,内容也相对生动、语言活泼,但由于缺乏审核机制,制作力量相对单薄等原因,大量自媒体内容也经常会出现浮夸、虚构等弊病,导致自媒体整体权威性不足。

此外,个体通过网络获取的教育信息,尽管资源丰富,但也有相当一部分不具有现实针对性和适用性。更重要的一点是,一些社会支持内容很难通过互联网得以实现,必须通过实践互动才有效果。因此,互联网特别是微信公众号提供的社会支持不能取代传统社会支持,两种支持载体各有其发挥作用的空间,并存与互补是其发展趋势。

(三)微信公众号的发展建议

家庭教育类微信公众号要发挥潜在的传播作用,应加强原创,避免信息过于同质化。

1. 提高原创水平,推送高质量内容

2019 年 1 月 25 日,习近平总书记就媒体融合发展发表重要讲话时指出:"全媒体不断发展,出现了全程媒体、全息媒体、全员媒体、全效媒体,信息无处不在、无所不及、无人不用,导致舆论生态、媒体格局、传播方式发生深刻变化,新闻舆论工作面临新的挑战。"[①]

微信公众号家庭教育指导形式多种多样,主要的指导形式仍然是推送文章,在吸引大量粉丝且得到较多人的关注之后,通过推送高质量的内容来留住粉丝,甚至吸引更多的人订阅微信公众号。《内容创业红宝书:自媒体读者行为洞察报告》指出:"调研发现整体有 65.8% 的读者更加关注原创内容。"[②]可见拥有优质的原创内容才是微信公众号的核心竞争力,是争取读者有限的阅读时间的根本。

微信公众号要获得读者认可,归根到底还是要靠内容取胜,这就需要对文章的议题进行考量。同类公众号之间有一个共同点,就是同质化较严重。同样的话题,各公众号只是做一些扩充整合,有的则直接成了"信息搬运工",让读者觉得了无新意。所以,议题设置的重点是加强原创内容。如果想在大量的公众号中维持自身的地位,需将内容作为重点,丰富选题,支持原创是微信公众号永葆

---

① 《习近平:推动媒体融合向纵深发展 巩固全党全国人民共同思想基础》,载中国新闻网 2019 年 1 月 25 日,https://www.chinanews.com/gn/2019/01—25/8739525.shtml。

② 《内容创业红宝书:自媒体读者行为洞察报告》,载腾讯网 2016 年 8 月 29 日,https://tech.qq.com/a/20160829/002235.htm。

生命力的必要条件。

在当前的自媒体条件下,微信公众号为原创性文章提供了更优质的宣传平台,为原创作者提供了更宽广、优质的舞台。微信公众号如果想获得大众的青睐,得到关注,增加流量,打造微信公众号品牌的价值,就必须从提高自己的内核着手。

2. 引导家长将"碎片化学习"与"系统化学习"相结合

微信公众号对家庭教育的指导作为一种非正式学习有其优势,但作为一种碎片化学习,这种指导不利于家长系统育儿理论的形成,不利于知识和经验的迁移。因此,微信公众号运营者应有意识地引导家长将"碎片化学习"与"系统化学习"相结合,明确自己的传播对象,量身打造服务产品,获得受众的注意力,实现公信力和影响力。家庭教育类微信公众号要有自己明确的核心宗旨和传播宗旨,努力丰富传播的内容,同时致力于把受众从碎片化的浅阅读带入深层次的阅读当中。如引导家长线下查阅学习相关理论著作;对同一公众号的相关文章,以建立思维导图等方式进行概括和总结;鼓励家长进行学习知识的检验,弄清它与已有知识之间的联系,促使碎片化知识的巩固和迁移。

3. 明确定位,实现精准化学习

针对家庭教育中常见的问题,微信公众号在给予家长丰富的信息冲击的同时,也要为家长介绍正确的育儿观念,为解决育儿过程中的问题提供正确的方法。除了教育观念以外,微信公众号可以在教育行为和技能上给予家长更多的支持和启发。

从长远来看,教育类微信公众号需要建立"交互性、贴近性、服务性"的传播模式。实现交互性需要充分利用公众号的一些特点和优势,如评论、点赞、打分、评选等办法,让读者参与。同时,应积极创新,通过举办各种活动以实现交互,而不能把公众号仅仅当作是信息发布的平台。

实现贴近性,首先要明确微信公众号定位。定位越精准,贴近性越高,服务效果越好。"中国教育报"微信公众号的相关负责人透露,在初创时期,他们也曾贪大求全,服务对象广泛。经过多次阅读量分析后,他们调整战略,将内容聚焦在教师发展和家校共育这两个方面,收到了理想效果。定位一旦清晰,就应该考虑怎样将内容做得更具贴近性,这就需要站在读者立场,思考他们需要什么样的信息、什么样的活动及什么样的体验。如"教育圆桌"曾经组织高考成绩优异的学生与高一、高二的学生面对面传授学习心得,这样的活动拉近了读者和媒体的距离。实现服务性可以通过提供实用的信息实现,也可以通过举办活动完成。比如"教育圆桌"举办的线下"圆桌大讲堂",邀请京城的名校长讲课,与读者零距离交流,传播效果就非常好。

4. 传播有深度的内容

教育类微信公众号不能只停留在传播信息的层面,一定要有评论、有观点,要与读者产生共鸣、引导社会舆论。只有生产能够引导舆论的内容,微信公众号才能有吸引力;只有不断提供有深度的文章,才能突破信息同质化,实现理想的传播效果。以家庭教育类期刊为例,期刊有自己的办刊宗旨和特点,具有自身的特质和品位。少儿期刊的微信公众号应该与刊物一脉相承,注重价值观的传递,特别是在打造品牌栏目、重点栏目时,更应该突出本刊所独有的价值观,让读者产生价值认同感。价值认同感一旦建立,会使读者与刊物的联系更加紧密,有利于增强受众对品牌的忠诚度,确保微信公众号的可持续发展。

第十四章 祖辈参与孙辈养育是家庭支持的主要方式

核心提示:祖辈参与孙辈养育是重要的家庭代际支持方式。在全面二孩政策放开、照料需求不断增加、托幼设施不完善、养育成本上升的社会背景下,祖辈参与孙辈养育、补充家庭教育力量尤显重要。对祖辈而言,在中国进入老龄化社会,老年人社会保障不健全的趋势下,祖辈参与孙辈养育增加了老年人与其他家庭成员的互动,有利于在晚年时得到更多赡养。祖辈参与家庭教育支持活动不仅减轻了父母的养育压力,提高家庭人力资本,也有助于祖辈老有所养,老有所乐。

一、祖辈参与孙辈养育的历史原因及现状

在当今社会发展中,成就事业和家庭育儿之间的矛盾是多数年轻父母面临的难题。儿童的抚育模式在某种程度上不仅是个体的选择,还与社会文化密切相关,并且受制于家庭的经济发展情况。为了协调这一矛盾,祖辈参与孙辈养育就成为家庭成员支持儿童养育的重要方式。

(一)祖辈参与孙辈养育支持的现状

儿童养育方式从来都不只是家庭的个体选择。在当今的社会,女性和男性都需要在职场打拼,体现个人价值,创造社会价值,核心家庭的父母独立养育子女将面临改善经济状况、合理分配时间、管理个人精力等多方面压力。为缓解养育压力,祖辈参与孙辈养育成为世界性的养育现象:美国有40%的祖父母在一年之中为工作的子女提供至少50小时照料孙子女时间,在欧洲有40%~60%的祖

父母会偶尔照料孙辈[1]。

在中国,祖辈参与孙辈养育更是普遍现象。2017 年 4 月至 6 月,中国教育学会家庭教育专业委员会"中国城市家庭教养中的祖辈参与问题研究"课题组开展研究,在北京、广州、成都、苏州、哈尔滨、郑州进行相关调查。结果发现:在城市家庭中,从被访儿童出生直到其进入小学阶段,有近八成的祖辈(祖父母或者外祖父母)参与其教养。研究还显示,如果将儿童成长阶段加以划分,在幼儿园前(0~3 岁)、幼儿园期间(3~6 岁)和小学期间(6~12 岁)的不同阶段,祖辈参与照料第三代的比例依次为 77.7%、72.9%和 60.1%,儿童的年龄越小,祖辈参与照料的比例越高[2]。

在义务教育阶段,祖辈参与孙辈养育也很普遍。本课题组调查发现,35.1%的家庭选择孩子课外由祖辈看护。

(二)祖辈参与孙辈养育的发展背景

1. 中国传统文化中对家庭的重视是祖辈参与孙辈养育的历史原因

从古至今,家庭都是社会结构的根基。在中国传统文化中,重视家庭、重视后代的延续、优先考虑家庭的整体利益一直是影响家庭关系和家庭支持的重要因素。从传宗接代的角度出发,祖辈会心甘情愿地为子女付出时间和精力,自觉、自愿地承担孙辈养育的任务。

深厚的文化积淀让中国的家庭具有强大的凝聚力,潘光旦在分析中国和西方的家庭文化差异时指出,中国家庭关系的基础不是权利和义务的观念,而是"出于情感之自然流露","父母对于子女应为之事,每称之为愿;为儿女婚嫁,曰'了向平之愿'"[3]。可见,中国家庭的代际关系基础是亲情的联结,成员之间的代际支持也以情感为基础。

2. 家庭结构的变化使代际支持成为必然

家庭结构"特指家庭成员的构成及其相互作用、相互影响的状态,以及由于

---

① 宋璐、冯雪:《隔代抚养:以祖父母为视角的分析框架》,《陕西师范大学学报》2018 年第 1 期。

② 岳坤:《父辈为主、祖辈为辅的教养方式有利于儿童的健康成长——中国城市家庭教养中的祖辈参与状况调查》,《少年儿童研究》2018 年第 1 期。

③ 潘光旦:《潘光旦文集》第 1 卷,北京大学出版社,1993 年版。

家庭成员的不同配合和组织的关系而形成的联系模式"①。在中国传统社会,大家庭是人们追求的理想家庭模式,家族内部关系密切,共同承担农业生产、日常家务和儿童看护等,由于家庭成员众多,彼此得到的家庭支持和帮助也较多。

随着工业化和城市化的发展,计划生育政策的实施,生育率不断下降,人口流动明显增加,主干家庭逐渐减少,核心家庭逐渐增多。中华人民共和国国家统计局官方网站发布的全国人口普查数据表明,中国平均家庭的规模在 1990 年是 3.96 人,2000 年是 3.44 人,2016 年的第六次全国人口普查显示,平均每个家庭户的人口为 3.10 人。

如果和家庭的六个生命周期性对照,现在一个家庭的扩展阶段和稳定阶段与多子女家庭相比较,时间跨度会缩短很多,而空巢到解体阶段的时间跨度大大延长。当子女建立新家庭的时候,父辈往往还有比较好的体力和精力支持新家庭的建设。家庭中的代际支持随着父母与子女在不同生命阶段的需求差异而变动。如果家庭生育更多子女,父母会把时间和金钱不断地投入到各个子女身上。但是,计划生育政策的实施导致家庭中子女数量剧减,在家庭成员之间获得横向支持的可能性大大降低,纵向的相互支持变得更加紧密。父母会将绝大部分的家庭资源都用于支持子女的教育及成长等各方面。当孙辈出生后,如果祖辈身体尚未失能,则可能将时间和金钱用于新的核心家庭建设中。王跃生研究独生子女家庭父母和孩子之间代际关系的状态和特征,以 2015 年五省市第一代独生子女家庭的调查数据为基础,探讨两代人的代际互动。调查发现,在子代是儿子的家庭中,祖辈代替子代承担一半以上的照料孙辈责任的人数占 70.09%,在子代是女儿的家庭中,祖辈代替子代承担一半以上的照料孙辈责任的占 57.81%②。可见,当子女结婚组成家庭并养育下一代时,祖辈父母会成为重要的家庭支持力量。

3. 转型社会下育儿的外部支持减少

西方社会学家用"社会转型"概念来描述社会结构具有进化意义的转换和改

---

① 邓伟志:《家庭社会学》,中国社会科学出版社 2001 年版,第 37 页。

② 王跃生:《城市第一代独生子女家庭代际功能关系及特征分析》,《开放时代》2017 年第 3 期。

变,中国学者用这个概念描述和解释改革开放以来中国社会经济结构、文化形态和价值观念发生的深刻变化。伴随社会转型而来的是家庭模式、生育观念、生活方式的变化。

在计划经济体制下的中国城市中,政府和各个基层单位承担了很多社会职能,如提供保障性住房、办托儿所(幼儿园)、办公共食堂等。这一时期家庭成员较多,可以相互照顾,并且同一个单位的职工大多居住在一起,形成一个安全、熟悉的"小社会"。在这样的外部支持条件下,当时的家庭在养育子女方面没有明显的心理负担。

改革开放以后,以单位为中心的社会保障制度逐步消失。企事业单位举办的托儿所和幼儿园纷纷关闭或者转卖,托幼教育服务渐渐市场化,费用也一路飙升。而且,很多市场化的托幼机构并不是以服务和支持女性就业为目的,其办学更多从经营角度出发,缩短了儿童在园时间。家长不得不面临工作时间和接送子女时间冲突的困境,并且难以从社会上获得帮助。因此,寻求家庭内部成员的支持成为家长的自然选择,这也是祖辈参与孙辈家庭养育的动力来源。

本课题组调查发现,在北京、哈尔滨、合肥、广州、成都、西安 6 个城市中,北京受访者孩子由祖辈看护的比例最高;父亲受教育程度越高,孩子由祖辈看护的比例越高。这表明城市发展水平越高,生活节奏越快,父母受教育程度越高,在子女看护方面投入的时间和精力就越少。这种情况下,如果没有完善的社会支持条件,更多家庭只能依靠祖辈支持。

链接 1:我国托育服务发展历史①

我国托育服务发展的第一个高峰期出现在 20 世纪 50 年代中后期到 60 年代初期,持续时间将近 10 年。中华人民共和国成立之后,在妇女解放运动和社会主义大生产运动两股力量的联合推动下,城乡育龄妇女大规模地走出家庭,走向社会。由此,也带来了托育服务需求的急剧爆发和托育服务机构的快速增长。在城镇,机关单位、厂矿企业自办托幼机构如哺乳室、托儿所,基层街道兴办托儿站。在乡村成立了抱娃娃组、农忙托儿所等。据统计,1956 年底,全国城市各种

---

① 刘中一:《我国托育服务的历史、现状与未来》,《经济与社会发展》2018 年第 4 期。

托儿组织机构约有 26700 多处,收托儿童 125 万余名,比 1949 年增加 260 倍。

我国托育服务发展在 20 世纪的 70 年代迎来了第二个高峰期。一个明显的标志就是城市当中 3 岁以下婴幼儿入园率和入托数都开始回升。当时,很多城市职业妇女在产假(56 天)结束后,就把婴幼儿放入单位举办的日托机构,准时返回工作岗位。

20 世纪 80 年代初期,随着"一对夫妇只生育一个孩子"的公开信发表,我国的计划生育政策的正式实施,随着城市当中出生孩子人口数的减少,托育服务再次进入了一个小幅缩减阶段。不过,这种局面很快就得到戏剧性反转。随着改革开放进程的加快,社会发展带来的经济活力对正规就业的劳动力提出更大规模需求,为了配合支持妇女就业,国家再次强调托幼事业是一项社会性的事业,把托幼机构的设立提到需要全党全社会重视的高度。通过一系列政策推动,各级政府、企事业单位和街道社区举办托幼机构的积极性再一次被调动起来。据统计,1995 年全国各级各类托儿所已接近 27 万所。在托育服务发展鼎盛的时期,我国城乡各类托儿所、幼儿园的数量已经达到了将近 100 万,入托幼儿总数将近突破 350 万,甚至 3 岁以下婴幼儿的入托率也已经到了惊人的 30% 左右。

从 20 世纪 80 年代晚期开始,随着全国范围内单位福利制度的逐步瓦解,原有城市托育服务体系进入了第三次缩减期。与前一次低谷不同,这次托育服务遇到的难题不仅是政府对幼儿托育的投入缩减等外部支持条件缺失,而且同时也叠加了由于计划生育政策带来的生育孩子数量减少的内部发展动力不足。

4. 育儿的精细化要求更多支持力量加入养育过程

在城市,计划生育政策使中国家庭的孩子数量大大减少,对孩子的看护要求也随之更高。保障孩子的人身安全成为家长首要考虑的问题。如果父母双方都要工作无法照料孩子,聘请保姆也是一种解决办法。但现实情况是保姆的受教育程度普遍比较低,没有经过专门的训练,而且保姆拐卖、绑架和虐待孩子的案件也常常被媒体报道,致使很多家庭不敢请保姆独自照看孩子,祖辈的参与也就成为必然。

链接:推倒、掌掴、鞋底抽脸……保姆殴打两岁男童 10 多次!3 分钟监控看得家长心碎[1]。

下班回到家的王先生发现两岁的儿子轩轩情绪明显不对劲,问保姆怎么回事,保姆也支支吾吾。

为搞清楚事情来龙去脉,王先生想起查看家中监控。当打开视频回放的那个瞬间,王先生简直不敢相信自己的眼睛。监控中,保姆坐在沙发上,首先拍打了轩轩的脑袋和手臂,紧接着又揪了他的耳朵,见孩子还是不听自己的,竟直接将他推倒在地上。

看完监控后,王先生第一时间报了警。保姆解释说,之所以做出如此行为,是因为轩轩经常尿裤子,还不怎么听话,她当时的情绪比较急躁。

5. 祖辈提供养育支持的期望:获得更多子女赡养

在中国,父母年老后与已婚子女同住并接受其赡养是常见的传统家庭养老模式。然而,现代中国家庭规模逐渐缩小,家庭的形式也发生变化,老年人与已婚子女同住的比例大大降低,家庭养老功能在一定程度上被削弱了。王硕的研究发现,老年人的居住模式会在一定程度上影响着他们获得代际支持的内容。在经济支持的方面,老年人不和子女同住,会得到来自子女的更多金钱和实物的资助。而和子女同住的情况下,老人获得的情感慰藉和生活照料支持的可能性明显增加[2]。

祖辈参与孙辈的养育,无论祖辈是否和父辈居住在同一空间,都可以增进家庭成员之间的交流和沟通,也可以成为子女在未来赡养老人的情感纽带。鲍莹莹利用 2015 年中国健康与养老追踪调查数据,分析隔代照料对祖辈代际赡养预期的影响[3]。研究表明,隔代照料对祖辈代际赡养的预期均有正向影响。有祖辈参与孙辈养育经历的老人对今后子女赡养的预期要高于没有参与孙辈养育经历的老人,照看孙辈的时间越长,祖辈预期依靠子女养老的概率越高。因此,从保

---

① 熊玄、林昱:《推倒、掌掴、鞋底抽脸……保姆殴打两岁男童 10 多次!》,"江苏新闻"微信公众号,2019 年 8 月 30 日。

② 王硕:《家庭结构对老年人代际支持的影响研究》,《西北人口》2016 年第 3 期。

③ 鲍莹莹:《隔代照料对祖辈代际赡养预期的影响——基于 CHARLS(2015)数据的实证分析》,《中国农村观察》2019 年第 4 期。

障老年人的晚年生活的角度来讲,祖辈参与孙辈养育的模式有助于老年人的"老有所为,老有所养",充分发挥家庭的养老功能。

（三）祖辈参与孙辈养育的类型

什么是父母的责任? 这个问题实在难以回答。也许很多父母对此问题的看法是供子女读书直到其工作,可以独立生活。可现实状况是绝大多数刚刚工作的年轻人都很难依靠自己的经济能力结婚和养育后代。所以,对于背负沉重工作压力、在职场打拼的年轻父母而言,祖辈会从感情或者现实情况考量后,承担起照料孙辈的责任。祖辈参与孙辈养育支持的类型大致可分为经济支持和行动支持两种。

1. 经济支持

在城市中,祖辈在养育方面给予成年子女经济、劳动等支持较为常见。2013年,一项考察北京市家庭内部祖辈照料第三代情况的研究表明,被访谈老人都自愿地负担了第三代在衣、食、住、行方面的所有开销,如一位老人在访谈中谈到,自己在近 5 年中一直承担着儿子和儿媳的生活所需[1]。2017 年,中山大学的钟晓慧对广州 10 个中产家庭的育儿状况进行深度访谈,发现在照料孙辈过程中,祖辈首先提供的是经济和物质条件的支持,这些家庭的祖辈都直接出资购买了育儿居所。夫妻双方的父辈形成了合作性的默契:一方老人照料孩子;另一方老人出相关费用[2]。

2. 行动支持

根据祖辈照料第三代花费的时间与投入程度不同,结合实际观察,祖辈在孙辈养育中的行动支持大致分为四种情况。

第一种:三代人居住在一起,白天孩子的父母上班,祖辈在家照看孙辈,承担家务劳动。

第二种:核心小家庭与祖辈家庭分开居住,子女上班时,祖辈就到小家庭照

---

① 吴小英:《家庭与性别评论(第 6 辑)》,社会科学文献出版社 2015 年,第 225 页。

② 钟晓慧、郭巍青:《人口政策议题转换:从养育看生育——"全面二孩"下中产家庭的隔代抚养与儿童照顾》,《探索与争鸣》2017 年第 7 期。

看孙辈。子女下班后,祖辈再回到自己的住处。孙辈上学后,祖辈会负责孙辈的课后托管事宜。

第三种:在父母工作日,孙辈住在祖辈家,由祖辈负责照顾起居。周末或者节假日,孙辈回到自己家,由父母负责陪伴。这类家庭的父母往往专注于事业,没有太多时间照看孩子,这种情况在城市家庭中比较普遍。

第四种:隔代寄养。孙辈完全由祖辈照看。这种情况在农村和乡镇地区比较普遍,孩子的父辈和祖辈在不同地区生活。平日里,孩子的生活完全由祖辈处理,在时间较长的节假日时,父母才能回到原住地看望、陪伴孩子。在这种情况下,部分祖辈被迫承担起育儿的主要责任,父母无奈地成为子女养育的旁观者。

前三种类型常见于城市的祖辈养育支持。有学者认为,从表面看,城市和农村都普遍存在祖辈参与孙辈养育的方式,但是在形式和内容方面有着明显差异①。城市的祖辈参与孙辈养育属于部分转让——较完善的替代型,即父母将一部分的养育责任转给祖辈,但同时又可以随时监督和纠正其养育过程中的偏差之处,使孙辈的教育方式更为完善。

从参与意愿方面看,在大城市中,老年群体大多具备独立的经济能力,退休后也可以有丰富多彩的生活安排。但是,当家庭中第三代出生的时候,这些老年人常常会主动照料孙辈。他们认为支持子女追求事业发展和个人成就是自己应尽的义务。

从承担责任方面看,在城市中,为了照看孩子,已婚子女和自己的父辈居住在同一居所,或者居住地距离比较近,这样双方都能方便地照料孩子的日常学习和生活。对于城市的这种合作育儿的情况,肖索未认为家庭内部都有明确的分工和权利格局。在访谈中发现,中产阶级家庭的很多母亲是子女养育中的“总管”,负责全面规划和决策孩子成长和教育中的各项事务,包括课外班的选择、外出游玩活动的安排、营养的搭配等。祖辈的主要工作是承担孙辈的生活照料和一些家务劳动,比如打扫卫生、外出买菜、烹饪三餐等。祖辈在育儿过程中会付

---

① 郑杨:《对中国城乡家庭隔代抚育问题的探讨》,《学术交流》2008 年第 9 期。

出较多劳动,但相对较少行使决策的权利[1]。

二、祖辈参与孙辈养育对家庭的积极作用

中国注重家庭伦理,存在隔代抚养的传统,含饴弄孙、尽享天伦之乐是中国传统文化中对幸福晚年的描绘。在当今社会,当儿童养育与父母成就事业发生冲突时,祖辈都会在力所能及的范围内,尽可能地帮助子女减轻负担,祖辈参与孙辈养育支持对家庭成员产生积极影响。

(一)满足孙辈生活需要,提供良好情感支持

父母应担负子女养育的主体责任,但是当事业和家庭生活产生冲突时,祖辈的辅助支持作用能达到较好结果。

如,廖女士和老人同住,她认为祖辈在日常家务方面提供的养育支持给予自己很多帮助。比如自己和丈夫每天早上赶着上班,再送孩子上学,感到"紧张和焦虑从早晨开始"。而老人的时间充裕,能给孙辈更多的时间,享受"快乐从早晨开始"。

链接3:快乐的早晨[2]

孩子到了小学,这种"快乐早晨"显得更为重要。

爷爷习惯早晨五点多起来写东西,等到六点多钟,正好活动一下,于是就会精心煮好牛奶,备好孙子爱吃的熟肉,烤好面包,热好鸡蛋,往往还备上一块巧克力,洗好一个大苹果。爷爷会很耐心地与孩子说着笑着,有时还要相互讲个笑话,甚至打斗几下,让孙子"真正地醒来",进入到一种最快乐、最放松的状态。然后,爷爷和孙子一起吃早饭。有时他们还相约到外面的早点铺去吃早餐。这样,他们一路走一路玩闹,还换着花样地吃。据爷孙俩回忆,这是他们一生中最快乐的早晨时光,最起码从精神上达到了"皇帝"早餐的愉快境界。

说来也不容易,这种"快乐早晨"法一直陪伴着孩子到上大学。用爷爷的观点来解释,这比由我们来安排孩子早晨的生活,要快乐得多。

---

[1] 肖索未:《"严母慈祖":儿童抚育中的代际合作与权利关系》,《社会学研究》2014年第6期。

[2] 廖婧:《三代同住让孩子性格更完美》,《少年儿童研究》2009年第1期。

安全感是整个儿童期心理健康发展的重要基础。祖辈给孩子关注更多,愿意满足孩子的需求,这会让年轻父母产生"老人溺爱孩子"的顾虑。但是,换个角度思考,年轻父母工作压力大,生活节奏快、紧张,容易将不良情绪带给孩子,不利于营造良好的家庭气氛,而祖辈具有更充裕的时间,有耐心给孩子更多的生活与情感关注。

链接4:姥姥家的温暖[1]

小时候,我胆子特别小,怕黑、怕疼、怕打雷、怕独自在家,还有很多说不出来的对未知的恐惧。但是,在我的印象中,姥姥家总是窗明几净、温暖、明亮的,而且好像无论何时,只要我去,姥姥和姥爷永远都会在那里等着我。回想起来,实际上这并非实际意义上的明亮和温暖,而是儿时的一种心理感受。这里所谓的安全感,不仅包括对生理安全的体验,也包括对心理安全的体验。儿童总是喜欢探索自己周围的环境,在放松的环境下,我充分地享受着发现的乐趣。姥姥家的很多角落都是我探索的目标,比如姥爷的抽屉、柜子顶上的杂物、姥姥的针线笸箩、舅舅的工具箱……翻乱了也不怕,姥姥和姥爷不仅不会责怪我,有时还饶有兴味地给我历数这些东西的来历。这一翻,还真翻出了不少好东西——妈妈小时候的作业本,舅舅收集的毛主席像章,姥爷夹在书里的旧版钱币,姥姥攒的各色纽扣和布头……从这些别人不留意的旧物品中,我了解了家族的历史,看到了家人的成长经历,试着去体验"过去"的生活,实际上这就是一种无形的家庭文化传承。

在实际生活中,祖辈参与孙辈的养育很可能和父辈的教育观念与方法不一致,令孩子感到困惑和无所适从。父母认为由于老人的干预,自己的教育权威被削弱,让孩子在两代人的矛盾中无所适从,达不到教育效果。但是从教育的角度看,家庭成员的多样化和家庭矛盾也会让孩子逐渐意识到自身言行会产生的影响。如果恰当引导,相关教育过程将有利于孩子学习处理复杂人际关系。

另外,在评价祖辈参与孙辈养育对孩子成长的利弊时,还应该考虑在孩子成长的不同阶段,祖辈参与孙辈养育支持的效果和衡量的指标也不同。祖辈参与

---

[1] 高靓:《隔代亲未必是一种溺爱》,《少年儿童研究》2009年第1期。

266

婴幼儿阶段的孙辈的养育时,能给予孩子更细致的照料,减轻年轻父母的家务负担。孩子上小学以后,衡量教育效果的指标变得复杂、模糊,比如,孩子是否会对人有礼貌,是否能和同学友好相处,学习成绩是否优异等,父母更多地承担起教育的责任,祖辈的任务则是更多地照顾生活、看护。

（二）促进祖辈提高年龄认同,增加生活满意度

2017 年中国家庭教育专业委员会对北京等六个城市的调查显示,在乐于参与儿童教养的祖辈中,有 42.6% 的老人表示自己是属于"非常乐意,主动积极要求参加"的情况[①]。祖辈提供养育支持不仅增强了其人生的使命感和存在感,而且有利于缓解和消除不良情绪,为晚年生活增添乐趣。

此外,个体会逐渐走向衰老,在这个过程中,会经历"年龄认同"的过程,积极的年龄认同是健康老龄化的重要内容。目前,关于照料孙辈与老年人年龄认同的研究并不多见,程新峰和姜全保根据 2014 年中国老年社会调查追踪数据,利用多元线性回归模型分析隔代照料与中国老年人年龄认同的相关性,同时考察子女代际社会支持(代际经济支持、代际工具支持和代际情感支持)的中介作用。这项研究发现隔代照料与老年人年龄认同显著相关,即照料孙辈使老年人有更积极的年龄认同,这尤其与城市老年人年龄认同有显著的相关。随着年龄的增加,老年人逐步丧失了以往的社会角色,照看第三代可以让老年人觉得自己老有所为,养成健康积极的生活方式,增加了其和子女、孙辈的互动机会,弥补老年期社会角色的缺损,老人因此获得了更多生活乐趣,缓解了退休生活的单调和孤独[②]。

（三）增加父辈和祖辈两代人的互动,为今后的赡养提供基础

根据 2014 年中国老年人收入状况调查报告,在全部老年人口中,依靠退休金生活的老人只有 24%,在这部分老人当中,来自城市的老人占 66.6%,来自农

---

①　岳坤:《父辈为主、祖辈为辅的教养方式有利于儿童的健康成长——中国城市家庭教养中的祖辈参与情况调查》,《少年儿童研究》2018 年第 1 期。

②　程新峰、姜全保:《隔代照料与老年人的年龄认同:子女代际支持的中介效应》,《人口学刊》2019 年第 3 期。

村的只有 4.7％①。可以说，目前中国大多数老年人需要依靠子女供养。余梅玲的调查研究表明，祖辈参与孙辈养育增加了亲代和子代之间的交流和互助行为。一般来说，祖辈帮助照料孙辈的时间越长，当祖辈年老时，父辈对祖辈的赡养情况越好②。在农村地区，老年人的经济支持、生活照料和家庭慰藉很大程度上要依靠其他的家庭成员。余梅玲在浙北 A 乡的便民服务中心了解到，只有无劳动能力、无生活来源、无赡养人和抚养人的老人才有资格入住 A 乡的敬老院。由于敬老院不接受有子女的老年人，故对于有子女的老年人来说，依靠子女养老几乎成为其唯一选择。所以，当子女组成家庭后，老年人主动帮助其照料小孩，对成年子女是行动上的支持。成年子女会因此萌发更多的感恩心理，并会在物质或经济方面回馈老人。祖辈帮助成年子女照料小孩是一种行动支持，成年子女对祖辈的物质供给是一种经济支持，这是一种双向、即时的代际交换。这种互助和互动的行为增加了代际感情联结，形成养育、支持、赡养的良性循环。

三、祖辈参与孙辈养育存在的问题

"421"家庭结构的密集出现是中国实施计划生育政策之后出现的一种特殊现象。现在大多数"独一代"已经建立家庭，其养育的子女被称为"独二代"。搜狐网在"独二代"成长白皮书专题曾经调查"421"家庭的"喜悦与辛酸"，参与调查的"独一代"父母需选择自己认为的生活中最辛酸的一项。调查结果显示，排在第一位是"隔代抚育烦恼多"③。

（一）影响亲子依恋关系

亲子关系是指父母和子女的关系，是家庭关系的重要组成部分。当孩子出生后，父母的精心照料与养育，彼此建立的亲密依恋关系，对儿童形成良好性格具有至关重要的作用。从心理学角度讲，孩子从小对父母有良好的依恋关系，才能形成对周围世界的信任感和安全感。在祖辈参与孙辈养育的家庭中，祖父母承担了孩子的照料与教育责任，父母和孩子之间相处时间减少，缺乏互动，亲子

---

① 孙鹃娟：《中国城乡老年人的经济收入及代际经济支持》，《人口研究》2017 年第 1 期。
② 余梅岭：《农村家庭养老：代际交换下的赡养及其过程——基于浙北 A 乡三代家庭的考察》，《老龄科学研究》2015 年第 2 期。
③ 《独二代成长白皮书》，https://baobao.sohu.com/s2010/duerdai/index.shtml。

之间的感情依恋程度自然大大降低。

李亚妮以上海市各高校接受过祖辈抚养的大学生为研究对象,通过问卷的形式调查了144名大学生,并深度访谈了6名学生和5名家长。这项研究深度分析了隔代抚养下的亲子关系状况。填写问卷和接受访谈的大学生都有过被祖辈抚养的经历,上大学后多数已经回到父母身边生活。这些成年子女回顾自己的生活经历,能够更客观地看待祖辈养育对自己成长以及对亲子关系的影响①。

李亚妮从亲密度、信任度、亲子沟通、亲子冲突四个方面分析了曾经被祖辈抚养的孩子和父母之间的关系状况。

第一,亲密度。研究中有69.4%的大学生开始祖辈养育生活的年龄在0~3岁之间。婴幼儿时期是亲子依恋形成的关键时期。这些孩子在祖辈的照看下,和自己父母相处的时间减少,在早年很难形成和父母的亲密依恋关系。随着孩子的年龄增长,能够理解和包容这样的养育状况,但是对亲子关系的亲密程度会有一定的影响。

第二,信任度。考察和理解信任程度包括两方面,一方面是孩子对父母的信任,另一方面是父母对孩子的信任。孩子对父母的信任又涉及可依赖性和分享心事两个维度。可依赖性是指无论在任何时间和地点,不管遇到任何问题和困难,孩子都会相信父母能够不遗余力地关怀、支持和帮助自己;分享心事是指孩子可以毫无顾忌地将自己的困惑、问题和心事向父母倾诉,愿意主动和父母分享自己生活和工作中的喜怒哀乐。问卷调查发现,50%的孩子认为父母并不能及时觉察自己的心事并给予关注。而且,只有少数孩子会主动和父母分享心事,大部分孩子和父母分享的事情很少。更有超过三分之一的孩子表示自己根本不会与父母分享心事。

父母对孩子的信任是衡量亲子信任的另一个角度,它主要从三个方面体现:自立、自制和尊重隐私。调查发现,父母总是不相信孩子的自立或自制能力。同时,有一半的孩子不能确定父母是否信任自己,常常觉得父母不理解自己的感受和选择。还有许多父母在没有经过孩子允许的情况下,私自查看过孩子的私人

---

① 李亚妮:《隔代抚养下的亲子关系分析》,《学理论》2010年第3期。

物品,如信件、日记及抽屉等。这说明,父母对孩子的隐私不够尊重。

第三,亲子沟通。一般来说,父母和孩子相处时间较短,沟通频次就比较少。不过,也不能完全由沟通的次数来判断沟通质量的高和低。亲子沟通还受到其他因素的影响,就是沟通的主动性和沟通的内容。

沟通的主动性是指沟通的发起者是那一方。调查研究中发现,经常主动与孩子聊天沟通的父母占33.3%,有时会主动沟通的父母占41.7%,有25%的父母一般不会或者从来不会和孩子主动沟通。父母和孩子沟通的内容往往都是孩子的学习和身体健康之类的,不太关注孩子的道德素质和人际交往。

第四,亲子冲突。亲子冲突情况一般借助两个指标来衡量:冲突频率和冲突强度。调查显示,在隔代抚养家庭中,父母和孩子之间发生冲突的频率较高,在144人当中有100人都曾经多次和父母发生冲突。

(二)父母失去自我修复和成长的机会

在个体成长的过程中,原生家庭父母的性格、情绪以及对事物的认知都会潜移默化地融入子女的人格中。当子女成年结婚并有了自己的孩子后,往往会沿袭原生家庭的思维模式和行为模式。这时,如果父母亲自投入到养育孩子的过程中,就能体会到孩子是自己的一面镜子,能让自己有机会发现内心的局限性,意识到某些问题的存在,进而去优化和改善。从心理治疗的角度看,这是人生中最有可能发现和治愈自己心理问题的机会。如果父母完全依赖祖辈养育孩子,未能在孩子的成长中审视自己,就失去了自我修复和成长的机会。

(三)祖辈可能出现不良生活状态

祖辈参与照看孙辈有其益处,但是在这个过程中祖辈也会出现很多问题,给祖辈的身体和精神造成很多压力。

1. 祖辈和父辈由于生活方式和教育观念的不同容易产生矛盾和冲突

在家庭教育中,子辈有时会对祖辈的养育方式不认可。在这种情况下,子辈要么是为了避免冲突不沟通,要么是不讲方式地直言抱怨。对祖辈而言,这些冲突都会导致焦虑和不安。而且,批评隔代养育的观点在社会上有很高的认可度。2015年11月30日,《中国青年报》发表文章,八成受访者称隔代教育现象普遍,溺爱是最大劣势。很多人把孩子教育的失败归咎于隔代教育,曾有小学老师深恶痛绝地说:"我见过的所有跟着爷爷奶奶的小孩,没有一个后来成才的!"①

一般来说,家庭中代际层次越多,家庭成员关系越复杂,矛盾和冲突就越多。在微信公众号"爸妈内参"中,署名木木妈的作者对此有客观的认识。她认为很多的家庭陷入怪圈:一方面离不开祖辈帮忙照看孩子,另一方面又不断埋怨老人对孩子的溺爱。

事实上,教育效果不在于父母教育还是祖辈教育,重点是教育方法。新一代的祖辈更有精力,文化水平更高,也更懂得如何教育,因此也不应再背负"溺爱"的标签。

2."老漂族"面临城市适应的困惑

城市的祖辈参与孙辈养育可以细分为两种类型:一种是祖辈和子辈都生活在同一城市,在第三代出生以后,双方根据情况承担各自的责任,共同照看第三代。另一种类型是年轻人通过求学或者工作的打拼,进入城市生活。对这个群体而言,要想获得更稳定的工作机会、更高的收入保障,就要不断进取。当养育第三代需要耗费巨大时间和精力的时候,祖辈往往会从农村或者其他城市来帮助照顾第三代,料理家务。

2019年初,国家卫生健康委员会发布《中国流动人口发展报告2018》(以下简称《报告》),回顾改革开放40年来我国人口流动迁移的历程,分析了流动人口在新时代的特征和趋势②。《报告》显示,老年流动人口规模在2000年以后增长较快,从2000年的503万人增加至2015年的1304万人,年均增长6.6%。

对于老年的流动人口,媒体使用了"老漂族"这一称谓。国内学者对这个概念还没有准确而统一的界定,多数人对此的理解是:人到老年,从家乡来到子女工作的城市,或者是为了照顾子女或第三代,或者是为了感受城市生活,或者就是为了依靠子女养老。

事实上,为了照看第三代而到城市生活的祖辈占很大比重。国家卫计委的数据显示,截至2015年,在生活在北、上、广、深这四大城市的老年流动人口中,

---

① 岳乾:《隔代教育现象中的老人权利缺失》,《中国青年报》2015年11月30日。
② 国家卫生健康委员会:《中国流动人口发展报告2018》,中国人口出版社2019年版。

有 54.4% 的老年人进城的目的是为了照料第三代的生活,而全国老年流动人口中的这一比例是 43.3%①。

来到城市与子辈组成的小家庭一起生活,老年人会面临一系列的适应问题。

第一,原有家庭和子代小家庭的适应,主要是家庭关系的适应。老年人来到子女家庭一起生活,从某种角度上看,是从"自己的家"来到了"别人的家",在家庭的角色发生了改变,自己的权威感明显下降。有的老年人在之前有心理准备,知道自己与儿女一起生活就是为给儿女减轻负担,能够获得心理平衡;有些则会产生消极情绪。

第二,新的社交圈子的适应。"老漂族"绝大多数时间都是在家做家务和照看孩子,休闲娱乐活动比较少。

第三,城市文化的适应。"老漂族",尤其是从农村到城市的老人,往往很难适应城市的语言、饮食习惯和风俗。有些老人还不会讲普通话,与当地人的沟通就更加困难。这一切都让"老漂族"处于心里孤独、缺乏自我认同的状态。

(四)祖辈自身认知评价

祖辈参与孙辈养育对老年人的身心健康和幸福的影响目前有不同发现。孙鹃娟、冀云通过线性回归模型,利用 2014 年中国老年社会追踪调查的数据,分析老年人在祖辈参与孙辈养育中的付出行为对其心理健康的影响及老年人自身对这些行为的认知评价。研究发现,老年人对后代的支持行为会对自身的心理健康产生影响,但是这种行为只是影响老年人心理健康的一个间接原因,而不是直接原因。直接原因是老年人自身对这个代际支持的认知与评价。如果老人认为子女在祖辈参与孙辈养育方面要求了过多的支持,使照料第三代的频率增加,就会对老人的心理健康有消极作用。如果老人认为子女在祖辈参与孙辈养育方面没有要求过多支持,照料第三代对老人的心理健康就有积极作用②。也就是说,如果老年人自己觉得给予孩子帮助是愉快满足的,能实现自我价值,就有利于其

---

① 国家卫生健康委员会:《中国流动人口发展报告 2016》,中国人口出版社 2016 年版。

② 孙鹃娟、冀云:《家庭向下代际支持行为对城乡老年人心理健康的影响——兼论认知评价的调节作用》,《人口研究》2017 年第 11 期。

心理健康;如果老年人认为帮助子女照看第三代是无奈、不情愿和被迫的选择,就不利于其心理健康。

四、对策及建议

祖辈参与孙辈养育是一项重要的代际支持和代际交换。从积极的方面说,祖辈参与孙辈养育是一项强化代际依存和互惠双赢的活动。但如前所述,祖辈参与孙辈养育也给老年人带来了一些困扰。儿童作为国家的未来,儿童的抚育模式不能只是个体的选择,还应是一套制度性的安排,需要政府给予支持。

(一)社会承担起相应的责任,政府建立相应的公共服务体系

从公共资源的角度看,应加快儿童照顾的公共服务体系。因为,高品质的托幼机构教育服务,会对儿童早期的身心发展起到重要作用。因此,相关部门或多部门应联合尽早出台托幼服务业的具体规定,鼓励有能力的企业开办托幼服务,并进行适当扶持。2016 年,在第十二届全国人大四次会议的记者会上,国家卫生和计划生育委员会主任李斌表示,要鼓励女职工集中的单位恢复托儿所[①]。

在市场化推进的今天,像计划经济时代那样完全依靠政府提供托幼服务是不现实的,公办机构很难满足当今社会巨大而多样的育儿需求,所以以政府为主导,以市场为主体,以社会为补充,以社区为依托,以家庭为基础的托幼服务体系应该成为今后发展的思路。

另外,祖辈参与育儿是我国的主要模式,而且,祖辈的照料服务常常是无偿和义务的,政府也可以将祖辈照料纳入考虑体系,比如对提供照料的祖辈给予一定的经济补偿,提高祖辈照料孙辈的积极性和自我价值认同。

(二)发挥社区作用,为祖辈育儿提供支持

参与孙辈养育的祖辈的日常生活被操持家务的时间安排所左右,能够自由支配的闲暇时间是零散和碎片化的。作为祖辈最熟悉的活动空间,社区可以为家庭育儿,尤其是祖辈育儿提供更多的资源和便利。

社区可以促成带孩子的祖辈形成某种形式松散的团体,可开展一些定期或

---

① 赵鹏、郭莹:《卫计委:鼓励女职工集中单位恢复托儿所》,《京华时报》2016 年 3 月 9 日。

不定期的围绕隔代抚养主题的小型活动。这些活动不仅能分享知识，还能传递感情。比如，组织一些讲座，帮助祖辈挖掘自身蕴含的多方面优势，指导祖辈在与子女在教育上观点不一致的时候如何调和差异。在孩子父母面前展现隔代抚养的意义和困境，促使子辈认识到祖辈已经要步入老年期，在给子女提供帮助的同时，自身也需要多方面的支持。祖辈还可以通过这些活动，学习新知识与技能提升自己，努力与孙辈成为平等的伙伴，并在社区里寻求谈得来的朋友。同时，要整合社区照顾的服务项目，完善个性化和多元化的养老服务政策，对于参与孙辈抚养的老人有针对性地开展生活照料、康复护理和精神慰藉等系列服务，将育儿和养老在社区内有机结合。

（三）健全福利制度，给父母更多的育儿假

政府可以在带薪休假的制度上考虑进一步延长生育假期，建立弹性工作制度。这既是一种人才保障机制，使父母保证工作效率的情况下保证子女教育的质量，又使女性在劳动市场中的平等权利得到维护。

链接 5：部分国家生育支持政策[①]

日本

政府为家庭提供儿童津贴、育儿津贴等货币援助，以减轻育儿经济负担。在托幼服务上，先后出台"天使计划"（Angel Plan）和"新天使计划"（New Angel Plan），并不断完善育婴室、母子生活支援设施、保育所、儿童寄养设施、课后服务和短期照料支持服务。

为鼓励代际支持，政府与企业合作，逐渐推出"老人给孙子孙女'交学费'不用缴税"政策和"带孙子假"。

韩国

韩国于 2001 年成立性别平等与家庭事务部，为家庭政策和多元文化家庭提供调解和政策支持。为支持代际照料，实行"照看孙子辈项目"，由政府向照顾孙子和孙女的祖母或外祖母提供津贴。针对职业中断女性，2010 年颁布《职业中断女性再就业促进法》，鼓励企业组织培训、开展就业实习项目。

---

① 杨菊华、杜声红：《部分国家生育支持政策及其对中国的启示》，《探索》2017 年第 2 期。

新加坡

新加坡托幼服务同样注重资金补贴,为家庭提供启动费用津贴、社区关怀基金、学生照顾津贴,并开展幼儿园学费援助计划和课后儿童俱乐部项目。对于代际支持,政府为有 12 岁以下孩子的家庭提供"祖父母照顾者津贴"。为减轻女性家庭与工作的矛盾冲突,鼓励职业女性生育,推行"工作一生活补助计划"和"职业转换计划"。

澳大利亚

对于代际照料支持,"家庭税收福利"(Family Tax Benefit)计划规定,照顾自己孙子女的老人可申请抚养孩子的费用补贴,且通过"祖父母照顾孩子福利"进行专项补助。2009 年澳大利亚推出公平工作法案(Fair Work Act),规定了女性灵活工作事宜。

第十五章　国际家庭教育支持经验
对中国的启示与借鉴研究①

核心提示:本研究聚焦国家、政府、社会对家庭教育开展指导和支持的法律政策及措施领域的内容,对国际上家庭教育及其支持相关经验进行分析研究,反思相关经验对中国家庭教育的启示、借鉴意义及作用。

习近平总书记关于注重家庭、家教和家风的思想,为中国家庭教育及其指导和支持的实践探索、政策法律完善及理论发展提供了思想和理论指导。家庭教育是一个涵盖内容广泛的概念,从实施主体以及实践和理论的角度,可以划分为家长的家庭教育实践、国家及政府与社会对家庭教育开展指导和支持的法律政策及措施、家庭教育理论及实践研究这三大主要领域和内容。本报告将聚焦于国家及政府与社会对家庭教育开展指导和支持的法律政策及措施这一领域和内容。对国际上家庭教育及其支持相关经验进行分析研究,并思考这些经验对中国家庭教育的启示与借鉴意义和作用,有助于为我国相关学者及政府工作人员思考和研究家庭教育及其指导和支持起到一定的参考作用。

父母和子女的关系不单纯是生物学意义上的关系,也是重要的社会关系和法律关系。从众多实践中总结出的一个共识是,问题家庭产生问题儿童,问题儿童变成犯罪少年或犯罪成年。随着经济社会的发展,大多数发达国家已经意识到,绝大多数社会问题的根源在家庭或者父母的监护能力。如社会学习理论认

---

① 本报告为中国家庭教育学会"国际家庭教育经验对中国家庭教育的启示与借鉴研究"课题的成果。

为,家庭是儿童社会化的初始关键环节;生态学理论认为,人的成长最主要的是跟周围环境的互动。对儿童的关注程度与国家的文明程度有关,而对儿童在家庭中成长质量的关注则往往与社会的发展程度紧密相关。

从阶段上看,发达国家对父母履职能力的关注大约经历了四个阶段:一是早期的新生儿关注项目,主要针对新生儿死亡和孕产妇死亡;二是 20 世纪六七十年代对儿童虐待问题的关注,尤其是 1962 年,美国两位医生 C. Henry Kempe 和 Brandt Steele 出版的著名的《被打儿童综合征》一书,引起了发达国家对儿童不当对待的重视及轰轰烈烈的司法干预项目,同时期,女性平权运动也推动就业支持进入家庭支持项目;三是 20 世纪 90 年代经济危机时期产生了一些困境家庭,针对贫困、单亲家庭等相对多元的项目开始开展,如经济资助、社工服务、父母培训等;四是 2000 年少数北欧国家开始探索预防性家庭教育支持与困境家庭的服务性支持相结合的模式。

总体而言,从前只被看作是私领域范畴、局限于家庭范围内开展的家庭教育,已逐渐引起一些发达国家政府和社会的关注并作为公领域的一部分问题加以指导、支持,提供相关的服务。其中,本文介绍的六国有一定的特色并表现出一些共同趋势。

第一,从国家和政府的角度来看,运用公权力来干预、支持家庭内部的教育事务,主要理念源于对工作与家庭平衡的理解,即认识到政府有义务和责任帮助父母缓和工作与家庭生活的冲突,使父母能够更好地工作、生活并教育好后代,也认识到家庭教育对儿童发展的重要性、儿童养育对国家的重要性,以及家庭面临诸多困难需要国家和政府的支持和指导。

第二,政策措施的主要目标和中心是为了强化父母对儿童的教育责任和义务,并提高他们的能力和水平,而从政府的工作形式或平台来看,主要是建设多种形式的育儿支持网络,开展各类项目。有的国家在家庭教育支持制度化上走得更远,如政府直接开设支持父母和家庭教育的行政部门或机构和网站,有的国家更是上升到法律层面对家庭教育加以规定。

第三,由于儿童和家庭教育涉及很多跨学科、跨行业领域,因此这些国家的家庭教育支持相关工作涉及的机构、行业和人员背景广泛,卫生健康、法律、教育、心理等领域中凡与儿童及家庭相关的人或者机构都参与进来,家庭教育支持已成为一种跨领域、交叉性强的社会化事业。

第四,在发达国家,家庭教育支持已经从单纯金钱或实务的支持发展到服务的支持,即便仍然有金钱方面的支持,也是有条件的,关键看父母或孩子是否按时接受指定的服务①。从北欧及英国的制度发展看,单独的实务或金钱支持,如家庭养育补贴、严重照顾依赖儿童的特殊补贴等,或对父母的就业支持,如产假、收入税收减免、工作弹性制等,已经不再列入家庭教育支持的范围②。从 Mary Daly 对欧洲五国的家庭教育支持项目的研究来看,目前家庭教育支持主要从五个角度介入:儿童、青少年、家庭服务的角度,儿童保护和预防虐待的角度,儿童早期教育角度,健康角度,教育角度③。

第五,从项目或政策构建形式来看,主要有两种:一种是配合式的;另一种是相对独立制度化发展的。在大多数发达国家,包括本文介绍的英国、美国、法国、德国等国的家庭教育支持主要还是配套性的项目,也即家庭教育支持没有制度化,也往往不单独开展,而是嵌入其他儿童福利或社会政策中,如配合儿童福利制度、教育制度、少年司法制度或家事制度。配合式的家庭教育支持,一般不是普遍性的家庭教育支持,主要是项目式的,制度化程度低。另一种是相对独立化发展的、制度化的家庭教育支持项目。2000 年后,少数北欧国家,随着健康政策和家庭政策的深化④,开始探索普及性、自愿性、预防性家庭教育支持的制度化,日本也在家庭教育支持制度化上下了比较大的功夫。但正如前面所提及,全覆盖、自愿性、预防性家庭教育支持制度化还没有在大多数发达国家实现,原因主要涉及三方面:一是全覆盖的项目成本高,但是预防效果很难测量;二是全覆盖的家庭教育项目倾向特定类型的家庭教育支持模式,容易受到年轻父母的排斥,只能定位于自愿性;三是从实际运行看,自愿性的家庭教育支持项目,实际参与

---

① Mary Daly, Parenting Support as Policy Field: An Analytic Framework, *Social Policy & Society* Volume 14:4, 601(2015).

② 同上。

③ 同上。

④ Mary Daly, p. 598.

者非常少,很难实现阶层互动或者去标签化的目的。

另外,配合型或独立制度化发展的家庭教育模式分类也是相对的,两种模式也在相互影响和彼此启发。从家庭教育支持项目或政策开展的方式看主要有三种:一是信息或意识提升型,主要是提供儿童养育或如何获得儿童养育服务的信息,通过发放小册子、开发网站或打电话的方式为父母提供;二是培训家庭教育技能发展型,主要是针对特定问题家庭的父母的深度介入,以帮助这些父母改变态度和自我认知;三是提供社会支持型,通过社会服务、社会工作等帮助父母建立相互支持的社会网络,以相互学习和帮助①。在配合式国家中,信息或意识提升或社会支持项目的投入也开始增加,尤其是社会力量的介入,并试图面向所有的家庭提供服务。而采用相对独立制度化发展模式的国家,也在反思供给导向与需求导向的有效对接问题。

从目前对制度化运行的亲职支持观察来看,争论的焦点主要包括:一是面向所有父母的预防性家庭教育支持制度化是否必要;二是面向所有父母的预防性家庭教育支持制度化如何实行;三是性别视角是否或如何对家庭教育支持有所影响;四是预防性支持项目应该包括哪些内容。总结而言,配合式和相对独立制度化的家庭教育支持的主要区别在于,政府推广的力度和国家财政支持的比例,在项目内容方面差别不算很大。

一、美国、英国、瑞典、法国、德国、日本政府家庭教育支持的基本情况和特点

(一)美国:政府利用学界和民间力量推动家庭教育支持

从政府角度,美国可能是这几个国家中对家庭教育支持普遍化表现最为谨慎的。美国在家庭教育支持的制度化方面比较弱,自上而下推动的项目很少,一般都是学界和民间互动,探索出模式,对那些风靡全国的、对全国有较大影响的研究或实践,州政府或联邦政府会通过设计项目等来推广。美国的优势是有着发达的儿童发展和亲职能力研究的世界领先学术资源,以及活跃的推动先进亲职项目落地的民间资源。

美国的学术研究引领着国际家庭教育项目探索的潮流,如前面提到的 1962

---

① 　Mary Daly, p. 600.

年美国两位医生 C. Henry Kempe 和 Brandt Steele 合著的著名的《被打儿童综合征》一书,强力推动了原本非常艰难的一项改革,即政府为了儿童利益介入原本非常私密的家庭空间,或者政府可以监督和干预父母的家庭教育履职表现和能力。此后,美国学者开始正面研究什么样的家庭教育模式对儿童成长和社会化有利。1967 年,Baumrind 教授开始研究家庭教育模式的类型化,此后 Maccoby 和 Martin(1983)、Rutter(1998)、Feinstein(2008)、Health(2009)等持续就家庭教育模式及对儿童的社会化影响做定量分析[①]。如果将上述学者的研究做简单归纳,他们基本上将家庭教育模式分为权威型(Authoritative,培养积极的学习态度、鼓励好奇心及独立思辨,温暖、有回应性,并根据年龄给予相应指导)、专制型(Authoritarian,压制型或强干预型)、溺爱型(Permissive)、冷漠型(Indifferent)。他们的研究还认为,权威型家庭教育模式下成长起来的孩子被稳定的实证数据验证社会化良好,如学习成绩好,自控能力强,思辨性好,有同理心,而且成年后容易跟同伴合作[②]。这一研究成果被市场化的家庭教育先推广,此后,干预类的家庭教育支持项目也会通过自愿和强制的项目设计来推广这一家庭教育模式。比如,美国心理学博士凯洛琳·韦伯斯特·思卓通(Carolyn Webster Stratton)开展的针对 8~12 岁少年父母的研究及其韦伯斯特·思卓通(Webster Stratton)项目,也叫"卓越童年"(Incredible Years)项目,在 20 世纪 90 年代后非常盛行,英国的"在轨"项目也受其启发[③]。

最近几年美国比较流行的家庭教育支持项目是研究支撑的强化家庭五个保护性要素框架(Research Informed Five Protective Factors Framework),通过父母小组方式为家庭提供信息和咨询,是上面提到的三种家庭教育项目开展方式的巧妙结合。这是由位于华盛顿特区的社会政策研究中心(Center for the Study

---

[①] Harriet Churchill, Investing in Parenting Education: A Critical Review of Policy and Provision in England, *Social Policy and Society*, 40-42 (January 2010).

[②] 同上。

[③] Carolyn Webster Stratton, The Incredible Years Parents & Children Program, 2006, http://parented. wdfiles. com/local-files/curricula/Incredible％20Years％20for％208-12％20years％20-％20Agendas,％20checklist. pdf.

of Social Policy)研究发起。他们注册的项目商标是"强化中的家庭"(Strengthening Families),已经得到 30 个州的支持推广[1]。这五个保护性要素包括:(1)家庭教育韧性(Parental Resilience),即父母在面临挑战、负面影响及创伤时能够管理焦虑和压力;(2)积极的社交圈子(Social Connections),即建立一个能够提供积极的情绪、信息、精神及方法支持的社交圈子;(3)了解家庭教育职责履行及儿童发育的知识(Knowledge of Parenting and Child Development),即了解儿童发育和相应家庭教育策略所需要的有关生理上、认知上、语言上、社交和情绪发展上的儿童发育知识;(4)可及时获得的家庭教育具体支持信息(Concrete Support in times of Need),即了解身边可获得的能够及时提供亲职履职的支持,以最大限度减少负面影响;(5)儿童的社交和情绪能力(Social and Emotional Competence of Children)知识,即家庭与儿童互动,以帮助儿童发展清晰表达的能力、认知和管理情绪的能力、建立和维持社会关系的能力[2]。在推动五个保护性要素框架时,依然是以研究推动实践,且自下而上的民间牵引方式,并不断推广到不同的州。推动的形式主要是家庭教育小组模式(Parenting Group),如发起于伊利诺伊州的"父母咖啡叙聊",被 30 多个州纳入政府家庭教育支持项目中[3]。父母咖啡叙聊活动一次持续两小时,政府资助提供咖啡和小吃,会有专门的主持者,父母自愿报名,小组讨论,针对五保护性要素结合家庭情况分三轮讨论,每一轮父母会换一个小组,社会政策研究中心的工作人员会观察和收集现场交流的细节,父母在最后会得到一对一反馈[4]。数据显示,98%的父母都感觉这种方式非常有效,收获很大[5]。

---

[1] Center for the Study of Social Policy,About Strengthening Families and the Protective Factors Framework,https://cssp. org/wp-content/uploads/2018/11/About-Strengthening-Families. pdf.

[2] 同上。

[3] Maryland Family Network,Strengthening Families Maryland Parent Cafés:An Overview, http://www. marylandfamilynetwork. org/wp-content/uploads/2018/07/Parent-Caf%C3%A9-Overview. pdf.

[4] 同上。

[5] 同上。

（二）英国：更加重视家庭教育对社会问题的解决

英国的家庭教育支持模式有进一步强化趋势，既积极跟随美国的家庭教育支持项目潮流，又积极观察北欧的制度化家庭教育支持探索。尤其是在过去二三十年工党政府的领导之下，一直把减少儿童贫困和长期的社会排斥（Social Exclusion）作为施政的重点[①]。英国在家庭支持上已经建立了一个制度性框架，如包括早期发展支持，学龄儿童教育，就业父母支持措施，对单亲、贫困等家庭的福利措施及直接作用于强化家庭教育能力的支持措施[②]。英国关注的问题家庭主要是那些可能被社会边缘化的家庭，尤其是少女妈妈、有严重不良行为少年的家庭和有反社会行为的家庭[③]。2003 年财政大臣在《每个儿童都重要》（Every Child Matters）确定了下列因素对孩子的影响是负面的：贫困、失业、无家可归、低出生体重、生活在不好的社区、家庭教育能力弱[④]。英国的家庭教育强化支持的关注点主要在大一点儿的孩子身上，目标主要是降低因社会融入困境而导致的不良行为和反社会行为。但受美国学术研究的影响，英国也开始将重心适当前移，如"Sure Start"项目。具体而言，英国在家庭教育支持方面三个主要项目如下。

一是"不输在起跑线上"项目（Sure Start and Youth Justice board's Parenting Program）。该项目起始于 1998 年，其目标是帮助长期的、存在代际传递的被社会排斥的家庭，主要包括两部分，一方面是帮助这些孩子获得免费的学前教育；另一方面是指导父母跟孩子相处、如何给孩子读书、如何陪孩子玩、如何适当管束孩子等[⑤]。青年司法理事会的亲职项目包括 42 个子项目，有的是一对一咨询或指导，有些是提供给父母一些实用的课程，指导这些家庭中的父母为孩子设定行为边界，提高父母与孩子的沟通能力[⑥]。在美国这个项目叫 Head Start。

[①] Harriet Churchill，p. 40.

[②] Harriet Churchill，pp. 40-42.

[③] Harriet Churchill，p. 39.

[④] Harriet Churchill，p. 44.

[⑤] Harriet Churchill，p. 43.

[⑥] Harriet Churchill，p. 49.

二是"在轨"项目(On Track)。这个项目主要是针对那些已经出现不良行为或反社会行为的孩子的父母,提高他们的家庭教育能力。此项目发起于1999年,2000年成立的儿童基金将25%的资金用于支持不良行为或反社会行为孩子的亲职能力建设①。这与英国关注大一点儿的孩子的中心相吻合。在项目开展中,父母小组是很重要的方式,这个项目在目标和开展方式上与美国的"强化中的家庭"项目和韦伯斯特·思卓通(Webster Stratton)项目、澳大利亚的"三P"项目(Triple P)类似。

三是"家庭早期干预"项目(Family Early Intervention Program or Family Pathfinders)。此项目主要是政府资助学校或家庭(主要是学校)在社区层面开展三个项目("三P项目""韦伯斯特·思卓通卓越童年项目"和"强社区需要强家庭项目")中的任何一个项目来开展②。主要针对学习表现差的学生,第一时间为那些发现孩子有考勤或其他学校不良行为的家庭提供支持。配套的"家庭教育策略支持资助"(Parenting Strategy Support Grant),则主要是为地方政府、家庭服务机构等提供支持,以确保他们为家庭提供更好的支持服务③。政府还在2008年发起了"父母知识必备"项目(Parent Know How Program),即指导父母从哪儿可以获得直接的电话或在线咨询和信息服务④。

(三)瑞典:系统构建家庭教育法律政策支持体系

瑞典可能是世界上在家庭教育支持方面最为系统地探索政策支持的国家。从20世纪30年代开始,瑞典就开始提供免费的孕前检查及儿童保健服务,通过

---

① Harriet Churchill, p. 43.
② Geoff Lindsay, Sue Band, Mairi-Ann Cullen and Stephen Cullen, Parenting Early Intervention Pathfinder Evaluation—2nd Interim Report, Research Report DCSF-RW035, https://dera. ioe. ac. uk/8614/1/DCSF-RW035. pdf, 3 (2008).
③ Department for Education and Skills, Parenting Support: Guidance for Local Authorities in England October 2006, https://dera. ioe. ac. uk/6590/7/SD06 _ 30% 20attachment_Redacted. pdf, 2 (2006).
④ Harriet Churchill, p. 44.

医疗服务对儿童在家庭的情况进行监测,这在今天依然是很重要的实践①。瑞典从 20 世纪 50 年代开始提供家庭咨询服务,也包括 60 年代的如何支持家庭以让女性进入工作领域②。20 世纪六七十年代的瑞典,对亲职支持中如何关注儿童虐待问题也进行了激烈的政策讨论③。20 世纪 70 年代,父母培训(Parent Education)被纳入到家庭教育支持中,包括 1975 年瑞典政府指定的调查组建议瑞典的父母教育项目要覆盖所有的父母,包括父亲;1979 年瑞典政府要求所有代孕父母和新生儿父母都要接受培训,不过至今也没有完全实现④。20 世纪 90 年代后,因为经济危机、贫困和单亲家庭等要素,项目设计中还专门考虑对单亲父亲的家庭教育支持。2000 年后,新技术、全球化带动着社会的快速转型,这在给很多职业提出知识和技术更新挑战的同时,也为父母如何履行家庭教育职责提供了巨大挑战;同时互联网带动的社会链接,让政府意识到"儿童友好社区"对儿童成长的重要性,如何宽范围、多层次支持父母更好地进行亲子互动,成为政策的关注点⑤。2000 年后,意识到更多儿童面临失眠、抑郁、头疼等身体、心理方面的症状,瑞典政府加大在儿童青少年精神、心理健康服务方面的支持力度和政府投入⑥。

在今天的瑞典,像传统的儿童抚养补贴、父母产假保险、离婚家庭的特殊财务等金钱或实务支持已不列入家庭教育支持的范围⑦,家庭教育支持的范围更倾向那些直接帮助亲子关系的支持服务,简单总结,就是要为亲职行为的实施提供直接支持的行为,而不是间接行为。瑞典官方将预防性家庭教育支持界定为:"为父母提供有关 0~17 岁儿童健康、情绪、认知、社会发展的知识,并有助于构

---

① Åsa Lundqvist, Parenting Support in Sweden: New Policies in Old Settings, Social Policy and Society 14:4, 657 (2015).

② Åsa Lundqvist, p. 662.

③ 同上。

④ Åsa Lundqvist, p. 662-663.

⑤ 同上。

⑥ Åsa Lundqvist, p. 662-664.

⑦ Åsa Lundqvist, p. 658.

建或强化父母的相互支持社会网络的行为。"①瑞典政府确定的家庭教育支持的目标是:"帮助所有父母为儿童提供一个有利于身心健康和积极向上的成长环境,保护儿童远离不良行为和社会问题。"②目前相关服务包括:孕前检查、儿童保健服务、开放性的学前教育机构、为家庭提供的各种社会服务、学前教育和学校教育、家庭中心、儿童青少年的精神健康中心、其他为家庭提供服务的志愿者或民间组织制的服务③。瑞典的预防性亲职支持制度都是全社会覆盖、免费、自愿参加的④;但矫治性的支持则主要是定向的⑤。调查也发现,即便是免费的全覆盖项目,但因为是自愿的,所以只有不到一半的父母会使用这种服务,而且多数是妈妈或问题家庭参加⑥。

瑞典的孕前检查从 20 世纪 30 年代就开始免费,诊所为初次孕检的父母建立档案,孩子出生后,儿童保健的机构会跟进回访并对父母进行相关的育儿培训⑦。虽然是自愿性质的,但如果父母拒绝,保育服务机构会将缺席当作一种风险因素⑧。开放的学前机构通常与家庭中心放在一起,为那些没有正式进入学前机构的儿童和他们的父母提供服务,包括一些常规性的儿童教育服务,也包括对父母提供培训和咨询服务⑨。家庭中心出现得比较晚,已经成为亲职支持的综合性中心,既有预防性的,如父母培训和咨询;也有支持性的,如孕前检查、儿童保健、儿童学前照管及教育;也可以帮助整合资源,如家政保姆的推荐等,大部分开设于 2003 年后⑩。社会服务的项目也很多,但大多是常规性项目,主要侧重在家

---

① Åsa Lundqvist, p. 658.
② Åsa Lundqvist, p. 659.
③ Åsa Lundqvist, p. 659.
④ Åsa Lundqvist, p. 660.
⑤ Åsa Lundqvist, p. 661.
⑥ 同上。
⑦ 同上。
⑧ 同上。
⑨ 同上。
⑩ Åsa Lundqvist, pp. 660-661. 到 2013 年,瑞典有 250 个这样的家庭中心(family center)。

庭咨询和家庭指导方面①。儿童、青少年精神项目则主要由县一级部门提供,即为有心理或精神问题的青少年提供治疗和康复服务②。亲职教育则主要依托孕前检查、儿童保健、学前教育、学校教育、父母指导和教育提供机构等开展。亲职教育目前在瑞典也遇到了挑战,在发达的网络面前,新生代父母获得信息更加快捷便利,而且他们是反权威的,不再愿意接受政府提供的所谓好的父母模式,而是愿意去自我探索③。

(四)法国:跨部门跨领域合作支持家庭教育

从 20 世纪 30 年代开始,法国就已经开始对家庭进行公共关注和干预,如今已建立起一套完善的家庭政策体系,其中包括对家庭教育的支持,其核心理念是支持父母有利于儿童和家庭的发展,有利于帮助父母平衡好家庭和工作④⑤。

1. 国家家庭问题讨论会及跨部门代表团

法国在相当一段时期内,将家庭问题讨论会作为一项国家制度开展。1981年,当时的总统密特朗宣布建立定期召开国家家庭问题讨论会制度。次年,第一届国家家庭问题讨论会召开,此后常年定期召开。1994 年,法律规定政府各部门在家庭会议中的基本责任和权力。1998 年,法律规定成立跨部门家庭问题委员会和跨部门代表团,其中跨部门代表团的主要工作领域涉及家庭教育和父母能力建设,切实回应和满足家庭需要,畅通父母倾诉、倾听和对话渠道,包括执行全国统一的家庭相关政策、发展多样化儿童照看类型、建立父母诉求网络、对制定家庭相关法律提出建议、改善家校关系、支持企业帮助雇员平衡家庭与工作、对父母进行相关知识培训等。这次会议也宣布建立倾听、援助、陪伴父母网络。

---

① Åsa Lundqvist,p. 660.

② Åsa Lundqvist,p. 661.

③ Åsa Lundqvist,p. 664.

④ Martin Claude, Concilier vie familiale et vie professionnelle：un objectif européen dans le modèle fran? ais des politiques de la famille？,Informations sociales,（157）2010.

⑤ 和建花:《法国家庭政策及其对支持妇女平衡工作家庭的作用》,《妇女研究论丛》2008年第 6 期。

2. 倾听、援助和陪伴父母网络

"倾听、援助和陪伴父母网络"(réseaux d'écoute，d'appui et d'accompagnement des parents，简称 REAAP)①是法国政府关注家庭教育并出台相应政策措施的一个良好案例②。这一网络的建立通过 1999 年跨部门行政通报发布。政府建立这一网络的基本理念是家庭相关政策应该回应儿童和家庭的需求，陪伴父母完成他们的家庭教育任务是政府家庭政策需要优先考虑的问题。这一网络的建立，给予政府和社团对父母家庭教育进行干预、援助的空间，很多包括国家服务部门、CNAF③和社团网络在内的行动机构借此介入家庭教育工作，各省也都成立了 REAAP 指导委员会，从省级平台开展支持家庭教育活动，这些部门、机构和指导委员会在建立与家庭的联系、促进父母承担教育责任、提高父母家庭教育能力等方面起到了重要作用。

REAAP 成立之初还出台了一个宪章，条款包括优先鼓励父母的家庭教育责任和能力；关注家庭结构以及家庭教育形式的多样性；鼓励父母常去的文化娱乐场所或机构负责人展示新创意以保障这些场所或机构向来自不同社会阶层、不同职业的父母开放等。长期以来，REAAP 的主要工作任务包括：为父母提供与专业人员面谈以及父母之间交流的机会，并对他们提出的教育问题做出答复；向有困难的父母提供援助，引导他们进入相应的机构寻求咨询和帮助；促进父母和专业人员之间的交流；方便所有人、父母和专业人员获得有关亲职和家庭教育相关问题的信息；促进政府部门内所有亲职和家庭教育相关工作事务的沟通和联

---

① Roussille Bernadette.，Nosmas Jean-Patrice，Evaluation du dispositif des réseaux d'écoute，d'appui et d'accompagnement des parents(REAAP)[R]，Paris?：IGAS. 2004，p. 1-3.

② Michel Chauvière，La parentalité comme catégorie de l'action publique，Informations sociales，(149)2008.

③ 指家庭补贴国家出纳处。家庭补贴出纳处是经营公共服务的私营机构，由于家庭事务的特殊性以及这个机构在补助出纳方面的发展史，它成为区别于社会保障出纳处的机构，提供家庭补贴服务、向集体机构提供财政补贴，并为不同组织代理其他补助金等方面的工作。

结；向父母提供服务和各种实际建议，使父母能够充分发挥好家庭教育的作用等①。

REAAP 在其历年的公告、通知等中也进一步对其相关工作进行了补充完善，例如，2003 年重申 1999 年《宪章》原则；2004 年强调网络管理机构的协调和领导作用；2006 年提出应加强指导性工具的开发，使家庭更好地获得育儿服务指导；2008 年再次确认《宪章》并规定加强网络运营管理；2010 年提出合并现有的四个与支持家庭、发挥家长作用有关的咨询机构，设立全国支持父母养育子女委员会，以提高家庭工作效率，这些机构分别是 1999 年设立的全国父母倾听、支持和支持网络指导委员会，2003 年设立的国家赞助委员会，2006 年设立的国家家庭调解监督委员会以及地方学校支持国家指导委员会；2012 年，公告提出在国家层面对家长和家庭教育、家庭工作进行单一部门协调，以简化管理并有利于协调家庭工作合作伙伴；2014 年，公告提出建立省级家庭服务委员会和省级家庭服务计划，要求地方政府在支持父母上取得更大进展；2015 年，进一步提出扩大省家庭服务计划制定参与者的范围，以便更广泛地对省家庭服务需求进行评估，制定行动计划，扩大家庭服务，并减少省际之间的不平等，解决幼儿保育和父母家庭养育支持方面的各种问题。

（五）德国：重视家长的教育责任并予以法律和服务支持

21 世纪以来，德国家庭发生了较大变化，家庭规模缩小，家庭结构变化，传统家庭育儿支持体系被破坏，家庭矛盾和冲突增多，家庭教育面临困难和问题。因此，家庭教育越来越需要得到政府和社会的支持。德国主要从法律、公共服务两个方面开展家庭教育支持。

1. 法律层面对家庭教育的监督和支持

德国拥有高度发达的社会立法，其法律原则明确了个体、家庭、社会组织和国家之间的功能与相互关系，并承认家庭对儿童社会化、儿童教育的重要功能和作用，主张儿童教育应由家庭、社会和国家共同完成。在社会立法中，贯穿着尊

---

① Les missions du REAAP，载 2012 年 9 月 18 日，http://www.reaap41.org/presenta-tion-reseau/16-les-missions-du-reaap.html.

重父母的家庭教育权利和义务，同时支持与协助家庭的核心思想，这也是所有家庭教育支持工作的核心。

首先，德国非常重视强调家长对家庭教育的责任，认为家庭是初级社会化机构，对个体发展起着重要作用，强调教育孩子是父母的天职，父母应起承担起家庭教育责任和义务，其《基本法》规定，照顾和教育子女是家长自然而然的权利，但首先是其义务。

其次，德国认为家庭具有二元性，承担着私人与社会的双重功能，家庭不纯粹是私人领域，国家有权监督家庭教育的实施。其《基本法》明确体现了国家对家庭教育的监督权利，规定家长照顾和教育子女的义务是否得以履行，由国家共同体监督，国家拥有最高监督权来监督家长或监护人履行教育和养育子女的义务。同时规定在家庭遇到子女教育问题和困难但仍有能力教育子女的情况下，国家及社会组织有义务支持协助或补充家庭教育、增强和促进家庭的社会化功能。而当家长教育子女不称职、缺乏能力，家庭教育功能缺失时，国家有权撤销其监护权并承担起临时或永久性替代监护权。

2. 政府从公共服务角度对家庭教育的支持

基于保守型福利思想和立法制度框架，以及对家庭功能二元性的理解和社会教育学思想，德国建立起"高度立法化、高度机构化、高度职业化"的家庭支持服务体系，其中包括对家庭教育的公共服务支持。

政府对家庭教育的公共服务支持窗口之一是青少年事务局，主要面向儿童青少年及其家庭提供专业化的家庭教育服务，其职责被《社会法典》第八部《儿童与青少年专业工作法》规定，即"在确保国家和社会履行其公共责任的范畴内，儿童与青少年专业工作被委托完成培养、增强家长/监护人抚养和教育子女的责任与能力的任务"。《社会法典》规定青少年事务局"支持家庭和协助家长"的任务中，与家庭教育密切相关的主要内容包括面向家庭、家长和儿童青少年，开展婚姻家庭、家庭教育培训和咨询，并开展支持、协助、补充或替代家庭教育的社会公共服务。

在开展婚姻家庭、家庭教育培训和咨询方面，《儿童与青少年专业工作法》赋予了家庭培训范围广泛的任务，以便使家长为"伴侣生活、婚姻生活、与孩子的共同生活"做好准备。为此,家庭培训机构、子女教育培训机构、儿童保护联合会、妇女中心或母亲中心、家庭教育咨询机构等发展出很多专门项目,以提高家长教育子女的能力、以沟通方式解决冲突的能力、建立亲密关系的能力等。家庭教育咨询机构属于社会工作专业咨询机构,目前有上千家,工作人员通常为通过进修获得咨询资质的社会教育学者、社会工作者及心理工作者,面向所有家庭免费开放,面向家长或青少年提供咨询、培训或治疗服务,或者是为家长和青少年转介医院、儿童与青少年精神病院、其他专门咨询机构等。

开展支持、协助、补充或替代家庭教育的社会公共服务分三个层面:一是支持家庭服务,主要是在家长和家庭成员遇到困难时为其提供专业的服务和支持,开展家长或家庭成员能力建设,提高家长教育子女的能力,改善家庭关系和家庭环境,协助家庭顺利完成儿童社会化和教育子女的功能。二是补充家庭服务,主要是对家庭教育和子女照管进行补充和协助,减轻父母的育儿负担,使年轻父母减少育儿与工作矛盾。三是替代家庭服务,主要指家庭教育缺失、家长或监护人因各种原因失去教育子女的能力、儿童青少年身心健康成长无法保障的情况下,由国家或第三方机构承担起"替代家庭功能"的角色,临时性或永久性替代家长的角色。

(六)日本:将家庭教育纳入《教育基本法》

近年来,日本家庭及家庭环境发生了很多变化,单人家庭和三代家庭减少,单亲家庭特别是母子家庭增加,离婚减少但每年维持在一定高水平并导致父母离婚的未成年人维持在一定高水平,职工增加,需要保护的儿童增加。就家庭的教育能力而言,多数父母感到家庭的教育能力低下,母亲与孩子的交流时间减少,与孩子没有交流的父亲比例增加,男性参与家务劳动和育儿的时间少,学生睡眠时间减少,网络使用时间增多,等等。为此,日本政府认为家庭教育需要得到国家、政府和全社会的支持。

1. 将家庭教育纳入法律

日本政府将家庭教育定义为父母或者相当于父母的监护人对孩子实施的教育,并承认家庭教育对养成和形成儿童的基本生活习惯和生活能力、情操、对他人的关心以及对善恶是非的判断力、自立心和自制心、遵守社会规则等起着十分重要的作用。因此,政府认为理应对担负着这些重任的家庭教育进行政策援助。从这一理念出发,十余年来政府致力于对家庭教育实施庞大的支持行动计划,并最终将家庭教育纳入《教育基本法》[1]。其主要的政策推进过程和主要内容如下:

1998 年,中央教育审议会[2]报告《关于从幼儿时期开始进行心灵教育应有的方向》建议从国家角度思考家庭教育方向和支持内容。2000 年,《教育改革国民会议报告》指出国家与地方公共团体应设置面向所有父母的育儿讲座、向父母提供咨询机会以增强行政对家庭教育的支持职能。2001 年,修订后的《社会教育法》明确提出教育委员会[3]的职责包括开设家庭教育相关的知识讲座等。2002年,《关于完善今后的家庭教育支持体系的恳谈会报告》提出,应该在育儿是为了培育"社会的宝物"的认识前提下,提倡全社会向所有育儿的父母伸出援手。2003 年,《中央教育审议会报告》指出,当务之急是对家庭教育开展支持。同年,颁布《少子化社会对策基本法》及《下一代养育支持对策推进法》,规定国家、地方公共团体、企业应形成一体化家庭教育支持体系。[4] 2006 年,修订《教育基本法》,将家庭教育问题纳入其中,在法律上规定了国家对家庭教育不可推卸的责任。

2.《教育基本法》对家庭教育的规定

新修订的《教育基本法》纳入了原来法律体系中从未体现的家庭教育内容,明确了国家对家庭教育的责任,其目的在于在全社会包括学校、家庭、监护者、社区集结教育能力,形成教育合力,并通过借助这样的力量,给儿童以最大的发展机会。为此,《教育基本法》第 13 条规定"学校、家庭、社区的居民等要相互联合"

---

① 教育基本法条文,载 2014 年 3 月 13 日,http://www.mext.go.jp/b_menu/houan/kakutei/06121913/06121913/001.pdf。

② 中央教育审议会的英语名为"Central Council for Education",是日本文部科学省大臣的咨询机构,略称"中教审"。

③ 承担与学校教育、社会教育、文化及体育运动相关事务的教育行政机构,设立在日本所有都、道、府、县以及市、街道、村。

④ 例如,行动计划需要包括产假、育儿假的获得率,病儿看护休假的导入,加班的取消等企业可以自由设定的目标,以及管理人员的研修、职员的需求调查等的具体方法和时间表等内容。资料来源:http://www.jri.co.jp/JRR/2004/02/op-csr.html8。

以形成良性互动机制[1][2]。

《教育基本法》关于"家庭教育"的条款(第 10 条)内容如下:(1)父母及其他儿童监护人作为教育孩子的第一责任者,应该努力培养儿童的基本生活习惯和自立心,促进儿童身心的协调发展;(2)国家及地方公共团体应该在尊重家庭教育自主性的前提下,努力为儿童监护人提供学习机会和信息,制订和实施支持家庭教育的政策。此外,在"学校、家庭以及社区居民的相互合作"条款(第 13 条)中提出"学校、家庭及社区居民要在遵守各自职责的同时,加强相互间的协力与合作"。可以看出,《教育基本法》对家庭教育的规定条款中,在将儿童监护者作为儿童教育第一责任者明确其责任的同时,也对行政管理者提出要求,即在尊重家庭教育自主性基础上支持家庭教育。

3. 家庭教育支持新动向

日本政府家庭教育支持的方向主要体现为三个方面,即针对所有父母的家庭教育支持、全社会对家庭教育的支持以及发挥地方公共团体主动性的家庭教育支持。日本政府对家庭教育支援推进事业的具体举措较为宽泛详尽,包括:增加家庭教育支援关联预算;充实对所有监护人的家庭教育支援;对地方家庭教育支援的基盘构筑进行支援;对教育和福祉的联结体制的构筑支援;为推进从儿童到成人的生活习惯养成的普及宣传;为了支援家庭教育成立讨论委员会;为推进生活习惯养成进行调查研究;为培养家庭教育支援的核心人物召开研究协议会。其中,对地方家庭教育支援的基盘构筑进行支援包括:地方人才培养、配置家庭教育支援员、家庭教育支援团队的组织化、支援家庭教育的各种举措如学习机会的有效提供、亲子活动的开展、与育儿咨询相对应的情报提供;家庭教育支援员的配置、家庭教育支援团队的组织化推进、访问型家庭教育支援的进一步充实、

---

① 渡辺敦司,今なぜ「教育基本法」改正なの? 文部科学省に聞く,http://benesse.jp/blog/20060627/p2.html。

② 渡辺敦司,「教育基本法」改正で家庭には何が求められるの? 文部科学省に聞く,http://benesse.jp/blog/20060711/p2.html.

家庭教育和育儿支援、母子保健等相关的咨询窗口设置①。

二、对中国的启示及借鉴意义

以上分别介绍了美国、英国、瑞典、法国、德国和日本的家庭教育支持政策。可以看出,六个国家对家庭教育的支持政策各有特色,但出发点是类似的,除了满足家庭不断增长的对儿童教育的需求和促进儿童发展,同时也包含了减轻父母亲在家庭中对儿童的照顾和教育的负担,帮助就业父母缓和工作与家庭的冲突和矛盾。上述国家已不同程度地承担起政府对家庭教育的责任,并从公共政策层面对家庭教育进行支援。

从上述国家的家庭教育支持政策,得出对中国的家庭教育支持的几点启示:

1. 在法律层面

政府可以借鉴瑞典、法国等国的法律制定经验,推进制定中国家庭教育法进程。

2. 在家庭教育指导实践层面

加强家庭教育指导服务队伍建设,使得在卫生健康、法律、教育、心理、社会工作等领域真正有专长的研究人员和实践工作者加入家庭教育指导服务工作中。家庭教育支持项目的开展需要有专业的研究和实践工作者的支持。中国应该加大支持对儿童成长发育方面的科研力量,通过大量的实证研究为中国背景下预防性和矫治性家庭教育支持项目的开展和政策制定提供智库支持。另外,要加大对儿童社工、儿童早期发展、儿童成长心理学等专业工作者人才的培养力度,他们是开展高质量家庭教育支持项目的专业支撑力量。

3. 鼓励民间组织探索面向特定父母群体

可以鼓励民间组织探索面向特定的父母群体,比如流动儿童、留守儿童、单亲家庭、贫困家庭的儿童的父母预防性教育支持项目,同时也要强化对已经有不良行为儿童父母的矫治性家庭教育支持的专业性和力度。对于监护资格终止的家庭,或者因不当履行监护职责而被批评教育的监护人,执法机关或司法机关可

---

① 载日本文部科学省官网,2019 年 12 月 1 日,http://katei.mext.go.jp/contents4/index.html。

以探索要求强制接受家庭教育指导特定时长的附加要求。

4. 在物质支持项目中绑定家庭教育支持项目

中国这几年加大了对困境家庭儿童的物质支持力度,这是巨大的进步,要积极探索像英国、美国所发展的将物质支持与家庭能力建设相结合的做法,即接受物质支持的家庭必须接受亲职指导或培训,这样做可以通过优化现有的困境儿童补贴制度等而实现。

5. 重视流动、留守、贫困、单亲家庭的孩子的早期教育

对于流动、留守、贫困、单亲家庭的孩子,政府应该重视早期教育,发展免费托幼服务,而且尽量将亲职指导融入早期教育,类似于英国"不输在起跑线上"项目,让这些儿童的父母或受托监护人较早接触到儿童养育知识,如给孩子读书、陪孩子玩、给孩子设定行为边界等。

6. 对8～13岁年龄段的儿童开展专项支持

政府可以考虑对8～13岁年龄段的儿童开展专项支持,帮助这个年龄段亲子沟通出现问题的家庭。8～13岁是儿童寻求自立和社会化的关键时期,亲子沟通容易出问题,一旦处理不好,会出现难以面对的后果。所以,美国、英国、澳大利亚都开展了针对此年龄段的孩子的支持项目,如美国的 Webster Stratton,英国的"在轨"项目和澳大利亚的"三P"项目。中国政府可以借鉴这些国家的做法,支持对这个年龄段孩子生理、心理及亲子互动中的典型问题开展研究,资助相应项目的开展。

7. 探索父母小组类的亲职社交活动

即便是那些父母受过良好教育,达到中产阶级水平的家庭,在家庭教育履行上仍然有很多困惑,为此可参考美国、日本、法国、德国等国家的做法,即鼓励民间组织和学界合作,探索面向所有父母的父母小组这样的亲职社交活动,由专业的人士引导开展,让父母们相互交流,然后由专业人士给予点评,为家庭教育探讨提供平台。政府还可以支持开发家庭教育手册,免费发放给所有家庭。

附　录

城市家庭义务教育阶段家庭教育社会支持现状调查问卷

尊敬的家长朋友：

　　您好！本次调查的目的是为了解中国义务教育阶段城市家庭教育社会支持的基本情况，以用于对家庭教育支持相关政策及干预的研究。调查采用不记名方式，所收集的资料仅供研究使用，不会个别公开，敬请放心。

　　问卷包括选择题与填空题：请在选择题的选项字母处打"√"；请在填空题后的横线上填写选项字母或相应内容。

　　问卷中所指"被访子女"即收到本份问卷的子女，请填写该子女相关情况即可。

　　感谢您的真诚合作！

中国青少年研究中心

2019 年 11 月

一、基本情况

1. 您是孩子的：

   A. 父亲 　　　　 B. 母亲 　　　　 C. 爷爷 　　　　 D. 奶奶

   E. 外公 　　　　 F. 外婆 　　　　 G. 其他

2. 孩子父母目前的婚姻状况是：

   A. 初婚 　　　　 B. 重组家庭 　　 C. 未婚/同居 　　 D. 离异

   E. 丧偶

3. 您目前的户口是：

   A. 农业户口 　　 B. 非农业户口

4. 您家上一年的家庭年收入约为_____万元。

5. 孩子母亲的受教育程度是：

　　A. 小学及以下　　　B. 初中　　　　　C. 高中（包括中专）　D. 大专

　　E. 大学本科　　　　F. 硕士研究生及以上

6. 孩子父亲的受教育程度是：

　　A. 小学及以下　　　B. 初中　　　　　C. 高中（包括中专）　D. 大专

　　E. 大学本科　　　　F. 硕士研究生及以上

7. 请根据您的情况回答下列问题：

　　(1)您现在的就业情况是：

　　A. 全职上班　　　　B. 固定兼职　　　C. 自由职业　　　　D. 全职在家

　　(2)如果父亲/母亲全职在家带孩子,请填写全职在家的时间:_____年(如无此情况请跳至第8题)。

8. 孩子的年龄是(如您有多个孩子,请分别将孩子的年龄填在横线上):

　　_____岁,_____岁,_____岁,_____岁。

9. 被访子女的性别是：

　　A. 男　　　　　　　B. 女

10. 您对被访子女目前发展的总体评价：

　　A. 非常满意　　　B. 比较满意　　　C. 不太满意　　　　D. 不满意

二、家庭教育的社会支持获取状况

11. 请根据您的情况回答下列问题：

　　(1)您是否需要政府对家庭教育给予帮助：

　　A. 需要　　　　　　B. 不需要(请跳至第12题)

　　(2)如您需要政府提供家庭教育方面的帮助,您最希望得到的三项是：

　　A. 财物帮助　　B. 提供课外看护、小饭桌等服务

　　C. 家庭教育相关知识及政策普及　　　D. 教育技能训练

　　E. 建立信息交流平台(微信、微博、网站等)　　　F. 一对一的咨询辅导

　　G. 其他(请填写)

12. 您通过什么途径了解家庭教育知识(可多选)：

  A. 孩子就读的学校 B. 社区家长学校 C. 长辈

  D. 亲戚、朋友 E. 孩子同伴的家长 F. 同事

  G. 书籍、报刊、广播、电视 H. 互联网(微信、微博、网站等)

  I. 免费的家庭教育指导服务机构 J. 收费的家庭教育指导服务机构

  K. 司法机关或群团组织 L. 其他(请填写)

13. 请根据您的情况回答下列问题：

  (1)对下述家庭教育相关法规、政策、文件,您知道哪些(可多选)：

  A.《儿童权利公约》

  B.《中华人民共和国未成年人保护法》

  C.《家长教育行为规范》

  D.《全国家庭教育指导大纲》

  E.《中华人民共和国反家庭暴力法》

  F.《关于进一步健全农村留守儿童和困境儿童关爱服务体系的意见》

  G. 都不知道(请跳至第 14 题)

  (2)您是通过何种途径了解上述法规、政策、文件的(可多选)：

  A. 孩子就读的学校 B. 社区家长学校 C. 长辈

  D. 亲戚、朋友 E. 孩子同伴的家长 F. 同事

  G. 书籍、报刊、广播、电视 H. 互联网(微信、微博、网站等)

  I. 免费的家庭教育指导服务机构 J. 收费的家庭教育指导服务机构

  K. 司法机关或群团组织 L. 其他(请填写)

14. 请根据您的情况回答下列问题：

  (1)您在教育子女方面得到社区或街道帮助的情况是：

  A. 许多帮助 B. 有些帮助 C. 没有帮助

  (2)如您获得过帮助,帮助的内容是什么(可多选)：

  A. 财物支持 B. 家庭教育知识普及 C. 咨询辅导

  D. 专业社会工作服务 E. 社区亲子活动 F. 其他(请填写)

15. 请根据您的情况,在相应的位置画"√"

问题	有	没有	不了解
您所在的社区是否有负责指导孩子社会实践的部门?			
您所在的社区有家长学校或家庭教育指导中心(服务站)之类的机构吗?			
您所在的社区有教育咨询机构吗?			
您所在的社区有儿童之家吗?			
您所在的社区有儿童教育方面的志愿者吗?			
您所在的社区开展过家庭教育相关讲座或活动吗?			
您使用过免费的社区教育资源吗?			
您的孩子参加过少年宫(家)组织的活动吗?			
您所在的社区对家庭教育提供专业社会工作服务吗?			

16. 请根据您的情况回答下列问题:

(1)您在教育子女方面得到学校帮助的情况是:

A. 许多帮助　　　　　B. 有些帮助　　　　　C. 没有帮助

(2)您认为在教育子女方面,学校提供的最有帮助的三项是:

A. 家庭教育知识讲座　　B. 咨询辅导　　　　C. 家长会

D. 家访　　　　　　　E. 亲子活动

F. 家校信息交流(微信群、公众号等)

G. 财物支持　　　　　H. 其他(请填写)

17. 学校组织家长开展家庭教育知识学习的次数是:

A. 每年4次及以上　　B. 每年2至3次　　C. 每年1次　　D. 不组织

18. 参加过家长学校等学习后,您认为是否有收获:

A. 很有收获　　　　　B. 收获较少

C. 没有收获　　　　　D. 没参加过

19. 您是否希望教师家访：

　　A. 非常希望　　　　　B. 比较希望　　　　　C. 不希望　　　D. 无所谓

20. 请根据您的情况回答下列问题：

　　(1)在教育子女方面,您从妇联、工会、共青团获得帮助的情况是：

　　A. 许多帮助　　　　　B. 有些帮助　　　　　C. 没有帮助

　　(2)在教育子女方面,您从基金会、志愿者团体等社会团体获得帮助的情况是：

　　A. 许多帮助　　　　　B. 有些帮助　　　　　C. 没有帮助

　　(3)如果您从以上组织获得过帮助,帮助的内容是什么(可多选)：

　　A. 财物支持　　　　　　　　　　　B. 家庭教育知识讲座

　　C. 咨询辅导　　　　　　　　　　　D. 专业社会工作服务

　　E. 亲子活动　　　　　　　　　　　F. 其他(请填写)

21. 您的配偶经常加班吗：

　　A. 经常　　　　　B. 有时　　　　　C. 偶尔　　　　D. 从不加班

22. 您经常加班吗(如您全职在家或从事自由职业,请跳至第 26 题)：

　　A. 经常　　　　　B. 有时　　　　　C. 偶尔　　　　D. 从不加班

23. 您的工作单位为职工开展过家庭教育方面的讲座吗：

　　A. 有　　　　　B. 没有　　　　　C. 不清楚

24. 您参加家长会算公假吗：

　　A. 算　　　　　B. 不算

25. 您的工作单位允许寒暑假时带孩子上班吗：

　　A. 允许　　　　　B. 不允许　　　　　C. 不清楚

26. 您是否浏览育儿网站或教育网站：

　　A. 经常　　　　　B. 有时　　　　　C. 偶尔　　　　D. 从不

27. 您经常浏览以下哪些网站(可多选)：

　　A. 中华人民共和国教育部网站　　　B. 中国教育新闻网

　　C. 全国网上家长学校　　　　　　　D. 中国儿童网

　　E. 未来网　　　　　　　　　　　　F. 都没有浏览过

G. 其他网站(请填写)

28. 您关注了几个家庭教育方面的公众号:

    A. 5个及以上   B. 3~4个   C. 1~2个   D. 没关注

29. 您下载了几个家庭教育类的 App(应用程序):

    A. 5个及以上   B. 3~4个   C. 1~2个   D. 没下载

30. 您是否参与互联网教育论坛:

    A. 经常   B. 有时   C. 偶尔   D. 从不

31. 您购买过家庭教育类课程吗:

    A. 经常   B. 有时   C. 偶尔   D. 没买过

32. 如果您购买了课程,请填写课程名称:

    A. _____

    B. _____

    C. _____

    D. _____

    E. _____

33. 请根据您的情况回答下列问题:

(1)您是否参加过家庭教育工作坊、家长成长计划等相对收费较高的教育培训:

    A. 经常参加   B. 很少参加   C. 没参加过(请跳至第 34 题)

(2)参加这些教育培训对您的帮助情况是:

    A. 有很大帮助   B. 有一些帮助   C. 帮助很小   D. 没有帮助

34. 您加入了几个家长微信群:

    A. 5个及以上   B. 3~4个   C. 1~2个   D. 没有加入

35. 您加入了以下哪几种微信群(可多选):

    A. 孩子所在班级/学校的家长群   B. 教育资讯交流群

    C. 亲子活动群   D. 家长自发组织的学习群或活动群

    E. 其他(请填写)

36. 当您在家庭教育上遇到问题时,您认为能够提供帮助的朋友数量是:

    A. 10 个及以上   B. 7～9 个   C. 4～6 个   D. 1～3 个

    E. 没有

37. 如果您的孩子出现严重行为问题等情况,您更倾向向谁求助(可多选):

    A. 孩子就读的学校   B. 社区家长学校   C. 长辈

    D. 亲戚、朋友   E. 孩子同伴的家长   F. 同事

    G. 书籍、报刊、广播、电视   H. 互联网(微信、微博、网站等)

    I. 免费的家庭教育指导服务机构   J. 收费的家庭教育指导服务机构

    K. 司法机关或群团组织   L. 其他(请填写)

38. 您与其他家长讨论孩子教育问题吗:

    A. 经常   B. 偶尔   C. 从不

39. 您是否参加过其他家长自发组织的亲子活动(如聚会、参观、游玩等):

    A. 参加过   B. 没参加过

40. 您的孩子如何解决课外看护问题(可多选):

    A. 祖辈看护   B. 上学校组织的托管班   C. 上收费的托管班

    D. 参加社区托管班   E. 父母自己看护

    F. 家长或小区邻里互相看护

    G. 无人看护,孩子自己在家

41. 您家上一周点外卖的次数是:

    A. 7 次及以上   B. 3～6 次   C. 1～2 次   D. 0 次

42. 您认为您家祖辈在家庭教育方面提供的最重要帮助是(选 1 项):

    A. 物质、资金方面的帮助   B. 付出时间和精力照看孩子

    C. 提供教育方面的社会资源或信息   D. 没有帮助

43. 在养育孩子的过程中,您最需要哪三个方面的支持:

    A. 政府相关部门   B. 学校   C. 街道或社区   D. 专业组织

    E. 亲戚   F. 朋友   G. 媒体(包括传统媒体和互联网媒体)

    H. 都不需要   I. 其他(请填写)

三、问答题

1. 您在教育孩子时最大的困惑是什么：

_____

_____

_____

2. 在教育孩子的过程中,您希望得到哪些方面的帮助：

_____

_____

_____

问卷调查结束。谢谢您的合作! ^_^

后　记

　　家庭教育是学校教育、社会教育的基础,对人的一生有着重要的影响。2015年2月17日,习近平总书记在春节团拜会上发表讲话指出:"家庭是社会的基本细胞,是人生的第一所学校。不论时代发生多大变化,不论生活格局发生多大变化,我们都要重视家庭建设,注重家庭、注重家教、注重家风。"随着社会的发展,家庭教育日益复杂,对家庭、儿童、社会的影响越来越大,家庭教育需要得到社会的支持,政府也需要通过对家庭教育的支持实现引领家庭教育,以促进儿童的健康成长。2019年10月召开的中国共产党第十九届中央委员会第四次全体会议通过的《中共中央关于坚持和完善中国特色社会主义制度、推进国家治理体系和治理能力现代化若干重大问题的决定》,将"构建覆盖城乡的家庭教育指导服务体系"写入其中。本书描述了通过文献梳理、调研数据及访谈获得的家庭教育社会支持的现状,为完成覆盖城乡的家庭教育社会支持体系的构建提供了现实依据。

　　本书系中国青少年研究中心课题——"中国城市义务教育阶段家庭教育社会支持系统研究"的研究成果。该课题由中国青少年研究中心家庭教育研究所所长刘秀英负责设计、筹划、组织实施,中国青少年研究中心研究人员弓立新、刘向宁、孟娜、张纯颖,中国教育学会家庭教育专业委员会副秘书长岳坤,全国妇联妇女研究所研究员和建花,上海交通大学国际与公共事务学院博士生张文娟,中国少年儿童新闻出版总社网络部主任沈利力参与了相关研究。在问卷设计过程中,中国社会科学院大学教授童小军、中华女子学院副教授焦健、中国教育科学研究院副研究员单志艳等同志对问卷的设计提出了宝贵建议。中国青少年研究中心董悦、杨文利、郭军等同志参与了问卷实施。

　　问卷的调研工作从2019年11月开始,到2020年2月完成,得到了北京市、哈尔滨市、合肥市、广州市、成都市、西安市的教育行政部门和中小学教育工作者的支持,在此向各支持单位的老师、家长、学生表示诚挚的感谢。

全书共三部分,十五章,第一章由刘秀英、孟娜、岳坤完成;第二章、第四章、第六章、第九章、第十章由刘秀英完成;第十一章由刘向宁完成;第三章、第五章、第七章、第八章、第十二章由孟娜完成;第十三章由张纯颖完成;第十四章由弓立新完成;第十五章由和建花、张文娟完成。书稿完成后由刘秀英所长统稿并修改。

由于作者水平有限,本书难免存在许多不足之处,敬请学界同仁批评指正!

中国青少年研究中心"中国城市义务教育阶段家庭教育社会支持系统研究"

课题组

2020 年 11 月 4 日